经济管理国家级实验教学示范中心（嘉兴学院）

经管类专业系列实验教学指导书

U0648923

国际经济与贸易专业综合实训

函电与单证

◉ 李亚 主编　　◉ 李军 副主编

东北财经大学出版社　　大连
Dongbei University of Finance & Economics Press

图书在版编目（CIP）数据

国际经济与贸易专业综合实训：函电与单证 / 李亚主编. —大连：东北财经大学出版社，2021.3

（经管类专业系列实验教学指导书）

ISBN 978-7-5654-4106-6

Ⅰ．国… Ⅱ．李… Ⅲ．①国际贸易–电报信函–高等学校–教学参考资料②国际贸易–原始凭证–高等学校–教学参考资料 Ⅳ．F740.44

中国版本图书馆CIP数据核字（2021）第030593号

东北财经大学出版社出版

（大连市黑石礁尖山街217号 邮政编码 116025）

网 址：http：//www.dufep.cn

读者信箱：dufep@dufe.edu.cn

大连滨城电脑印刷厂印刷 东北财经大学出版社发行

幅面尺寸：185mm×260mm 字数：406千字 印张：17.5 插页：1

2021年3月第1版 2021年3月第1次印刷

责任编辑：王 莹 刘晓彤 责任校对：慧 心 徐 群

周 慧 冯志慧

封面设计：原 皓 版式设计：原 皓

定价：48.00元

教学支持 售后服务 联系电话：（0411）84710309

版权所有 侵权必究 举报电话：（0411）84710523

如有印装质量问题，请联系营销部：（0411）84710711

前言

随着我国对外贸易的快速稳定增长，从事对外贸易的人员也逐年增加，随之而来的是我国对具有国际贸易实际操作知识人才的需求量大幅增加。现代国际商务活动对从业人员的知识结构、实践能力和基本素质都提出了更高的要求。一个从事国际贸易的业务人员除了要有坚实的理论基础之外，还要有较强的实际操作能力。然而，长期以来，外贸专业的教学将重点置于理论研究和对基础知识的讲解上，忽视了对学生国际贸易实操能力、创新和创业能力的培养。

教育部、财政部于2007年启动的高等学校本科教学质量与教学改革工程，旨在提高学生的实践能力、创新能力、交流能力与社会适应能力。实施"质量工程"的目标之一，即推进信息化手段与技术在人才培养中的广泛应用，改变现有人才培养模式，实现课程、图书、实验设备等优质资源的全国共享。在实施"质量工程"的六大举措中，课程、教材建设与资源共享、实践教学与人才培养模式创新是重要的组成部分。

为了适应高等学校国际经济与贸易本科专业实践教学改革的需求，经济管理国家级实验教学示范中心（嘉兴学院）组织国际经济与贸易专业相关教师编写了本教材。本教材将"国际贸易函电"和"国际贸易单证实务"的基本知识与南京步惊云软件有限公司研发的"商务函电教学系统"和"商务单证教学系统"软件相结合，以国际贸易函电与单证业务程序为主线，将外贸函电与单证和国际贸易实务相关课程内容有机地衔接起来，展现了真实的外贸业务环节，为国际经济与贸易专业的实践教学提供规范性指导，旨在提高学生的动手能力和交流能力，培养专业素质，进而启发创新思维、增强创新意识。

在编写过程中，我们以国际经济与贸易专业本科生培养目标及培养方案为依据，充分考虑国际贸易发展及用人单位对业务人员的素质与技能要求，力求构架"知识-素质-能力"三位一体的复合型人才培养模式。本教材立足于外贸函电与制单的工作背景，紧扣外贸职业岗位所需的知识与技能，内容侧重于外贸业务实例，涵盖了对外商贸的主要环节。本教材主要采用案例驱动模式，通过基础理论知识、应用案例分析与实训演示操作展现出来，并在此基础上提供综合案例实训操作指导，对学生所学知识点进行系统的巩固，为学生提供一个在仿真模拟实践中了解和掌握外贸商务函电与单证工作程序和基本技能的有效途径，真正构建"理论+实务+实训"三位一体的实践教学系统。

本书是在经济管理国家级实验教学示范中心（嘉兴学院）主任邓昶老师和沈国勤老师的精心组织下编写的，由嘉兴学院李亚副教授负责本书的构思、规划与编写工作。在编写过程中，南京步惊云软件有限公司李军总经理及王会利女士对本书的编写提出了建设性意见和建议，借此对他们的支持表示衷心感谢！

由于我们尚在理论与实践的学习和探索中，经验和水平有限，书中必定存在诸多疏漏和不足之处，恳请业内外专家和读者批评指正。

编　者

2020年10月

目录

第一篇 实训准备
Preparation for Practice

第二篇 外贸函电与单证综合实训
Comprehensive Training of International Business Correspondence and Documents

第三篇　外贸函电与单证实验操作指南
Operation Guide for Comprehensive Training of International Business Correspondence and Documents

GUIDE BOOK

第一篇　实训准备

Preparation for Practice

一、实训目标（Objectives of Practice）

目前，各高校均在深入开展"工学结合、情境教学"等改革。为适应高等院校的实践教学需求，南京步惊云软件公司在针对外贸专业学科的教学特点、模拟软件应用效果、应用前景以及软件平台的理论基础、技术可行性等诸多方面开展的调查研究之后，开发了"商务函电教学系统"和"商务单证教学系统"模拟软件，主要以培养学生的职业能力为目标，以进出口贸易业务流程中各种函电与单据的制作为主线，强调在"做中学，学中做"，且以实训为主导，使学生了解对外经贸业务各个环节，学习和掌握英语在各个业务环节中的应用；同时，使学生充分理解制单工作的重要意义，并制作出符合合同、信用证和法律规定的单据。

本指导书是基于"商务函电教学系统"和"商务单证教学系统"模拟软件平台，开展国际经济与贸易专业函电与单证实训的指导教材。

函电与单证实训是国际经济与贸易专业及相关专业从事国际贸易实务操作的重要实践教学环节。本实训课是一门融外贸函电知识、英语知识与单证理论知识为一体的综合性应用课程，旨在通过实训，帮助学生在了解和熟悉外贸各个环节的同时，能与客户进行有效沟通，训练学生正确使用信函常用的句型和词汇，达到熟练翻译和撰写业务信函的目的；同时，让学生更系统地掌握对外贸易业务单证的专业知识和操作技能，提高学生的综合业务素质和单证业务操作技能，培养学生分析和解决实际业务问题的能力和创新能力。

本实训课程要求学生在"商务函电教学系统"和"商务单证教学系统"实训平台上完成外贸工作过程中各种函电的撰写与单证的缮制等具体操作，掌握如下技能：

1.了解进出口合同订立过程，熟悉进出口业务流程。

2.掌握商务函电的特点、结构、关键用语及表达技巧。

3.熟悉整个外贸工作过程中所需函电的写作规范与技巧。

4.掌握进出口合同内容和信用证内容，以及进出口合同条款制定方法。

5.掌握整个外贸工作过程中各种单证的缮制要点与技巧。

二、综合实训的主要内容（Contents of Training）

1.国际贸易的基本流程。

2.商务信函的格式、内容与书写原则，电子邮件的书写。

3.交易前的准备，业务调查及咨询函的书写。

4.贸易磋商的过程，询盘、发盘、还盘以及接受函电的书写。

5.合同的签订过程。

6.信用证流转过程中商务函电的书写与信用证的申请开立过程。

7.商务单据的缮制。

8.运输与保险单证的缮制。

9.认证、检验检疫与报关单证的缮制。

10.系统完成成套案例的实训。

三、对学生的实训要求（Requirements of Training）

1.学生按照教师要求完成相应理论知识的学习和训练。

2.遵守相关法律法规，不得在网上发表违法言论。

3.按实习内容认真进行准备，积极开展调查活动，刻苦学习，做好实习日记。

4.在实习期间应尽可能地多做业务，熟练掌握进出口业务相关环节的制单技巧。

5.独立完成各项具体业务操作，完成实习报告。

第二篇 外贸函电与单证综合实训

Comprehensive Training of International Business Correspondence and Documents

第一章　商务函电的写作
An Introduction to Business Letters

知识目标：

掌握商务函电的基本要素——内容与书写格式、书写原则、写作特点与语言规范。

技能目标：

熟练运用"商务函电教学系统"进行商务函电的写作，掌握商务函电的写作规范与技巧。

第一节　商务信函的内容
The Structure of Business Letters

在国际贸易中，各种商务信函的写作是与国外客商沟通联系的重要部分。商务信函包括信函、电报、电传、传真、电子邮件等书面通信方式。规范、专业的商务信函可以体现业务人员乃至公司的形象和实力，确保其与客户进行高效的沟通，促进业务的往来和发展。

商务信函由标准部分（Standard Parts）和附加部分（Optional Parts）构成，见表1-1。

表1-1　　　　　　　　商务信函的组成（Parts of A Business Letter）

标准部分（Standard Parts）	附加部分（Optional Parts）
信头（Letterhead）	经办人姓名（Attention Line）
日期（Date Line）	事由（Subject Line）
封内地址（Inside Address）	参考编号（Reference Number）
称呼（Salutation）	附件（Enclosure）
正文（Body of the Letter）	附言（Postscript）
结尾敬语（Complimentary Close）	抄送（Carbon Copy）
签名（Signature）	

其中，标准部分是一封信函必须包括的内容，附加部分则需要在写信时根据内容进行适当的增减。

一、标准部分

1.信头（Letterhead）

信头包括发信人名称、地址、电话、传真、电传、邮编等信息，一般写在信纸的右上角。在实践中，很多进出口公司都备有包括信头的信笺纸，因此写信时就不用再重复信头部分。

信头部分英文地址的写法与中文完全不同，地址的名称按从小到大的顺序：第一行写门牌号码和街名；第二行写县、市、省、州、邮编、国名。写英文地址时，一般在每一行的末尾都不用标点符号，但在每一行的当中，标点符号不能省略。

在使用齐头式时，每行对齐，行前不用空格。例如：

F. RABBI & CO.
19，SIR JEHANGIR KOTHARI BUILDING
M.A. JINNAH ROAD
KARACHI-74200，PAKISTAN
Tel：92-21-4256172　Fax：92-21-4526613

在使用缩行式时，每行前空出2~3个字母。例如：

Allen Incorporation
　　1470 St. Louis Street
　　　　Los Angeles，CA90015
　　　　　　U.S.A.

2. 日期（Date Line）

在中文书信中，日期一般写在落款的后面，但英语信函的日期要写在正文的前面。日期与信头之间的距离取决于书信的长短，如果书信较长，在信头以下1~2行，如果书信较短，在信头以下2~3行。空行的原则是把握书信各部分的布局协调。

日期可以用数词；月份要用英语名称，不能使用缩略语；年份一概使用全称，不能简写，例如：日期应按月、日、年（美国英语）或日、月、年（英国英语）的顺序全文写出。日期既可用基数词（1、2、3、4等），还可用序数词（1st、2nd、3rd、4th等）。

例如：2021年7月30日的写法：
July 30，2021/ Monday，July 30，2021（美国式）
30 July，2021/ 30th July，2021（英国式）

3. 封内地址（Inside Address）

在一般的社交信中，信内收信人的地址通常省略，但是在公务信函中必须包括封内地址。封内地址必须和信封上的地址完全一致，包括收信人的姓名、单位和详细地址等，一般写在左上方，在日期和称呼之间，在日期以下3行或更多行。

在写给个人的商务信函中，在姓名前要加上称谓。对男性的称谓包括 Mr.、Messrs、Esq.，Mr.不可只用在名字前。例如，对 Jerry Kater 的称呼是 Mr. Kater 或 Mr. Jerry Kater，而不能是 Mr. Jerry。Mr.的复数形式 Messrs（法语单词 Messieurs 的缩写）用于两个以上的男性，或用于两个以上的男性组成的公司或团体，例如，Messrs Black & Brothers。在称呼一些特殊阶层的男性（如 Judges、Magistrates）时，Esq.有时被用来代替 Mr.，用在姓名后。例如，David，Esq.。如果收信人拥有特别的头衔（Doctor、Professor、Colonel、Sir），则用头衔代替 Mr.或 Esq.，其官方职务写在姓名之后。

（1）在知道收信人的情况下：
Mr. A. David
Sales Manager
Original Manufacturing & Trading Co.
24704 State Road

Lutz，Florida 33559

U.S.A.

（2）在不知道收信人的情况下：

Advertising Department（或 Advertising Manager）

Kingkill Motor House Ltd.

212，D.W. Rupasinghe

Nugegoda，Srilanka

（3）在收信人为公司的情况下：

Tochimoto Tenkaido Co.，Ltd.

3-21，Suehiro-cho Kitaku

Osaka，Japan

4. 称呼（Salutation）

称呼是写信人对收信人的称呼用语。位置在封内地址下2行，顶格写起，在称呼后面一般用逗号（英国式），也可以用冒号（美国式）。

Dear Mr. Smith——收信人为男性

Dear Mrs. Brown—— 收信人为已婚女士

Dear Miss Jeniffer——收信人为未婚女士

Dear Ms. David——收信人为女性且对方婚姻状况不明确

Dear Mason—— 收信人为熟人或朋友

5. 正文（Body of the Letter）

正文一般在称呼语下2行，在段落之间空2行。正文包含写信人要传递给收信人的信息，是书信的最重要的部分，因此要求正文层次分明、简单易懂。

分段书信的正文包括：开首段（Introductory Paragraph），提及对方之前的来函，对对方来信的日期、编号或查号、主题及简单内容加以综合叙述，以便了解去函的目的；阐述段（Discussion Paragraph），对信件的主题做出详述；结尾段（Conclusion），提示对收信人的要求，如希望来函或电报订货、答复询问或作必要的声明等。

6. 结尾敬语（Complimentary Close）

位置在正文下面2行，结尾敬语与称呼都属于客套用语，两者必须相呼应，句末用逗号。结尾敬语与称呼见表1-2。

7. 签名（Signature）

写信人必须使用水笔在结尾敬语4行下签名。因为大部分签名难以辨认，所以要在签名下空一行打印签名人的姓名、职位，以便对方了解。英文商务函电都必须由写信人亲笔签名，没有亲笔签名的信函不具有任何法律效力。例如：

Yours faithfully，

per pro Edward，Brothers & Co.

Robert

二、附加部分

1. 经办人姓名（Attention Line）

有些商务信函需要发给公司或部门，不直接发给个人。在这种情况下，为了使收信公

表1-2   结尾敬语与称呼

称呼（Salutation）		结尾敬语 （Complimentary Close）	备注 （Remarks）
男性（Male）	女性（Female）		
Sir Sirs	Madam Madams	Yours respectively Yours vary respectively Respectively yours	非常正式的称呼和敬语
Dear Sir Dear Sirs	Dear Madam Madams	Yours faithfully Faithfully yours	英国的标准用法
Gentlemen	Ladies	Yours truly Truly yours	美国的普遍用法
Dear Mr. Smith My dear Mr. Smith	Dear Mrs. Smith Dear Miss Smith Dear Ms. Smith My dear Mrs. Smith	Yours sincerely Yours cordially Yours very sincerely Yours very cordially	互相熟悉的私人函，有时也用于业务函

司迅速地将信函转给经办人或经办部门办理，可以在封内地址和称呼中间加上经办人姓名。另外，在指明的收信人不在时，此类信函也允许公司的其他人查看内容。经办人姓名通常写在封内地址的下2行。

2. 事由（Subject Line）

事由行通常在称呼和正文之间，一般在称呼下2行，一般在信纸的中间，也可与"称呼"对齐，使用Re：或Subject：字样，并加下划线或加粗或大写。事由行的作用在于使收信人准确、快速地了解信函的基本内容和目的。

使用Re：或Subject：字样，例如：

Dear Yuki,

Re：KH type linear ball bearings

或：Dear Mr. Aloolakar,

Subject：Aluminium complete bottom shaft support

3. 参考编号（Reference Number）

在商务信函中，参考编号不但便于日后查询信件或存档分类，还能够使信件及时送达收信人。信函的参考编号，一般由档案编号、部门代码或者有关人员的姓名的首字母构成。如果收信人在写信时提供了参考编号，回信人在复函时就应该提及该参考编号。大多数进出口企业的信笺纸的信头已经包括了参考编号部分（Our Ref.——我方编号，即发信人编号；Your Ref.——贵方编号，即收信人编号），写信时需要在相应的位置填上编号，否则，就要在信头的下方添加参考编号。在实际业务操作中，也可以在回信的第一段或者事由行提及参考编号。

4. 附件（Enclosure）

如果在寄信的同时邮寄了商业发票、订单、合同、报价单、商品目录等，要在签名以下2行对附件做出说明。如果写信人提到两个以上的附件，要用数字标出信中所提到的附件。经常使用的形式有：Enclosure、Enclosures、Encl. 或 Enc. 等。

5．附言（Postscript）

如果写信人在写信时忘记了某项内容，可在"抄送"以上2行加上P.S.标记，表示下面的内容是补充的。在写信时要尽量避免使用附言，因为收信人会认为你在写信前没有考虑清楚信件的内容。

6．抄送（Carbon Copy）

如果信件还同时寄送给其他人，就要在附件以下2行加上c.c.（Carbon Copy）的标记，后面加上收件人或公司的名称。

商务信函的具体内容，如图1-1所示。

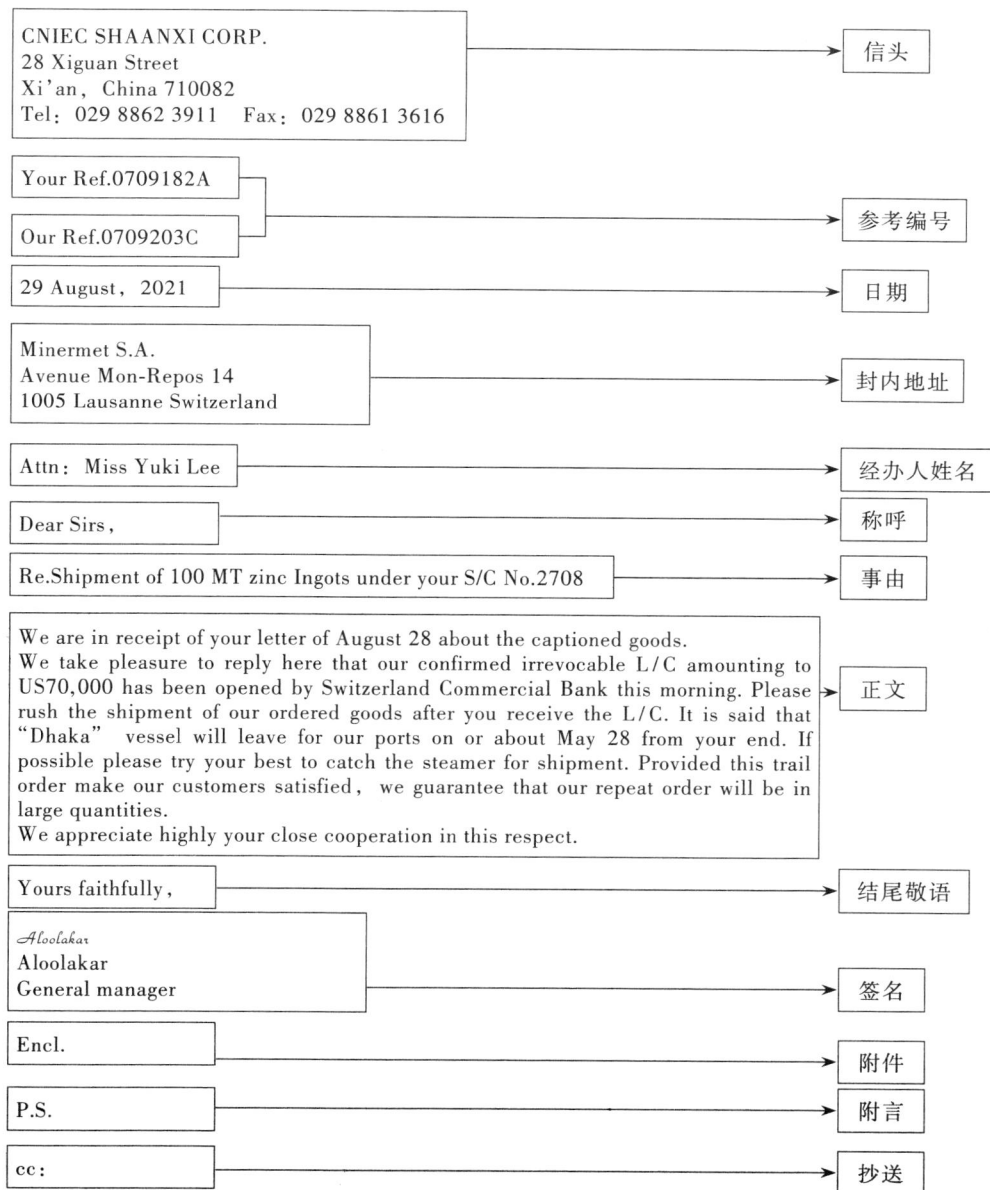

CNIEC SHAANXI CORP. 28 Xiguan Street Xi'an，China 710082 Tel：029 8862 3911　Fax：029 8861 3616	→ 信头
Your Ref.0709182A Our Ref.0709203C	→ 参考编号
29 August，2021	→ 日期
Minermet S.A. Avenue Mon-Repos 14 1005 Lausanne Switzerland	→ 封内地址
Attn：Miss Yuki Lee	→ 经办人姓名
Dear Sirs，	→ 称呼
Re.Shipment of 100 MT zinc Ingots under your S/C No.2708	→ 事由
We are in receipt of your letter of August 28 about the captioned goods. We take pleasure to reply here that our confirmed irrevocable L/C amounting to US70,000 has been opened by Switzerland Commercial Bank this morning. Please rush the shipment of our ordered goods after you receive the L/C. It is said that "Dhaka" vessel will leave for our ports on or about May 28 from your end. If possible please try your best to catch the steamer for shipment. Provided this trail order make our customers satisfied，we guarantee that our repeat order will be in large quantities. We appreciate highly your close cooperation in this respect.	→ 正文
Yours faithfully，	→ 结尾敬语
Aloolakar Aloolakar General manager	→ 签名
Encl.	→ 附件
P.S.	→ 附言
cc:	→ 抄送

图1-1　商务信函的具体内容

第二节　商务信函的书写格式
The Forms of Business Letters

一、商务信函内容的书写格式

1.缩行式（Indented Form）

缩行式的要领在于信头、结束语、签名和发信人姓名都靠右或偏右，而封内地址和称呼则靠左边，如果以上任一要素要分行排列时，后行要比前行缩入2个（或3个）英文字母；正文每段开始要缩入5个英文字母，段与段之间要空1行。这种形式讲究匀称美观，是传统的排列范式，目前只有少数英国人喜欢用。

缩行式书写格式的举例如下：

Bidebao Import and Export Company
　　　Room 203 Jiafa Mansion
　　　　　St. Petersburg
　　　　　　Russia
　　　　　　　Tel: 007-8600　　Fax:007-9600

13 March 2014
Shanghai Yongxin Trading Co., Ltd.
　　　8# Ji Long Road, Waigaoqiao Free Trade Zone
　　　　　Shanghai
　　　　　　China

Dear Mr. Wang:

　　We are pleased to receive your letter of March 12 concerning our Famous-Brand Handbag, and we thank you for your e-mail establishing business relations. Will you please send us your catalog and full details of your export prices, terms of payment and shipment, together with any samples you can let us have? If the goods come up to our expectations and your prices are competitive, we would expect to place a regular order. We should also like to know what price you offer on Famous-Brand Handbag.

　　We are looking forward to your early reply.

　　　　　　　　　　　　　　　　　　Yours faithfully,
　　　　　　　　　　　　　　　　　　Bidebao Import and Export Company
　　　　　　　　　　　　　　　　　　Nalesjin

2.齐头式（Full Block Form）

齐头式是商务函电中最为常用的格式，全部内容包括日期、结尾敬语、签名，都从左侧顶格开始。段落开头不空格，各段之间空1~2行。

齐头式书写格式的举例如下：

Shanghai Yongxin Trading Co., Ltd.

Long Road，Waigaoqiao Free Trade Zone

Shanghai

China

12 March 2014

Bidebao Import and Export Company

Room 203 Jiafa Mansion，St. Petersburg，Russia

Tel：007-8600　Fax：007-9600

Dear Mr. Nalesjin

We obtained your name and address from the international internet in March 2014，and we come to know that you are interested in Famous-Brand Handbag.Now we are writing to you to hope to establish business relations with you. We are the leading exporter of long-standing and high reputation， dealing in all kinds of luggage. We are confident that with our experience in this line for more than 15 years，we can give our customers complete satisfaction.

In order to give you a general idea of the Famous-Brand Handbag we are handling， we are sending you our latest catalogue for your reference. As to our financial and business standing，please refer to the Bank of China in Shanghai.

Please let us know immediately if you are interested in our products. We will send you our price list and sample to you as soon as we receive your specific inquiry. We look forward to your early reply.

Yours faithfully,

Shanghai Yongxin Trading Co.，Ltd.

Guoxin Wang

　　3.改良齐头式（Modified Block Form）

　　改良齐头式曾经是商务函电广泛使用的一种格式，但随着时间的推移，改良齐头式被认为过时和不够专业。与齐头式不同，改良齐头式中的事由行居中，抬头、日期、结尾敬语和签名都从中间开始，其余部分从左边开始。

　　改良齐头式书写格式的举例如下：

　　　　　　　　　　　　　　　　　Shanghai Yongxin Trading Co., Ltd.

　　　　　　　　　　　　　　　　　Ji Long Road，Waigaoqiao Free Trade Zone

　　　　　　　　　　　　　　　　　Shanghai

　　　　　　　　　　　　　　　　　China

28 March 2014

Bidebao Import and Export Company

Room 203 Jiafa Mansion，St. Petersburg，Russia

Tel：007-8600　　Fax：007-9600

We have received your counter-offer of March 22. Although your counter-offer is obviously on the low side，after careful consideration on your request for the price，we will accept the order at the price USD 34/pc. We have faxed you the specimen sales confirmation NO.CT0001054 in duplicate for your checking the terms and conditions. Please sign and return one copy to us for our file. Now you are requested to establish a L/C in our favor covering the above mentioned goods as soon as possible. We'd like to remind you that the stipulations in the relative L/C should strictly conform to the terms stated in our sales confirmation so as to avoid subsequent amendments.

We appreciate your close cooperation and look forward to receiving your further orders.

　　　　　　　　　Yours faithfully,

　　　　　　　　　Shanghai Yongxin Trading Co.，Ltd.

　　　　　　　　　Guoxin Wang

二、信封格式（Addressing Envelopes）

信封的内容包括：

（1）发信人的名称、地址（Return Address）。

（2）收信人的名称、地址（Mailing Address）。

（3）邮递指示（Mailing Direction）。

（4）附记事项。

其中，附记事项可能为：Confidential（机密）、Top Confidential（绝密）、Private（私人亲启）、Personal（亲启）、Urgent（急件）、Printed Matter（印刷品）。

信封上的收信人名称、地址必须正确，以免误递或无法投递，并且必须与封内地址完全一致。收信人的名称、地址排列行数如果不超过4行，则每行之间宜采用双行间隔，4行以上则采用单行间隔，发信人/收信人名称、地址每行的起首排列有齐头式，也有缩进式。

齐头式信封格式的举例如图1-2所示。

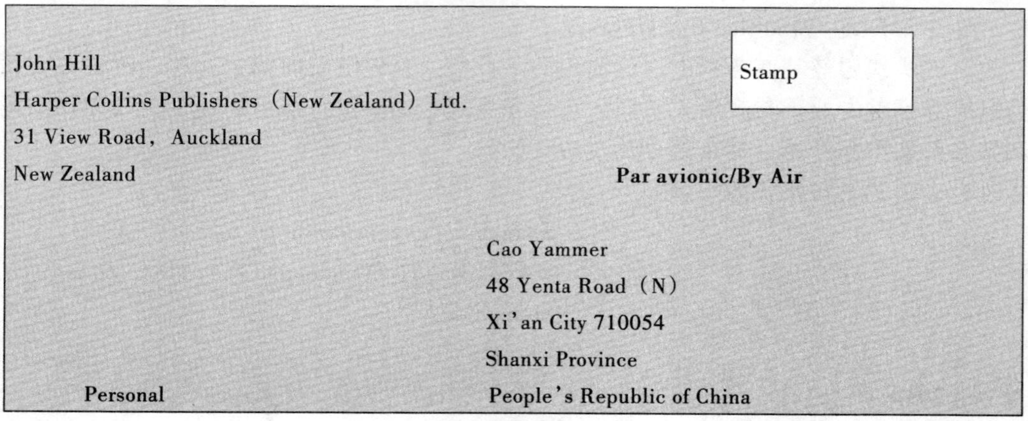

图1-2　齐头式信封格式

缩进式信封格式的举例如图1-3所示。

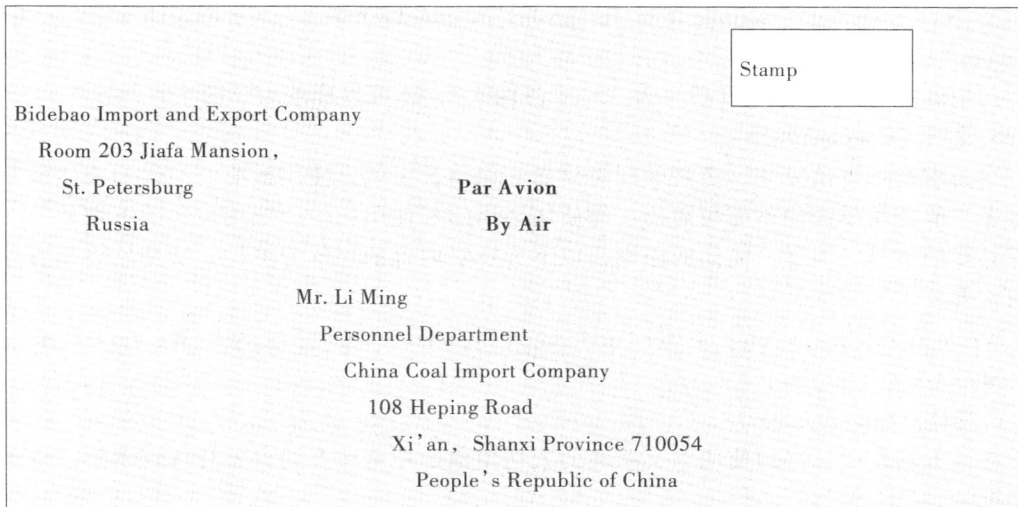

图1-3　缩进式信封格式

第三节　商务信函的书写原则
Principles of Writing Business Lettes

一、外贸商务函电的书写原则

商务信函、传真、电子邮件是我们在从事外经贸活动时对外联络的主要方式。一封内容清楚、简洁，格式正确、完整的信函不仅能给客户留下良好的印象，而且将提高工作效率。所以在写作商务函电时，应运用恰当的格式，遵守其特有的写作原则。

1.体谅（Consideration）

写信时要设身处地替对方着想，考虑对方的需求，而不是从自身的角度看问题，以"我"为主导地位。在写信时，要学会灵活、自然地运用第二人称代词you、your等，使对方感觉到把自己放在了最重要的位置。第一人称代词（I、we、our、us）的使用应该恰如其分，避免招致对方的反感。

2.礼貌（Courtesy）

在函电写作中，不但要在语言、态度上礼貌、谦虚，而且要在行为上表现出自己的涵养和素质——及时回复对方的信件。收到对方的信件时，不管怎么样，即使是当时处理不了，也要先做一个简单的回复，告知对方信件已经收到，对客户表示最起码的尊重和重视。

3.完整（Completeness）

商务函电应包括一切必要的信息。尽量不要在商务书信中使用附言，否则会让对方感觉你做事不够认真，态度不够真诚。另外，在函电写作中，每个段落都要围绕一个主题，段落中的每个句子都要与主题相关，做到条理清楚、内容完整。

4.清楚（Clarity）

函电中的语言表述要能够准确表达写信人的观点，可能引起歧义的表达会使对方产生误解。函电内容要结构清晰，层次分明。例如：

As to the steamers sailing from HongKong to San Francisco，we have bimonthly direct services.

句中的 bimonthly 既可以理解为"一个月两次"，还可以理解为"两个月一次"。

5. 简洁（Conciseness）

在力求商务书信完整、清楚的同时要做到简洁，也就是使用最简洁的语句表达最完整的意思。能使用单词的不使用短语，能使用短语的不使用句子，能用短句的不用长句。避免不必要的重复。但是，简洁的原则是以不影响对内容的理解为前提，清楚始终是商务书信的首要要求。例如：

We acknowledge receipt of you letter dated September 20. 可改为：We appreciate your letter dated September 20.

6. 具体（Concreteness）

在函电写作中，必须使用意义明确的表达使信函中所涉及的对象具体、明确，避免使用笼统的词语。例如：

（a）We wish to confirm our quotations yesterday.

（b）Please make immediate shipment of our order to Bombay.

7. 正确（Correctness）

在函电写作中，除了语法、标点及拼写正确外，还要求使用规范的语言、恰当的叙述和准确的贸易术语。在给商务书信签名时，应检查其内容的正确性，函电中个别的、极小的失误也会破坏写信者沟通方面的可信度，甚至对其他信息产生怀疑。

例如：如果以"We require short delivery for our order."表达"要求尽早交货"，肯定会使对方不知所云，因为 short delivery 不是"快点交货（quick/prompt delivery）"的意思，而是"短交"的意思。

在写信时，要学会灵活、自然地运用第二人称代词 you、your 等，使对方感觉到把自己放在了最重要的位置。第一人称代词（I、we、our、us）的使用应该恰如其分，避免招致对方的反感。比较下列句子：

（a）You are authorized to draw at 90 days on the bank in Beijing for the amount of your invoice after shipment is effected.

（b）We authorize you to draw at 90 days on the bank in Beijing for the amount of your invoice after shipment is effected.

二、语言方面应注意的问题

（1）使用表示客气的表达方式。在函电写作中，避免使用 you should、you must、you have to 等命令式的或近乎命令式的语句，可以使用 Please、Will you…、Will you please… 等方式表达自己的要求。

（2）使用虚拟语气。使用虚拟语气可以更客气、更婉转地表达自己的要求。

（3）使用缓和的语气表达否定的信息。在写否定信息方面的函电时，要注意使用客气的语气，以免刺激对方，以最终达到想要的结果。在函电写作中常用 We are afraid、we would say、we may（might）say、we（would）think、it seems（would seem）to us、we（would）suggest、as you are（may be）aware、as we need hardly point out 等表达缓和的语气。

此外，在与客户的交往中，在信件中不要出现彩色字和艺术字，通篇使用相同的字体和字号；不要全部使用大写字母，除非大写关键词表示强调，以引起客户注意；在客户的节日里以适当的方式送上你的祝福。

第四节　电子邮件
E-mail

一、电子邮件的概念

电子邮件（Electronic-mail），约始于 1993 年，简称 E-mail，是指一种由寄件人将数字信息发送给一个人或多个人的信息交换方式，一般会通过互联网或其他计算机网络书写、发送和接收邮件，目的是达成发信人和收信人之间的信息交互。

要发送信息给对方，同信函一样，必须有对方的地址，在互联网上，电子邮件地址是一串格式如 XXX@bjysoft.com 的字符串。@前面的是电子邮件地址的区域部分，多半是收信人的用户名称，后面的则是域名，这个域名就像一个邮局，对应邮件服务器的 IP 地址。不同的邮件服务器性能也不同，常见的有 gmail、hotmail、163、qq 等。你也可以自己架设邮件服务器（需网络知识），选择质量好的服务器（公司）就特别重要，免费使用的电子邮件尽量选择国外大公司的 E-mail，国内收费 E-mail 质量也很好。做外贸工作，E-mail 特别重要。

E-mail 都可以通过网页访问，但有时候我们无法上网，或者希望所有的邮件都保存在本机，这时候就需要用到电子邮件客户端，这个客户端就是一个桌面应用程序，功能通常比网页强很多。最常见的客户端就是 MS outlook，其优点是提供强大的通讯录管理功能、word 级别的编辑功能、自定义模板、Office 无缝衔接等。另外，还有一些收费的电子邮件客户端，如 Google。

电子邮件的客户端界面如图 1-4 所示。

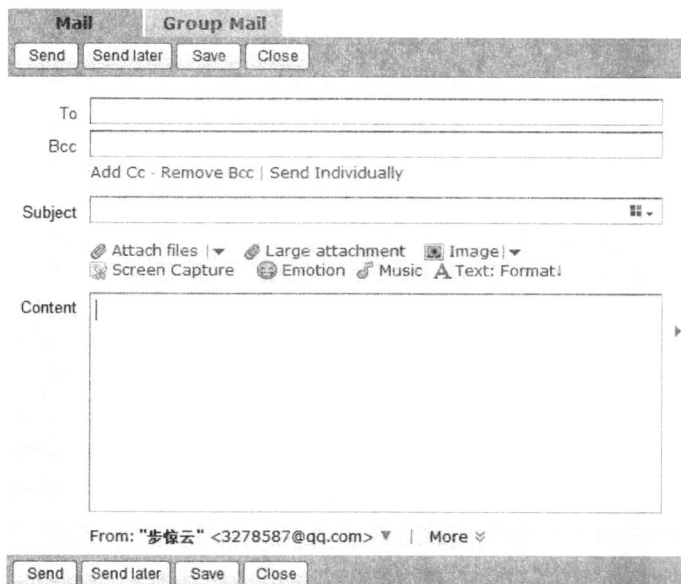

图 1-4　电子邮件

二、电子邮件格式

1. 邮件地址（E-mail Address）

邮件地址中的任何部分（包括标点）都不能写错，手写邮件地址时应仔细核对收件人的邮件地址（尤其是全角、半角字符问题）。

发送完后，注意提示信息（是否发送成功），第一次给某客户发邮件，要经常看看，该邮件是否被拒收。

2. 主题（Subject）

主题栏输入邮件的简短介绍。收件人能在邮件列表中清晰浏览此内容。无论什么邮件，都必须写主题，在国际贸易中，往往要写明订单号与事由。

3. 邮件信息（Message）

正文的写法同商务信函一样，邮件的内容尽量简洁，切勿啰唆，否则会让对方感到厌烦。

4. 称呼（Salutation）和结尾敬语（Complimentary Close）

在正式的邮件中，最好使用与商务函电相同的称呼和结尾敬语。熟客间称呼可以使用Dear XXX等；结尾敬语可以使用Thanks、Best regards、All the best、Best wishes等。

【应用案例分析1-1】

Dear Mr. Brown,

We have seen the information from your website① that you are one of the biggest shoes importers in America, and we are very glad that you are interested in Chinese shoes②. We'd like to establish business relations with you.③ Our latest catalogue and export price list are attached.

We are one of the leading shoes exporters in China④. It is well known that shoes produced in China have good qualities, and our prices are the most competitive. If we get export quota to America, we would first consider you as our business partner.

We look forward to receiving your inquiry.⑤

　　　　　　　　　　　　　　　　　　　　Yours faithfully,
　　　　　　　　　　　　　　　　　　　　Li Li
　　　　　　　　　　　　　　　　　　　　Marketing Manager
　　　　　　　　　　　　　　　　　　　　Great Shoes Co., Ltd.

---

1. 格式及写作说明

（1）该邮件采用的是齐头式，齐头式又称美式结构，在商务英语中应用比较广泛。在齐头式中称呼、正文、结束语、署名都要顶格写，署名可以写在右下角（如本邮件）。段与段之间要有1~2行的间隔，方便阅读。全文通常采用文本左对齐的格式。

（2）该邮件旨在向国外公司提出建立贸易关系，是双方的首封邮件，具有重要的意义。在书写时要注意以下几点：

注意用语的礼貌性和准确性，给对方留下好的印象；

说明得到对方信息的途径，并适当表述你对对方公司的关注，以示诚意；

附上价目单和目录等，方便对方做出选择；

介绍本公司及公司的优势；

署名时，除发件人的姓名外还可写上发件人的职位、公司及联系方式等。

2.替换练习

应用案例中①可替换为：

We have learned from the newspaper…我们从报纸上得知……

We've got your information from one of our old clients…我们从一个老客户那里得到贵公司的信息……

We've learned from Bank of China, New York Branch…我们从中国银行在纽约的分行得知……

From the advertisement in the internet, we know…从互联网上的广告我们得知……

应用案例中②可替换为：

clothes 服装、rice 大米、corn 玉米、cotton 棉花、silk 丝织品。

应用案例中③可替换为：

We'd like to cooperate with you.我们希望能与贵公司合作。

We are willing to establish trade relationship with you.我们希望与贵公司建立贸易关系。

We'd like to enter into business relations with you.我们希望与贵公司建立业务联系。

We hope to conclude some business with you.我们希望与贵公司达成交易。

应用案例中④可替换为：

the sole rice exporter in China 中国唯一的大米出口商

the biggest clothes exporters in China 中国最大的服装出口公司

one of the most famous advertisement company in Beijing 北京最著名的广告公司之一。

a state-owned company 一家国有企业

a private enterprise 一家私有企业

应用案例中⑤可替换为：

We look forward to hearing from you.期盼贵公司的回信。

We expect to receive your confirmation at an early date.希望早日收到贵方的确认函。

We wish to hear from you.希望收到您的回信。

Please write back as soon as possible.请您尽快回信。

We would be grateful if you could reply soon.若您能尽快回信，我们将不胜感激。

第二章　交易准备
Preparation for Business

知识目标：

　　熟悉国际市场调研的主要方法、熟悉寻找客户的途径，掌握咨询信与建立业务联系函的写作技巧。

技能目标：

　　熟练运用"商务函电教学系统"进行咨询信、建立业务联系函的写作，掌握客户开发信函的写作技巧。

第一节　国际市场调研
International Marketing Research

　　企业进出口商品离不开国际市场，需以国际市场为其广阔的活动空间。要使自己的产品打入国际市场并且长销不衰，或以较低的价格购进所需的商品，企业必须了解国际市场，对国际市场进行调研，以帮助企业制定有效的市场营销决策，实现企业经营目标。

一、国际市场调研的内容

　　从国际贸易商品进出口角度看，国际市场调研主要包括：国际市场环境调研、国际市场商品情况调研、国际市场营销情况调研、国外客户情况调研等。

　　1.国际市场环境调研

　　企业开展国际商务活动，将产品打入国际市场，需先了解商务市场环境，做到知己知彼，百战不殆。企业对国际市场环境调研的主要内容为：

　　（1）国外经济环境，包括一国的经济结构、经济发展水平、就业、收入分配等。

　　（2）国外政治和法律环境，包括政府机构的重要经济政策、政府对贸易实行的鼓励政策、限制措施，特别是有关外贸方面的法律法规，如关税、配额、国内税收、外汇限制、卫生检疫安全条例等。

　　（3）国外文化环境，包括使用的语言、教育水平、宗教、风俗习惯、价值观念等。

　　（4）其他，包括国外人口、交通、地理等情况。

　　2.国际市场商品情况调研

　　企业要把产品打入国际市场或从国际市场进口产品，除需了解国外市场环境外，还需了解国外市场商品情况，主要有：

　　（1）国外市场商品的供给情况，包括商品供应的渠道、来源，国外生产厂家、生产能力、数量及库存情况等。

　　（2）国外市场商品的需求情况，包括国外市场对商品需求的品种、数量、质量要求等。

　　（3）国际市场商品的价格情况，包括国际市场商品的价格、价格与供求变动的关系等。

3.国际市场营销情况调研

国际市场营销情况调研是对国际市场营销组合情况的调研，除上述已经提到的商品及价格外，一般还应包括：

（1）商品销售渠道，包括销售网络设立、批零商的经营能力、经营利润、消费者对他们的印象、售后服务等。

（2）广告宣传，包括消费者购买动机、广告内容、广告时间、方式、效果等。

（3）竞争分析，包括竞争者产品质量、价格、政策、广告、分配路线、占有率等。

4.国外客户情况调研

每个商品都有自己的销售（进货）渠道。销售（进货）渠道是由不同客户所组成的。企业进出口商品必须选择合适的销售（进货）渠道与客户，做好国外客户的调查研究。

（1）委托国内外咨询公司对客户进行资信调查。

（2）委托中国银行及其驻外分支机构对客户进行资信调查。

（3）通过我国外贸公司驻外分支机构或商务参赞、代表处对客户进行资信调查。

（4）利用交易会、洽谈会、客户来华谈判、派出国代表团、推销小组等对客户进行资信调查。

通过上述调查，企业可有针对性地选择客户进行交易。此外，企业在进行国外市场调查的同时，也应注意做好国内货源及需求方面的调查。

【应用案例分析2-1】

Dear Sirs，①

　　We have learned from Smith and Company of Birmingham that you manufacture arrange of high-fashion handbags in a variety of leathers.②

　　We operate a quality retail business③ and although our sales volume is not large， we obtain high prices for our goods.

　　Would you please send me a copy of your handbag catalogue with details of your prices and payment term？④

　　We would find it most helpful if you could also supply samples of the various skins from which the handbags are made.⑤

Yours faithfully，

×××

1.写作流程

①称呼；

②如何取得收信人地址及发信原因；

③简略介绍本公司经营范围；

④请求对方寄送资料；

⑤礼貌地索取样品。

2.案例点评

开头讲明信息来源，如何获得收信人地址及发信原因。之后自我介绍有关经营的业务范围，接着向对方提出请求。其索取样品的请求花费较大，提出时非常礼貌得体。本文简明扼要，短小精悍，切中要点，语言简洁朴实，措辞礼貌得体，让对方感到自然和诚意。

二、实训演示

在"商务函电教学系统"中按照以下步骤进行交易准备阶段向银行咨询客户资信情况函电书写的练习。

第一步：学生登录系统，在"教学内容"页面，点击"交易准备"（如图2-1所示）。

图2-1   教学内容

第二步：在"国际贸易交易准备理论知识"页面，点击"训练"（如图2-2所示）。

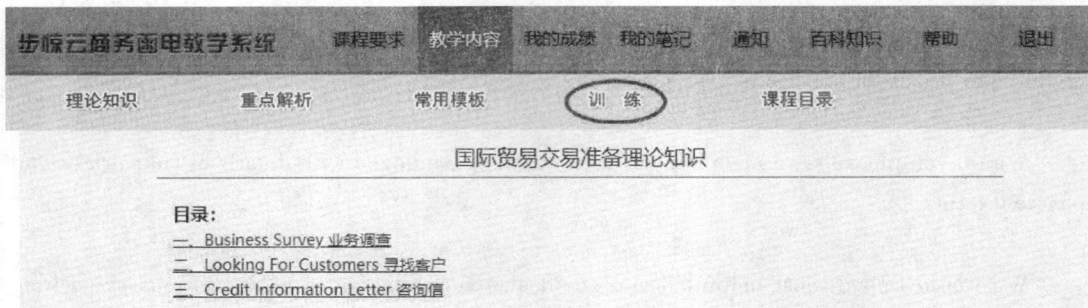

图2-2   交易准备

第三步：选择"向银行查询新客户资信情况"（如图2-3所示），点击"要求"，查看题目的具体内容（如图2-4所示），然后点击"答题"，进入题目开始答题。按要求书写完函电内容后，点击"保存邮件"保存答案，然后点击"完成邮件"（如图2-5所示）。

图2-3　选择练习题目

请根据下面的题目要求及相关背景资料发送"向银行查询新客户资信情况"邮件。

一、题目要求

德国拜尔贸易公司通过www.worldoftrade.com得知上海永鑫贸易有限公司出售米老鼠金戒，并且价格合理，于是下了8万美元的订单，并且提供德国邮政银行的相关信息以便出口商查询公司的资信情况。

2015年1月3日，上海永鑫贸易有限公司收到订单并及时发出邮件向德国邮政银行询问德国拜尔贸易公司的资信情况。

该信函至少应包含以下内容：

1、写作的目的
2、了解进口商公司信息
4、表达感谢

二、背景资料

贸易公司

德国拜尔贸易公司(德国)

上海永鑫贸易有限公司（中国）
【详细资料到贸易公司查看】

银行信息

德国邮政银行【详细资料到银行列表查看】

商品资料

CX-008 米老鼠金戒【商品详细资料到商品列表查询】

图2-4　题目具体内容

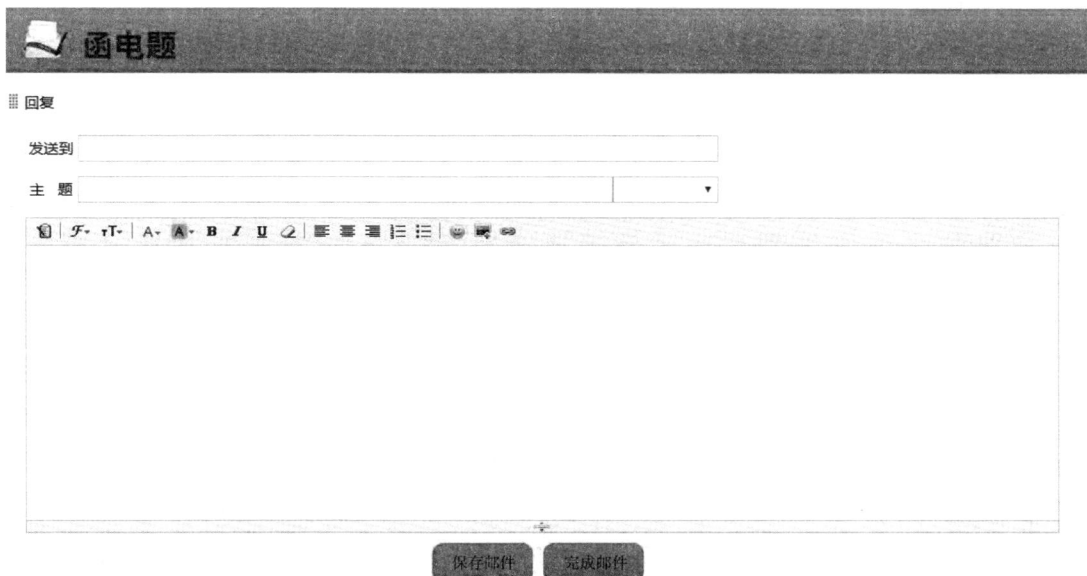

图2-5　答题

第二节　寻找客户
Looking for Customers

寻找合适的交易对象，与之建立长期友好业务关系，是企业开展国际贸易至关重要的环节。

在国际贸易中，企业寻找客户关系的方法很多，归纳起来大体有以下三种类型：

1.他人介绍

企业通过我驻外使领馆的商务参赞、代办处或国外驻华使领馆的商务参赞、代办处，国内外各种商会、银行，以及与本企业有业务关系的企业介绍寻找客户。

2.媒体寻找

企业可以利用各国商会、工商团体、国内外出版的企业名录及国内外报刊上的广告以及计算机数据库中提供的客户信息、资料查找客户。

3.参加展会

企业可以通过在国内外参加或举办各种交易会、展览会的方式找到客户。

【应用案例分析2-2】

Dear Mr. Jones，①

　　We understand from your information posted on Alibaba.com that you are in the market for textiles. ② We would like to take this opportunity to introduce our company and products，with the hope that we may work with Bright Ideas Imports in the future.③

　　We are a joint venture specializing in the manufacture and export of textiles. ④ We have enclosed our catalog，which introduces our company in detail and covers the main products we supply at present.⑤ You may also visit our online company introduction at http://www.bjysoft.com which includes our latest product line.⑥

　　Should any of these items be of interest to you，please let us know. We will be happy to give you a quotation upon receipt of your detailed requirements.⑦

　　We look forward to receiving your enquires soon.⑧

　　　　　　　　　　　　　　　　　　　　　　　　　Sincerely，
　　　　　　　　　　　　　　　　　　　　　　　　　John

1.写作流程

①称呼；

②信息来源；

③表达建立业务往来的意愿；

④简略介绍本公司；

⑤随信附寄材料的内容；

⑥详细信息的获取途径；

⑦表达进一步接触的意愿；

⑧期望尽快收到对方的询价。

2.案例点评

开头讲明信息来源；紧接着提出意愿希望与对方建立业务往来；之后介绍本公司，并向对方提供详细了解本公司的方式；最后表达与对方进一步接触的意愿，期望尽快收到对方的询价。本文简明扼要，短小精悍，切中要点，语言简洁朴实，语气不卑不亢，让对方感到自然和诚意。

第三节　咨询信
Credit Information Letter

在国际贸易中，买卖双方在地理位置上相距遥远，商人通常通过信函互相联系。

咨询信的相关内容包含：

（1）信息来源；

（2）对本公司的简短介绍（包括业务范围、对产品或服务的推销"广告"）；

（3）写信意图（如邀请参加交易会、提议的日程安排、准备洽谈的业务）；

（4）表达合作或收到早日答复的期望。

为表达诚意或给收信人留下好的印象，对此类信函的回复必须做到充分、迅速与礼貌。

【应用案例分析2-3】

Dear Thomas Murphy，①

Thank you for your letter of the 16th of this month.②

We shall be glad to enter into business relation with your company.③ In compliance with your request, we are sending you, under separate cover, our latest catalogue and price list covering our export range.④ Payment should be made by irrevocable and confirmed letter of credit.⑤

Should you wish to place an order, please telex or fax us.⑥

Yours sincerely,

Liyun Liu

1.写作流程

①称呼；

②对对方来函表示感谢；

③同意建立业务往来；

④附信寄出详细资料；

⑤要求的支付方式；

⑥表示再进一步接触的意愿及方式。

2.案例点评

首先感谢对方的来信；然后表示愿意建立业务联系，遵照对方要求随信寄去详细资料，向对方说明能够接受的支付方式；最后表达进一步接触的意愿及方式。整篇文章语言简练，语气运用得当，是一篇颇为正式的业务回函。

第四节　建立业务联系
Establishment of Business Relations

与外国企业建立业务联系是企业开展国际贸易的第一步，此类信函的主要目的是建立业务联系和树立良好商誉。一般情况下，国际贸易的双方通过各自的介绍或第三方的介绍，先摸清对方的资金信用、经营能力和业务范围等重要条件，然后进行实质性的业务商讨。

一、建立业务联系函的内容

此类信函一般包括以下内容：

（1）信息来源；

（2）对本公司的简短介绍（包括业务范围、资金信用、经营能力等）；

（3）表达建立业务联系的意愿（表明合作意愿）；

（4）表达与对方合作或早日收到答复的期望。

为表达诚意或给收信人留下好的印象，对此类信函的回复必须做到充分、迅速与礼貌。

【应用案例分析2-4】

Dear Sirs,

A few days ago we had the opportunity to see a display of your products at the Chengdu International Trade Centre, and we were most impressed with their quality and low prices.

We should like to offer you our services as a trading firm, and would mention that we have excellent connections in the trade and are fully experienced with the import business for this type of product.

In addition, we operate our own advertising agency, and we can use the latest marketing procedures quite efficiently. You can be sure of increasing your turnover considerably if you would allow us to promote sales of your products throughout China.

We look forward to hearing from you.

Sincerely yours,

Liyun Liu

1.写作流程

（1）取得对方信息的来源；

（2）对对方感兴趣的原因；

（3）联系对方的目的；

（4）我方的优势；

（5）向对方保证双方的贸易往来会给对方带来好处；

（6）结束语。

2.案例点评

开头提出了通过展览获得对方公司信息；紧接着说明对对方感兴趣的原因；之后表达与对方建立商务关系的意愿，陈述我方的优势；最后向对方保证双方的贸易往来会给对方带来好处。本文措辞得当，有理有据，十分恰当地提出自己的意愿，容易给人留下良好的印象。

二、实训演示

在"商务函电教学系统"中按照以下步骤进行交易准备阶段建立业务联系函电书写的练习。

第一步：学生登录系统，在"教学内容"页面，点击"交易准备"（如图2-6所示）。

图2-6　教学内容

第二步：在"国际贸易交易准备理论知识"页面，点击"训练"（如图2-7所示）。

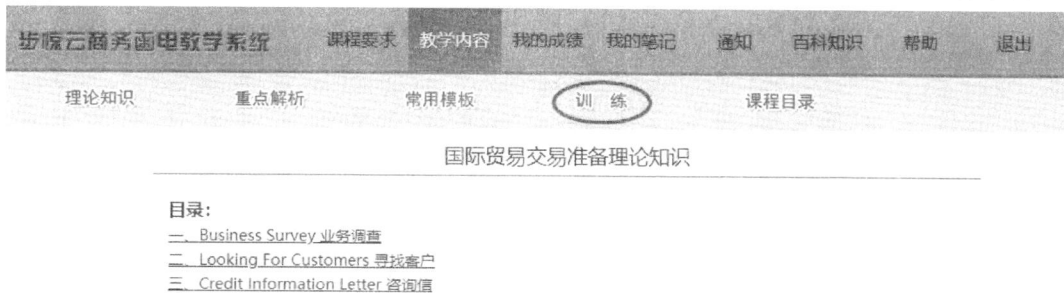

图2-7　交易准备

第三步：选择"建立业务联系"（如图2-8所示），点击"要求"，查看题目的具体内容，然后点击"答题"，进入题目开始答题（如图2-9所示）。按要求书写完函电内容后，点击"保存邮件"保存答案，然后点击"完成邮件"（图略）。

图 2-8　选择练习题目

建立业务关系（FOB+L/C）

请根据下面的题目要求及相关背景资料发送"建立业务关系"邮件。

一、题目要求

上海永鑫贸易有限公司是一家专门从事出口箱包的公司，2014年3月，上海永鑫贸易有限公司从网站得知俄罗斯

彼得堡进出口贸易公司欲求购手提包（Famous-Brand Handbag）的信息。

2014年3月12日，向彼得堡进出口贸易公司发出建立业务关系函。该信函至少应包含以下内容：

1、信息的来源

2、写作的目的

3、公司经营范围、信誉状况等

4、表达合作的愿望

二、背景资料

进口商公司
彼得堡进出口贸易公司（俄罗斯）【详细资料到贸易公司查看】
出口商公司
上海永鑫贸易有限公司（中国）【详细资料到贸易公司查看】
商品资料
CB-002(名牌手提包)【商品详细信息到商品中查看】

图 2-9　题目具体内容

第三章　交易磋商
Business Negotiation

知识目标：

熟悉交易磋商各环节——询盘、发盘、还盘与接受——的方法和技巧，掌握运用函电进行对外发盘和还盘工作。

技能目标：

熟练运用"商务函电教学系统"进行交易磋商，掌握询盘、发盘、还盘与接受函电的写作技巧。

第一节　询盘
Enquiry

交易磋商是国际贸易的重要环节之一，能否顺利签订商品的国际交易合同，主要取决于交易双方对交易条件磋商的结果。交易磋商可以是口头的（面谈或电话），也可以是书面的（传真、电传或信函）。交易磋商的过程可分成询盘、发盘、还盘和接受四个环节，其中发盘和接受是必不可少的，是达成交易所必需的法律步骤。

一、询盘的含义

询盘（Enquiry）也叫询价，是指准备购买或出售某种商品的人向潜在的供货人或买主探寻该商品的成交条件或交易的可能性的业务行为，它不具有法律上的约束力。

询盘的内容可涉及价格、规格、品质、数量、包装、装运以及索取样品等，而多数只是询问价格。所以，业务上常把询盘称作询价。

询盘不是每笔交易必经的程序，如交易双方彼此都了解情况，不需要向对方探询成交条件或交易的可能性，则不必使用询盘，可直接向对方发盘。

在实际业务中，询盘只是探寻买或卖的可能性，所以不具备法律上的约束力，询盘的一方对能否达成协议不负有任何责任。由于询盘不具有法律效力，所以可作为与对方的试探性接触，询盘人可以同时向若干交易对象发出询盘。但合同订立后，询盘的内容就成为磋商文件中不可分割的部分，若发生争议，也可作为处理争议的依据。

二、询盘的内容

询盘可采用口头或书面形式，包括一般询盘和具体询盘。

1. 一般询盘（General Enquiry）

一般询盘主要包括商品一般信息：

（1）目录（A Catalogue）；

（2）价目表或报价单（A Price-list or Quotation Sheets）；

（3）样品（A Sample）；

（4）图片（Illustrated Photo Prints）。

2. 具体询盘（Specific Enquiry）

具体询盘主要包括具体交易信息：

（1）商品名称（The Name of The Commodity）；

（2）规格（The Specifications）；

（3）数量（The Quantity）；

（4）单价（The Unit Price）；

（5）装船期（The Time of Shipment）；

（6）付款方式（The Terms of Payment）。

完整的询盘函一般包含：

（1）获取该公司名称及地址的方式或途径；

（2）对本公司进行介绍以便对方了解；

（3）说明去信目的及期望；

（4）详细询问各项交易条款，如价格、装运期、付款方式等；

（5）表明良好愿望，期待早日收到回复。

【应用案例分析3-1】

Dear Sir or Madam：

We learned from our common business partner JIAFU Ltd. that your company is one the major exporters of cashmere products in Australia.

We are a leading dealer in high-quality textiles in China and are very much interested in importing your goods especially men's cashmere sweater.

We would appreciate your sending us catalogues, sample books or even samples if possible. Please give us detailed information on CIF Dalian Prices, terms of payment and discount you would allow on purchases of quantities of no less than 10,000 pieces.

We hope this will be a good start for a long and profitable business relation.

Sincerely yours,

Mr. Jim Li

案例点评：

在第一段，首先告知对方我方是如何得知他们的业务内容及联络信息的，使整个书信的开篇自然周到。因为是首次接触，所以有必要紧接着在第二段开头介绍我公司的基本情况，如企业规模、行业地位、业务内容等。之后，直奔主题告知对方我方的兴趣点，让对方明了我方来函的主要意图。在第三段，则客气而清楚地说明我方对报价的具体要求。另外，为了能让对方给予我方询价函以足够的重视并报出较低的价格，信函中还特别提到了拟采购数量。在最后一段，对双方的长远合作做出积极的展望。这样的布局使整封信函自然流畅、逻辑性强、要点突出。

三、实训演示

在"商务函电教学系统"中按照以下步骤进行交易准备阶段建立业务联系函电书写的练习。

第一步：学生登录系统，在"教学内容"页面，点击"交易磋商"（如图3-1所示）。

图3-1　教学内容

第二步：在"交易磋商理论知识"页面，点击"训练"（如图3-2所示）。

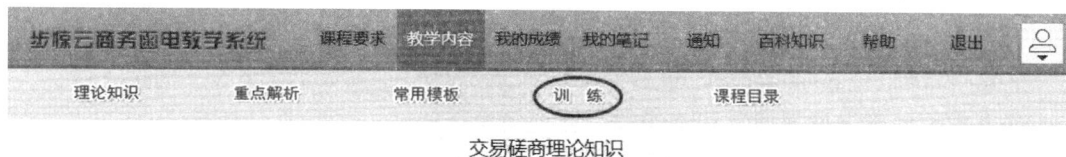

图3-2　交易磋商理论知识

第三步：选择"询盘"，点击"要求"，查看题目的具体内容，然后点击"答题"，进入题目开始答题（如图3-3所示）。按要求书写完函电内容后，点击"保存邮件"保存答案，然后点击"完成邮件"（图略）。

图3-3　选择练习题目

Vocabulary

1.Enquiry n. 询盘，询价

They sent us an enquiry for…

他们来信咨询……

Thank you for your fax enquiry of March 5 for oilseeds.

感谢你方三月五日询购油籽的传真。

2.Enquire v. 询盘，询价

（1）Enquire for sth. 询购某种商品。

Much thanks for your reply to us enquiring for bed-sheets and pillowcases.

非常感谢贵方对我们询问床单和枕套价格的回复。

（2）Enquire about sth. 打听某事。

Our manager wants to enquire about the quantity you require for next quarter.

我们经理想打听一下你们下季度所需要的数量。

（3）Enquire into sth. 调查某事。

The council set up a committee to enquire into local unemployment.

参议会成立了一个委员会调查当地的失业情况。

Notes

1. Your name has been given us by the Chamber of Commerce/ the Embassy/ the bank in…

我们从……地方商会/从……使馆/从……银行获悉你方名称。

2. Your firm has been recommended to us by Bayer AG，with whom we have done business for many years.

多年来与我们有业务联系的拜尔股份公司将贵公司推荐给我们。

3. Messrs…of … have given me your name as sole agents for…

在……的……公司向我们介绍了作为……独家代理的贵公司的名称。

4.Please let us know your lowest possible prices for the relevant goods.

请告知我们有关商品的最低价。

5. I'd like to have your lowest quotations，C.I.F. Rotterdam.

我想请你们报鹿特丹到岸价的最低价格。

6. We hope your quotation should be based on an expanding market and be competitive.

我方希望此报盘应着眼于扩大销路且具有竞争性。

7. Heavy inquiries witness the quality of our products.

大量询盘证明我们产品质量过硬。

8. Would you tell us your best prices C.I.F. Hamberg for the tables?

请告诉我方桌子到汉堡到岸价的最低价格。

9. We'd like to know what you can offer as well as your sales conditions.

我们想了解你们能供应什么，以及你们的销售条件。

10. Could you please send us a catalog of your rubber boots together with terms of payment?

你能给我们寄来一份胶靴的目录，并告诉我们付款方式吗？

第二节　发盘
Offer

一、发盘的含义和内容

发盘又称发价，在法律上又称"要约"，是指买方或卖方向对方提出的各项交易条件。发盘通常是一方收到对方的询盘之后所提出的，但也可不经过对方询盘而主动向对方提出。发盘有实盘（firm offer）和虚盘（no-firm offer）之分。实盘是发盘人在规定的期限内对所提条件的肯定表示，发盘人在有效期内不得随意改变和撤回发盘内容，发盘一经买方接受，买卖立即敲定，双方就有了具有法律约束力的合同关系。虚盘是发盘人所作的非承诺性表示，附有保留条件，如"以我方最后确认为准（subject to our final confirmation）"等。

完整的报价和发盘应包括以下内容：

（1）对询价表示感谢；

（2）提供所要求的所有信息，如价格、折扣及付款条件等细节；

（3）对交货期或装运期的承诺；

（4）如为实盘，应注明有效期；

（5）希望对方接受报价订购货物。

【应用案例分析3-2】

Dear Mr. Li,

We welcome your inquiry dated June 16th and thank you for your interest in our men's cashmere sweater.

In accordance with the instruction given in your last letter, we hereby enclose our illustrated catalogue and price list giving the details you asked for. Also by separate post, we are sending you some samples. We are confident that you would be satisfied with the design and quality.

In reply to your inquiry, we take pleasure in making you an offer as follows, provided your reply reaches us with 10 days from today:

Commodity: Men's Cashmere Sweater

Quantity: 10,000 pieces

Price: USD 20 net per piece CIF Dalian

Shipment: July 2015

Payment: irrevocable L/C at sight

On considering the fact that this is our first transaction and the volume you ordered is not small, we would allow you a discount of 5%.

We are expecting your early order.

Yours faithfully,

Ms. Judy Jordan

案例点评：

第一段，首先告知对方我方已收到他们的询盘，让对方放心。虽然是对方的首次询盘，还不知是否最后能够成交，但为了表示诚意，还是要先行表示感谢。第二段，则明确通知对方我方对对方来信的要求都做出了何种积极的反应，以便让对方了解我方的诚意和工作效率。第三段，明确做出我方报价，并且力求信息的完整细致。第四段，为了赢得这个潜在客户的好感并体现我方开展长期合作的诚意，明确告知我方将给予的价格优惠及其原因。

最后，期待对方下单。这封信最大的优点在于充分地体现了公司的规范、高效和合作诚意。

【应用案例分析3-3】

Price List	
Company	Shenzhen QuananTextile Co.，LTD.
Detailed Address	No.187 Nanshan Street，Shenzhen
Post Code	5180000
Contact	Zhang Xin
Job Title	General Manager
Telephone No.	0755-61285901
Fax No.	0755-61285900
Mobile No.	13507445518
E-mail Address	Nanshan118@163.com
Reference No.	056
Date	In March，2015
Place of Origin	China
Article No	K42
Price	USD10 per set FOB Shenzhen FOB
Port	Shenzhen
Payment Terms	By irrevocable L/C，100% invoice value
Minimum Order Quantity	1 000 sets
Size	50cm×80cm
Supply Ability	100 000 Piece/Pieces per Month
Package	In wooden cases
Brand Name	"Hua Sheng" table-cloth
Time of Shipment	In April，2015
Shipping Specifications	Showing net and gross weights and dimensions of each package

案例点评：

这张出口商品价目表内容详尽，详细列明了出口商信息、出口商品的价格条件、最小成交数量、包装、运输、支付方式、供货能力等合同主要交易条件。价目表所含信息全面，表述内容具体，有利于买方掌握合同有关的商品信息和供应商信息。

【应用案例分析3-4】

Advice of Price Increase
Dear Mr. Smith,
Thank you for your letter of October 10 for business copiers. We are now sending you our price-list and catalog of the newest types that are under production and we can supply at once from stock.

We want to notice you that prices of copier parts and components have gone up steadily since the second half of the year. Though we have tried hard to keep our quotations down, we are afraid the margin for keeping on going like this will not long. Therefore, we suggest that you will let us have your order before further rises in costs, which will lead to a raise in prices very soon unavoidably.

Sincerely yours,
C.C.: President King

案例点评：

开头感谢对方关于商用复印机的询函，现随函并奉送公司正在生产的、有现货供应的最新型号的产品清单和价目表。紧接着提出商品涨价的理由。据此建议对方在零部件再次涨价并不可避免地引起成品涨价之前，便向我方订货。本文语气平和，有理有据，十分恰当地提出自己的主张，有利于双方友好合作关系的持续。

【应用案例分析3-5】

Discount

Dear Sirs,

Thank you for your letter of April 18, 2015. We now have great pleasure in sending you a copy of our pattern-book and a comprehensive export price-list.

As you will be able to see from our sample-book, all the leather gloves we manufacture for export are of very high quality and are suitable for your purposes. We reduced costs by 5%. The prices quoted are very competitive. We feel sure that you will find that they compare very favorably with those quoted by other suppliers elsewhere in the world.

We expect payment by L/C payable within 90 days of sight and will allow you a cash discount of 10% if you are able to make payment within 1 month of invoice date. We will be able to ship any order you place with us within 30 days of your firm order.

We are looking forward to hearing from you.

Yours faithfully,
J.Kistemaker, Manager

案例点评：

开头友好地感谢对方的来信，并附上具体的目录和出口价格单。然后在公司的产品质量优良，符合对方要求的前提下，降低成本销售，使对方感觉物美价廉。这封信思路清晰，措辞得当，非常具有吸引力。

二、实训演示

在"商务函电教学系统"中按照以下步骤进行交易准备阶段建立业务联系函电书写的练习。

第一步：学生登录系统，在"教学内容"页面，点击"交易磋商"（如图3-4所示）。

图3-4　教学内容

第二步：在"交易磋商理论知识"页面，点击"训练"（如图3-5所示）。

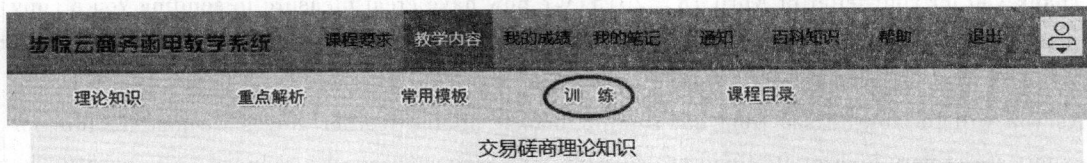

图3-5　交易磋商理论知识

第三步：选择"发盘"，点击"要求"，查看题目的具体内容，然后点击"答题"，进入题目开始答题（如图3-6所示）。按要求书写完函电内容后，点击"保存邮件"保存答案，然后点击"完成邮件"（图略）。

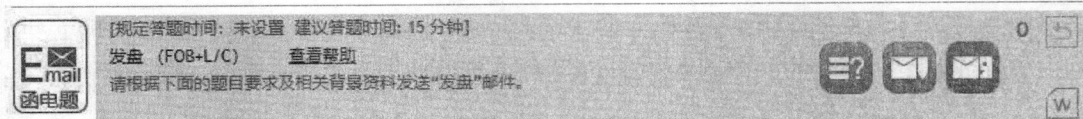

图3-6　选择练习题目

Vocabulary

offer n./v. 发盘；报盘；提供报盘

make an offer for /on…　对……报价，类似的表达还有：

send offer、give offer、fax offer，后接介词for或on，例如：

Please make（send，fax）us an offer for walnuts.

请给我们核桃的报盘。

I have had an offer of $30 each for the radio sets.

我方发盘这批收音机每台30美元。

We are making an offer of a reduction of seven cents in the price to all customers who place an order before October.

对于凡在10月之前订货的顾客，我们都减价7美分。

For large orders of more than \$6000, we can offer a discount of 4% on list prices.

对于金额在6 000美元以上的大订单，我们可以按价目单给予4%的折扣。

Notes

1. as follows=as what follows，是习语。"as"是关系代词，不论句子的主语是单数还是复数只可用"as follows"不可用"as follow"。

Subject to our final confirmation we will send you our offer as follows.

在我们最终确认以后，就将实盘报给你们。

2. compare v. 比较

compare… with… 把……与……进行比较

compare…to… 把……比作……

If you compare our products with others', it will be found that ours are of high quality.

如果你方将我们的产品与其他公司的产品进行比较，就会发现我们的产品质量优越。

3. in case of 若发生（某事）

In case of an order for more than 500 sets we would grant a special discount of 5%.

若你方能订购多于500件，我们会给予特殊折扣5%。

4. discount n. 折扣

grant a special discount 给予特殊折扣，还可表达为：make / give a special discount

We give you the same goods at a discount of 5% off our last prices.

我们报给你方同样的货物，按我方上次价格给予5%的折扣。

5. under separate cover 另封，另邮；或 by separate cover 或 by separate mail/post

We shall be pleased to send you our latest catalogue under separate cover.

我方很乐意另封寄上我们的最新产品目录。

6. in due course 商务信函中的套语，"在适当的时候，如期地，及时地"，有时也可用副词 duly。

Your samples have（duly）arrived（in due course）.

你们的样品会如期寄到。

7. subject to… 以……为条件，以……为有效，以……为准

subject to our final confirmation 以我方最后确认为准

8. dispatch v./n. 发送；派遣/发运的货物

We shall have the right to claim compensation for our losses, if you fail to dispatch the ship in time.

如果你方未能及时发货，我们有权对造成的损失提出索赔。

第三节　还盘
Counter-offer

一、还盘的含义和内容

　　还盘（counter-offer）又称还价，是受盘人对发盘内容不完全同意而提出修改或变更的表示，是对发盘条件进行添加、限制或其他更改的答复。还盘只有受盘人才可以做出，其他人做出无效。在接到发盘后，受盘人必须对报盘内容进行认真研究。如果发盘人认为发盘价格难以接受或对其他条件不满意，既可以拒绝接受，也可以向发盘人提出建议，要求对发盘内容进行修改。这种受盘人对发盘内容进行变更的表示被称为还盘（counter-offer）。事实上，还盘既是受盘人对发盘的拒绝，又是受盘人以发盘人的地位提出的新发盘。

　　还盘信函应包含以下内容：

　　（1）对发盘人的发盘表示感谢；

　　（2）对由于某种原因无法接受发盘表示遗憾，同时解释原因；

　　（3）对还盘的内容也就是己方所希望的交易条件提出建议；

　　（4）希望对方能够接受己方所提出的还盘建议。

【应用案例分析3-6】

Dear Mr. Liu Jiang,

Thank you for your letter of July 30 offering us 250 tons of the subject goods at USD 130 per ton FOB Shanghai.

Even though we urgently need these products, we find the price is too high to be accepted and out of line with the prevailing market level. Your quoted price will deprive us of any profit. Frankly speaking, we have received a quotation with 8% lower than yours. If you would like to reduce your price by about 5%, we might come to terms.

In view of our long business relations, we make you such a counter offer. As you know, this year's pear harvest is good and the market is declining, though there is a large demand for pears. We hope you will consider our counter offer most favorably and let us know your acceptance at your earliest convenience.

Sincerely,

Jim Perry

Overseas Business Manager

Bananafish Corporation

案例点评：

该邮件是买方对卖方报盘的还盘。第一段，首先感谢对方的发盘，并重复对方报价的内容；第二段，告知对方报盘中的哪些内容不能接受，与对方讨价还价；最后，阐明产品的国际市场供求现状，表达了长期合作的愿望，期待对方早日回复。该还盘在表明态度的同时有理有据，表现出了该公司的专业与客观。

【应用案例分析3-7】

> Dear Ms. Judy Jordan,
>
> We are in receipt of both your offer of June 19 and the catalogue and samples.
>
> While appreciating the special design and good quality of your products, we find your price is rather too high for Chinese market. We have to point out that Japan-made men's cashmere sweater of this quality are available in our market, all of them are at prices about 15% below yours.
>
> Such being the case, we have to ask you to consider if you can make reduction in your price, say 15%. As we are ready to purchase many other cashmere products later this year, you may think it worthwhile to make a concession for a potential big client.
>
> We are anticipating your early reply.
>
> > Sincerely yours,
> > Jim Li

案例点评：

该邮件是买方对卖方报盘的还盘。第一段，首先告知对方收到发盘与样品及产品目录；第二段，评价与反馈，提出要求对方降价的理由，告知对方价格高于其他国家同类产品；第三段，提出要求，游说对方，将自己作为大客户的潜在优势告知对方；最后提出期待对方早日回复。该还盘思路清晰，有理有据，语气平和。

二、实训演示

在"商务函电教学系统"中按照以下步骤进行交易准备阶段建立业务联系函电书写的练习。

第一步：学生登录系统，在"教学内容"页面，点击"交易磋商"（如图3-7所示）。

第二步：在"交易磋商理论知识"页面，点击"训练"（如图3-8所示）。

第三步：选择"还盘"，点击"要求"，查看题目的具体内容，然后点击"答题"，进入题目开始答题（如图3-9所示）。按要求书写完函电内容后，点击"保存邮件"保存答案，然后点击"完成邮件"（图略）。

图 3-7　教学内容

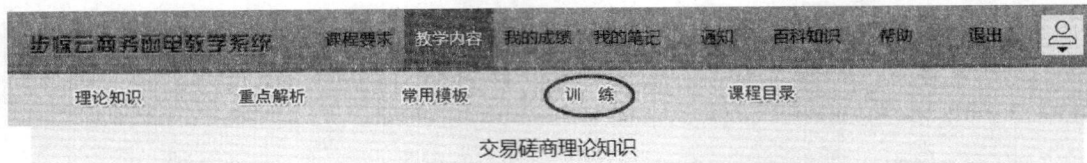

图 3-8　交易磋商理论知识

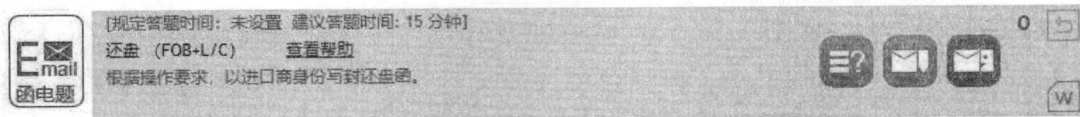

图 3-9　选择练习题目

Vocabulary

1. on the high side=rather high 偏高

类似词组：on the big side（偏大），on the small side（偏小），on the large side（偏大），on the short side（偏短）。too much 或 rather 用于修饰 on the high side 加强语气。

The prices you quoted, however, are found too much on the high side.

但你方报价太高。

2. margin n. 余裕，差数，盈余；利润

It is understood that to accept the prices you quoted would leave us little or no margin of profit on our sale.

我方认为如果接受你的报价，则我公司将无利可赚。

3. finalize=complete v. 完成，达成，确定

finalizing an order 表示达成交易，"达成交易"的表达还有：

transact / close / finalize / conclude a business

close / finalize / conclude a transaction

We appreciate your prompt reply to our enquiry and would like to take this opportunity to finalize an order with you.

感谢你方迅速的答复，我们会好好利用这次机会与你们达成交易。

If all the requirements we mentioned can be met，we will finalize the business with you as soon as possible.

如果我方要求都能得到满足，我们将与贵公司尽早达成交易。

4. take up=accept v. 接受

We would possibly take up your entire stock of these two kinds of tablecloth，provided that you cut the price by 10%.

如你方对这两种桌布的报价能再降低10%，我们就会买下你们全部库存。

5. stock n. 库存、存货

Your order can be supplied from stock at present.

我们目前能提供现货。

Notes

1. As for goods No.120，we are not able to make you orders because another supplier is offering us the similar quality at a price 3% lower.

关于第120号货，我方不能发订单，因现有另一家货主正以低于你方3%的价格向我方开报相似质量的产品。

2. We appreciate the good quality of your products，but unfortunately your prices appear to be on the high side even of this quality. We regret that at these prices we cannot place an order.

我们十分认可你方产品的质量，但是十分遗憾同等质量的货物你方价格偏高。抱歉不能按此价格发送订单。

3. Owing to the fluctuation of US dollar，we disagree with your requirement of payment by it.

由于美元的波动性，我们不同意使用美元结账。

4. We will appreciate it if you can improve your packing to avoid any damage of the goods.

如果贵方能改进包装以避免货物破损，我方将很感激。

5. Your delivery date is unacceptable for us. Would you please make us prompt delivery，since we are in urgent need of this order?

我方无法接受你们的发货期，请立即发货，我们急需这批订货。

6. It is against our usual practices to accept D/A payment，so we propose paying by T/T.

承兑交单付款方式不符合我们通常的做法，我们建议电汇付款。

第四节　接受
Acceptance

一、接受的含义

如果受盘人认为能够接受发盘的全部内容和条件，那么就可向发盘人订购商品。这种买方或卖方同意对方在发盘中提出的各项交易条件，并愿意按照这些条件达成交易、订立合同的表示被称为接受（acceptance），即法律上所称的"承诺"。

作为一项有效接受，必须具备以下四个条件：

（1）接受只能由受盘人做出；

（2）接受必须是无条件的，完全同意发盘中提出的各项交易条件；

（3）接受的方式必须符合发盘的要求；

（4）接受必须在发盘规定的有效期内做出。

【应用案例分析3-8】

Dear Ms. Judy Jordan,

Thank you very much for your quotation for your men's cashmere sweater along with the catalogue and samples.

We found both the design and quality of your products meet our requirement and the prices you quoted are satisfactory. We also note that you will allow us a discount of 5% on an order of no less than 10,000 pieces. We therefore take pleasure of placing you the order as follows, which we commend to your immediate and best attention:

Quantity	Specification	Catalogue No	Prices
10,000 pieces	men's cashmere sweaters	XL M10	US$ 20 each

Please note that as these goods are urgently required in our market, we should be obliged if you could dispatch the goods as soon as possible. If this first order proves satisfactory, we shall be happy to place further orders with you.

Sincerely yours,

Mr. Jim Li

案例点评：

开头首先告知对方我方已收到对方的报盘及寄送的物品。然后在第二段对商品的款式、质量、报价、优惠额度做出评价，最后给出成交的结论。为不出现差错或误解，在第三段再次确认订单的各项细节，并提出我方的特别要求。同时为了鼓励对方把这单交易做好，还表达了继续与对方开展长期合作的愿望。因为双方对交易的各项内容已基本达成一致，所以整篇信函洋溢着喜悦的氛围，既敲定了交易的各项细节，又合理地提出我方的特殊要求。

二、实训演示

在"商务函电教学系统"中按照以下步骤进行交易准备阶段建立业务联系函电书写的练习。

第一步：学生登录系统，在"教学内容"页面，点击"交易磋商"（如图3-10所示）。

第二步：在"交易磋商理论知识"页面，点击"训练"（如图3-11所示）。

第三步：选择"接受函"，点击"要求"，查看题目的具体内容，然后点击"答题"，进入题目开始答题（如图3-12所示）。按要求书写完函电内容后，点击"保存邮件"保存答案，然后点击"完成邮件"（图略）。

图 3-10　教学内容

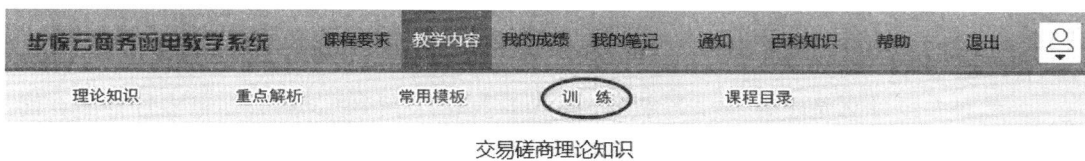

图 3-11　交易磋商理论知识

图 3-12　选择练习题目

Vocabulary

1.accept　vt. 接受（邀请、报价等）；承认，同意；承兑（票据）

We request you to accept the draft drawn on you.

请承兑以你方为付款人的汇票。

2.acceptable　adj. 可接受的，合意的

We shall place a large order for men's shirts with you, if the time of delivery is acceptable to us.

如果发货期我方可接受，我方将向你方大量订购男式衬衫。

3.order　n. 订单，订货，订购（货物）；命令；汇票

We shall immediately give orders to the factory for the consignment to be prepared.

我们将立即向工厂下订单准备这批货物。

4.stock　vi. 备货；vt. 贮存，备货；adj. 库存的；n. 现货，存货

We have a large tailoring department and would like to stock a new type of material.

我们有一个大型制衣厂，拟储备一种新型面料。

第四章　进出口合同
Business Contracts and Orders

知识目标：

　　熟悉进出口合同订立的各种形式，熟悉合同中各条款的内容与订立的方法和技巧。

技能目标：

　　熟练运用"商务函电教学系统"进行进出口合同的签订，掌握签订合同的方法与技巧。

第一节　进出口合同的订立
Conclusion of Contracts

一、合同的签订

　　买卖双方经过交易磋商，对交易的条件或条款取得一致意见后，即可签订书面合同。合同可由买卖双方任何一方起草，并由双方签字。

　　常见的书面形式有正式的合同（Contract）、确认书（Confirmation）、协议书（Agreement）、备忘录（Memorandum）、订单（Order）、委托订购单（Indent）等。

二、合同成立的时间

　　在国际贸易中，买卖双方的合同于何时订立是一个十分重要的问题。根据《联合国国际货物销售合同公约》和我国《民法典》的规定，合同的订立必须经过发盘与接受两个步骤，合同于接受生效时成立。

　　实际业务中，有时双方当事人在洽商交易时约定，合同成立的时间以签约时合同上所写明的日期为准，或以收到对方确认合同的日期为准，在这两种情况下，双方的合同关系即在签订正式合同时成立。

三、合同的形式

　　在国际贸易中，书面合同的名称没有特定的限制。我国的外贸实践中，主要采用合同和确认书两种。

　　1.合同

　　交易成立后，由当事人的一方将交易内容制成合同，然后由双方共同签署，这种合同的内容比较全面详细。由卖方制作的称为"售货合同"（Sales Contract）；由买方制作的称为"购货合同"（Purchase Contract）；如果是由买卖双方互派代表一同制作，当场签字的，则可称为"购销合同"（Sales and Purchase Contract），但这种情况较少见。

　　2.确认书

　　合同的简化形式，通常由一方制作确认书一式两份，拟好并签名后寄给对方，对方经审核同意并签字确认，保留一份，同时将另一份寄还。由卖方制作的称为"售货确认书"（Sales Confirmation），由买方制作的称为"购货确认书"（Purchase Confirmation），效力与合同相等。

第二节　合同的内容
Contents of Contracts

一、合同的内容

书面合同一般由三个部分组成，即合同的约首、本文和约尾。这三个部分又各自包含不同的内容。

1.约首（Preamble）

约首即合同的首部，主要包括合同名称、编号、缔约日期及地点、缔约当事人名称及地址等。

在国际上，合同的形式可以是口头形式、书面形式和其他形式。口头合同必须提供人证，书面形式包括电报和电传。

2.本文（Body）

本文即合同的主体，具体规定了买卖双方的权利和义务，又可分为主要条款和一般条款两部分。主要条款包括：商品的品名、品质、数量、包装、价格、装运、保险、支付八个条款。一般条款包括：商品检验、索赔、不可抗力、仲裁、单据五个条款。

（1）品名条款

品名（Name of Commodity）条款的基本内容取决于成交商品的品种和特点。一般来说，列明买卖双方成交商品的名称即可。但有些商品，因其具有不同的品种、规格、型号、等级或商标，在此情况下，品名条款实际上已经演变为品质条款的综合体，在合同中通常称为"货描"（Description of Goods）。

（2）品质条款

品质（Quality of Goods）条款的基本内容主要是借助适当的方法对成交商品品质进行描述。描述品质的方法主要包括凭规格、凭等级、凭标准、凭商标或品牌、凭说明书及图样、凭原产地证名称、凭样品等，应根据成交商品的特性、买卖双方的交易习惯和具体要求合理选用。

（3）数量条款

数量（Quantity of Goods）条款的基本内容主要包括成交数量、计量单位、计量方法等。必要时，为了便于履行合同，可在数量条款中加订"溢短装条款"，包括溢短装的幅度、由何方掌握溢短装的选择权以及溢短装部分的计价方法。

（4）包装条款

包装（Packing）条款的基本内容一般包括包装方式、包装材料、包装规格、包装标志和包装费用等。由买方提供包装标志和包装材料时，在包装条款中应规定提供的最迟日期以及未能及时提供而影响货物出运时所应承担的责任。

（5）价格条款

价格（Price）条款的基本内容一般包括商品单价（Unit Price）和总值（Total Amount）两部分。其中商品单价包括计价货币、单位价格金额、计价单位和贸易术语四部分。

商品单价未含佣价（明佣）时，应在价格条款中规定佣金率、佣金的计算方法和佣金的支付方法。

商品单价含有折扣（明扣）时，应在价格条款中规定折扣率、折扣的计算方法和折扣的支付方法。

（6）装运条款

装运（Shipment）条款的基本内容一般包括运输方式、装运期或交货期、装运地（港）与目的地（港）、是否允许分批装运与转运、装运通知等。

其中，在允许分批装运的情况下，必要时可根据需要在装运条款中规定批次、每批装运货物的时间和数量；在允许转运的情况下，必要时可根据需要在装运条款中规定转运的地点、转运的方法和转运费用的负担；关于装运通知，通常应包括发出的时间、内容、方式以及未发出或未及时发出而导致损失时所应承担的责任。

当货物使用租船运输时，在装运条款中应规定装卸时间、装卸率和滞期速遣条款。

（7）保险条款

当使用 FOB/FCA 或 CFR/CPT 术语出口时，只在保险条款中规定由买方负责投保即可。

当使用 CIF/CIP 术语出口时，保险（Insurance）条款的基本内容一般包括规定由卖方负责投保、选择哪家保险公司、实用的保险条款、投保哪些险别、保险金额如何确定、保险费负担、提供哪些保险单据等。

（8）支付条款

支付（Payment）条款的基本内容一般包括支付工具、支付方式、支付时间与地点等。

其中，支付工具大多采用金融票据，应在支付条款中列明是使用汇票（Bill of Exchange；Draft）、本票（Promissory Note）还是使用支票（Check）。

使用汇付支付方式时，应在支付条款中列明汇付的方法是信汇、电汇还是票汇；使用托收支付方式时，应在支付条款中列明托收的方式是跟单托收（Documentary Collection）还是光票托收（Clean Collection），托收的条件是付款交单（Documents Against Payment，D/P）还是承兑交单（Documents Against Acceptance，D/A）；使用信用证支付方式时，应在支付条款中列明开证时间、开证行、信用证种类、信用证有效期及到期地点等。

关于支付时间，应在支付条款中结合支付方式列明是预付、凭单付现，还是即期付款、分期付款或延期付款。

支付地点与支付方式密切关联，按照一般惯例和习惯做法，汇付的支付地点是买方所在地；托收的支付地点是买方营业地；信用证的支付地点是卖方营业地。

如果合同中没有明确规定支付方式和支付地点，根据《联合国国际货物销售合同公约》的有关规定，如买方没有义务在任何其他特定地点支付价款，他就必须在"卖方营业地"支付价款。卖方若有一个以上营业地，则在"与合同及合同的履行关系最密切的营业地"支付价款；如果没有营业地，则应在其"惯常居住地"支付价款。

（9）商品检验条款

商品检验（Inspection）条款的基本内容一般包括检验权、检验时间与地点、检验机构、检验技术标准与检验证书等。

（10）索赔条款

索赔（Claims）条款的基本内容一般包括索赔的证据、索赔期限和索赔金额等。

实际业务中，交易双方根据需要可以加订"违约金条款"，其内容主要包括交易双方协商确定的违约金数额，并订明履约过程中若出现当事人违约情况，则违约方应向对方支付按月违约金数额；还可以就支付违约金时有无宽限期和因违约产生的损失赔偿额的具体计算方法做出规定。

（11）不可抗力条款

不可抗力（Force Majeure）条款的基本内容一般包括不可抗力事件的性质和范围、不可抗力事件的通知和证明、不可抗力事件的处理原则和办法等。

（12）仲裁条款

仲裁（Arbitration）条款的基本内容一般包括仲裁地点、仲裁机构、仲裁程序规则、仲裁裁决的效力和仲裁费用的负担等。

（13）单据条款

单据（Document）条款的基本内容一般包括单据的种类、单据的份数、对单据出具人的要求、单据关键内容的缮制要求以及单据转移的要求等。

3.约尾（End）

约尾即合同的尾部，通常写明合同适用的文字及效力，合同正本的份数、附件及效力，以及双方当事人或其授权人的签字。

书面合同的内容必须符合政策，做到内容完备、条款明确、文字严密，并与交易磋商的内容相一致。书面合同一经签订，即成为约束双方当事人的法律文件。

【应用案例分析4-1】

Order Letter

Dear Mr. Randall,

Subject：Order for 10,000 Pairs of Sheep Leather Gloves

Please dispatch to us 10,000 pairs of sheep leather gloves as per the terms started in your offer of March 29.

Would you please take special care of the quality and the package of this order? The leather should be of the same quality as that used in the sample. We hope that you can pack each pair in an airtight polythene bag, a dozen pairs of gloves in a box and then 20 boxes to a strong seaworthy wooden case. We will order more if the first order with you proves to be satisfactory.

We are enclosing our Purchase Confirmation No. 2015-399 in duplicate for your signature. Please sign and return one copy for our file. Upon receipt of your confirmation, an L/C will be issued.

Sincerely,
Li Ming
Import Director

案例点评：

该订单内容包含所有基本交易条件的细目，如货品、数量、包装、编号、日期等，着重强调对物品的质量与包装的要求，语言准确、得体，并充分向对方表达了愿意继续合作的诚意。

【应用案例分析4-2】

Purchase Contract

Contract No.：CU080145

Date：April 5th，2014

The Seller：Carlton International

Address：102 Lind Road San Francisco California 90034 USA

The Buyer：Heyee Corporation

Address：34 Yongquan Street Jinnan District Tianjin 300350 PRC

The Seller and the Buyer agree to conclude this Contract subject to the terms and conditions stated below：

1.Name and Specifications of Commodity：Cotton Prints DY 78

2.Quantity：1% more or less allowed，3 000 meters

3.Unit Price：USD 3.3 per meters

4.Total Amount：USD 9 900

5.Terms of Delivery：FOB

6.Country of Origin and Manufacturers：The United States

7.Packing：Package of 100 meters in a waterproof polythene bag and then in a cardboard box

8.Shipping Marks：On the surface of each package，the package number，measurement，gross weight，net weight

9.Time of Shipment：October 2014

10.Port of Loading：San Francisco U.S.A.

11.Port of Destination：Tianjin，P.R.C.

12.Insurance：

　　According to the payment of the contract，insurance shall be covered by the Buyer for 110% of the invoice value against ALL Risks

13.Terms of Payment：

　　（1）Letter of Credit：The Buyer shall，7 days prior to the time of shipment/ after this Contract comes into effect，open an irrevocable Letter of Credit in favor of the Seller. The Letter of Credit shall expire 15 days after the completion of loading of the shipment as stipulated.

　　（2）Document against payment：After shipment，the seller shall draw a sight bill of exchange on the Buyer and deliver the document through Seller's bank and N/A Bank to the Buyer against payment，i.e. D/P. The Buyer shall effect the payment immediately upon the first presentation of the bill（s）of exchange.

（3）T/T：The Buyer shall pay to the Seller total amount by T/T within 3 days against receiving the full set document or the goods after shipment.

14.Documents Required：

The Seller shall present the following documents required to the bank for negotiation/ collection：

（1）Full set of clean on board Ocean/ Combined Transportation/ Land Bills of Lading and blank endorsed marked freight prepaid/ to collect.

（2）Signed commercial invoice in 5 copies indicating Contract No., L/C No. （Terms of L/C）and shipping marks.

（3）Packing list/ weight memo in 2 copies issued by Seller.

（4）Insurance policy/ certificate in 5 copies （Terms of FOB）.

（5）Shipping advice.

The Seller shall, within 24 hours after shipment effected, send by courier each copy of the above mentioned documents No. （1）to （5）.

15.Shipping Advice：

The Seller shall, immediately upon the completion of the loading of the goods, advise the Buyer of the Contract No., names of commodity, loading quantity, invoice values, gross weight, name of vessel and shipment date by letter within 24 hours.

16.Inspection：

After arrival of the goods at the port of destination, the Buyer shall apply to China Commodity Inspection Bureau （hereinafter referred to as CCIQ）for a further inspection as to the specifications and quantity/ weight of the goods. if damages of the goods are found, or the specifications and/or quantity are not in conformity with the stipulations in this Contract, except when the responsibilities lies with Insurance Company or Shipping Company, the Buyer shall, within 30 days or reject the goods according to the port of destination, claim against the Seller, or reject the goods according to the inspection certificate issued by CCIB on the basis of the Rules and Regulations of Witness.

17.Claim：

Should the quality, specifications, quantity, weight and/ or packing be found not in conformity with the stipulation of this Contract, the Buyer shall give a notice of claims to the Seller and shall have the right to lodge claim against the Seller within 30 days from the date of the completion of unloading of the goods at the port of destination. The Buyer shall make a claim against the seller （including replacement of the goods）on the basis of the Rules and Regulations of Witness and all the expenses incurred therefore shall be borne by the Seller. The claims mentioned above shall be regarded as being accepted if the Seller fails to reply within ten days after the Seller received the Buyer's claim.

18.Late delivery and Penalty：

Should the Seller fail to make delivery on time as stipulated in the Contract， with the exception of Force Majeure causes specified in Clause 19 of this Contract， it shall be settled by the Witness on the basis of the Rules and Regulations of Witness.

19.Force Majeure：

The Seller shall not be responsible for the delay of shipment or non-delivery of the goods due to Force Majeure， which might occur during the process of manufacturing or in the course of loading or transit. The Seller shall advise the Buyer immediately of the occurrence mentioned above and within 3 days thereafter the Seller shall send a notice by courier to the Buyer for their acceptance of a certificate of the accident issued by the local chamber of commerce under whose jurisdiction the accident occurs as evidence thereof. Under such circumstances the Seller, however， are still under the obligation to take all necessary measures to hasten delivery of the goods. In case the accident lasts for more than 15 days the Buyer shall have the right to cancel the Contract. The Buyer's failure on getting the export license should not be regarded as force majeure.

20.Arbitration：

Any dispute arising from or in connection with the Contract shall be settled through friendly negotiation. In case no settlement is reached， the dispute shall be submitted to China International Economic and Trade Arbitration Commission （CIETAC）， or South China-Commission or Shanghai Sub-Commission for arbitration in accordance with its rules in effect at the time of applying for arbitration. The arbitral award is final and binding upon both parties.

This contract shall be construed in accordance with and governed by the law of P.R.C.

21.Notices：

All notice shall be written in English or Chinese and served to both parties by fax/ e-mail/ courier. If any changes of the addresses occur， one party shall inform the other party of the change of address within 3 days after the change.

22.The terms FOB/CFR/CIF in the Contract are based on INCOTERMS 2010 of the International Chamber of Commerce.

23.Additional clause：

N/A

24.This Contract is executed in two counterparts each in Chinese and English， each of which shall be deemed equally authentic. This Contract is in 3 copies， effective since being signed/ sealed by two parties.

Representative of the buyer
（Authorized signature）：

Representative of the seller
（Authorized signature）：

案例点评：

买卖合同一般来说至少要包括买卖双方、商品名称、规格、价格、交货期、支付方式等内容。内容必须清晰、准确。在实际交易中，双方的关系往往会比较复杂，根据具体情况增加或省略某些内容。本合同内容严谨，包含了所有重要协约条款，这对交易能够顺利完成至关重要。

【应用案例分析4-3】

Sales Confirmation

The buyers：Weston Co.，LTD.

Address：50 Southland Street Singapore

The sellers：DALIAN YAEMIN TRADING CO.，LTD.

Address：No. 3 Chifeng Road，Dalian Development Zone，Dalian，China

Contract No.：CH/ 10/ 908

DATE：August. 20，2014

　　This Confirmation is made by and agreed between the BUYER and SELLER，in accordance with the terms and conditions stipulated below.

COMMODITY AND SPECIFCATIONS：

Demineralized Whey Powder

Unit Price：USD 900.00/ MT CIF Singapore

Quantity：1000 MT

Total amount：USD 900,000.00

COUNTRY OF ORIGIN：China

PACKING：25kg in 4-ply paper sacks with inner polyethylene liner and big bags.

TIME OF SHIPMENT：Not later than September 30，2014

PORT OF SHIPMENT：Dalian，China

PORT OF DESTINATION：Singapore

INSURANCE：To be covered by the seller for 110% of invoice value covering ALL RISKS and WAR RISKS as per I.C.C.

PAYMENT：To be effected by irrevocable letter of credit available by draft(s) at 90 days after B/L date sight for 100% of invoice drawn by the Sellers.

INSPECTION：The Buyers shall have the qualities，specifications，quantities of the goods carefully inspected by the local Inspection Authority，which shall issue Inspection Certificate before shipment. This contract is in copies，effective since being singed/ sealed both parties.

The Buyer：   The Seller：

案例点评：

　　销售确认书经过签字后，也具有销售合同同等效力。销售确认书的内容一般包括：商品名称、规格、包装、数量、单价、交货期、装运港和目的港、付款方式、运输标志、商品检验等项条款。这种格式的合同，适用于金额不大、批数较多的小土特产和轻工产品，或者已订有代理、包销等长期协议的交易。

二、实训演示

在"商务函电教学系统"中按照以下步骤进行签订合同的练习。

第一步：学生登录系统，在"教学内容"页面，点击"签订合同"（如图4-1所示）。

图4-1　教学内容

第二步：在"签订合同理论知识"页面，点击"训练"（如图4-2所示）。

签订合同理论知识

图4-2　签订合同理论知识

第三步：选择"签订合同函"，点击"要求"，查看题目的具体内容，然后点击"答题"，进入题目开始答题（如图4-3所示）。按要求书写完函电内容后，点击"保存邮件"保存答案，然后点击"完成邮件"（图略）。

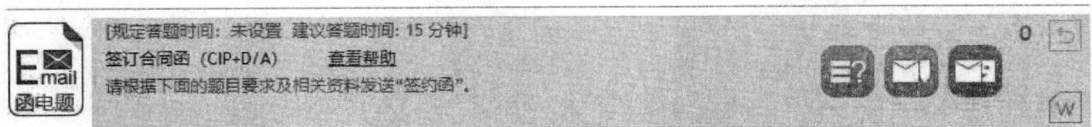

图4-3　选择练习题目

Vocabulary

To close a deal 成交

To put through /conclude business 成交

To come to terms 成交

To place an order 下订单

Lead time 从订货到交货的时间

New (fresh) order 新订单

Initial order 首次订单

Trial order 试订单

Regular order 长期订单

Duplicate order 重复订单

Repeat order 续订订单

In stock 有库存，有现货

Out of stock 脱销，缺货

Supply… from stock 现货供应 (某商品)

Sales contract 售货合同

Purchase contract 购货合同

Shipping documents 装运单据

To sign a contract 签订合同

To fulfill /carry out /perform a contract 履行合同

To cancel a contract 取消合同

To break a contract 违反合同

To renew a contract 续签合同

To reach /come to /enter into an agreement 达成协议

To draft /draw up a contract 起草合同

To make out a contract 缮制合同

Breach of contract 合同违约

Name of commodity 商品名称

Description of goods 货名

Total amount 总金额

Invoice value 发票金额

Place of receipt 收货地

Place of delivery 交货地

Number of packages 包装件数

Gross weight 毛重

Measurement 尺码

Freight prepaid 运费预付

Freight to collect 运费到付

Discrepancy 不符点

Amendment advice 修改书

Certificate of origin 原产地证书

Certificate of quality 质量证书

Consular invoice 领事发票

Import license 进口许可证

Certificate of original GSP (form A) 普惠制原产地证书

Letter of guarantee 保函

Letter of intent 意向书

Memorandum 备忘录

Original 正本

Copy /duplicate 副本

Attachment 附录

Blank endorsed 空白背书

Terms and conditions 条款

Article /clause 条款

In conformity with 与……一致，符合

More or less clause 溢短装条款

At seller's /buyer's option 由卖方/买方选择

Date and place of issue 签发日期和地点

Date and place of expiry 到期日和地点

Extension 延期，展期

Validity 有效期

Notes

1）We have now seen the samples and are prepared to order 50,000 pieces as a trial. Please note that the goods should be exactly the same as the sample.

我们现已看过样品，并预备试订5万件，请注意货物必须与样品完全相符。

2）Thank you for your quotation of July 23 and all the particulars you sent. Both the quality and prices are satisfactory，and we are happy to give you the following order.

感谢你方7月23日报价和所寄的详细资料。我们对贵方产品的价格和质量都很满意，很高兴寄上订单一份订购下列产品。

3）We confirm supply of the above goods at the price stated in your order and feel quite sure that you will be satisfied with both the quality of our goods and our service.

我们确认按你方订单上的价格供应以上货物，并相信我们的产品和服务会令贵方满意。

4）Thank you for your order No.751，and it is now being processed and should be ready for shipment by October 1st.

感谢你方第751号订单，该订单正在办理中并将于10月1日前备妥待运。

5）Thank you very much for your trial order and hope this may be the good beginning of a long and friendly cooperation between us.

非常感谢贵方的试购订单，希望这是我们之间长期友好合作的良好开端。

6）We acknowledge receipt of your order and are now sending you our Sales Confirmation No.BS 178 in two originals. Please sign and return on copy of them for our file.

我们确认收到你方订单，并寄上第BS 178售货确认书正本一式两份。请签退一份以便我方存档。

7）We very much regret that we are not able to accept your order as the goods you required are not out of stock now. It will be around July when a new stock is supplied. We will be let you know as soon as the new supply comes in.

非常遗憾，我方不能接受贵方订单，因为所需货物目前无货。大概要从 7 月开始有新货供应。有新货时，我们将尽快通知你。

8）As our factories are fully committed for the fourth quarter, we regret our inability to accept any fresh orders.

由于我方工厂第四季度的货已接满，我们歉难接受新的订单。

9）The goods you ordered are now ready for shipment and we are awaiting your shipping instructions.

你方订购的货物已备妥待运，我们正等候你方的装船指示。

10）You may rest assured any order from you will have our immediate and careful attention.

请放心，对于你方的任何订单，我方都会给予周密迅速的办理。

11）You may rest assured that all the orders will be fulfilled to your full satisfaction.

请放心所有的订单会执行得令你方满意。

12）We are working on your order and will keep you informed of the developments.

我们正在执行你方订单，并会随时告知进展情况。

13）The sellers shall immediately, upon the completion of the loading of the goods, advise the buyers of the Contract No., names of commodity, loaded quantity, invoice values, gross weight, names of vessel and shipment date by TLX/FAX.

一旦装运完毕，卖方应即电告买方合同号、商品号、已装载数量、发票总金额、毛重、运输工具名称及启运日期等。

14）The buyers shall have the qualities, specifications, quantities of the goods carefully inspected by the local Inspection Authority, which shall issue Inspection Certificate before shipment.

卖方在发货前由当地检验机构对货物的品质、规格和数量进行检验，并出具检验证明书。

15）To be covered by the buyers for 110% of the invoice value.

由买方按发盘金额110%投保。

16）Full set of clean on Board Ocean Bills of Lading.

整套正本清洁提单。

17）Signed commercial invoice in 3 copies.

商业发票一式三份。

18）Certificate of quantity and quality in 3 copies issued by local Inspection Authority.

由当地检验机构签发的质量与数量证明书一式三份。

19）The buyers have right to have the goods inspected by the local commodity Inspection Authority after the arrival of the goods at the port of destination.

货物到达目的口岸后，买方可委托当地的商品检验机构对货物进行复检。

20）The claims, if any regarding to the quality of the goods, shall be lodged within 5 days after arrival of the goods at the destination.

如买方提出索赔，凡属品质异议须于货到目的口岸之日起5天内提出。

21）The sellers shall not take any responsibility if any claim concerning the shipping goods is up to the responsibility of Insurance Company/ Transportation Company /Post Office.

对货物所提任何异议应由保险公司、运输公司或邮递机构负责，卖方不负任何责任。

22）The decision of the arbitration shall be accepted as final and binding upon both parties.

仲裁裁决是终局的，对双方都有约束力。

第五章　信用证

Letter of Credit

知识目标：

了解信用证的含义和流程，了解关于信用证的各类信函的写作，掌握申请开证和审证的依据和步骤。

技能目标：

掌握信用证开证申请书的填写方式与技巧，掌握如何根据外贸合同审核信用证的问题条款，并针对问题条款完成修改函的写作要领。

第一节　信用证的申请

Application for L/C

一、信用证的业务流程

一笔信用证业务从申请开立信用证到最后收汇，根据信用证类型的不同，流程也有所差别，主要可分为信用证开证和信用证付款两个环节，如图5-1和图5-2所示。

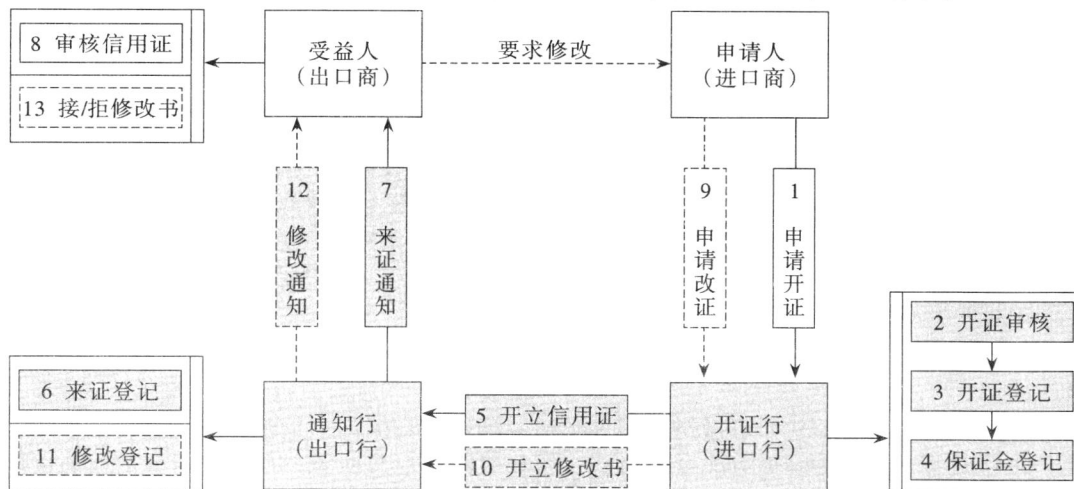

图5-1　信用证开证

二、申请开立信用证

进口人在合同规定的时间向中国银行或其他经营外汇业务的银行办理申请开立信用证手续如下：

1.递交有关合同的副本及附件

进口人向银行申请开证时，要向银行递交进口合同的副本以及所需附件，如进口许可证。

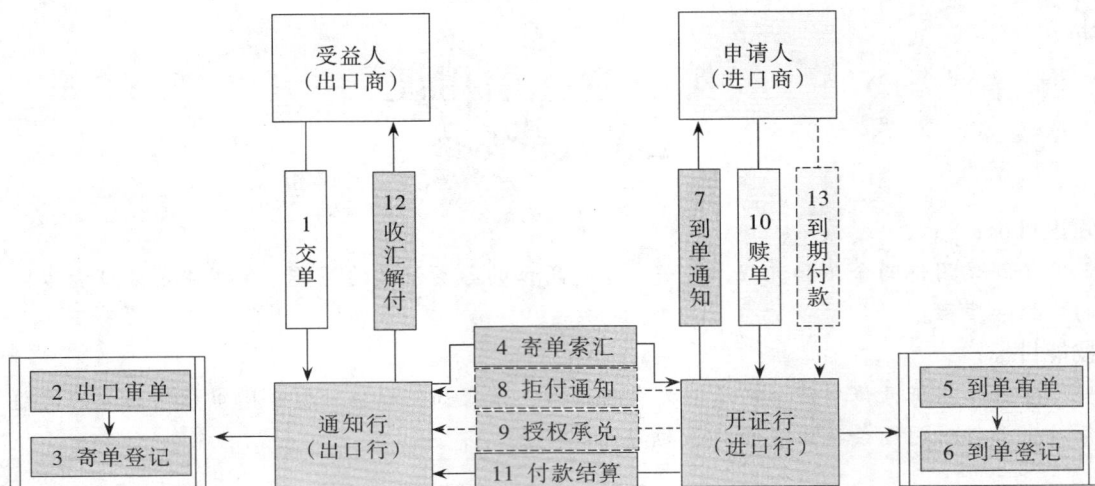

图5-2　信用证付款

2. 填写开证申请书

进口人根据银行规定的开证申请书格式，一般填写一式三份，一份留业务部门，一份留财务部门，一份交银行。填写开证申请书，必须按合同条款的具体规定，写明对信用证的各项要求，内容要明确、完整，无表意不清的记载。

开证申请书是银行开立信用证的依据，也是进口人凭以审查收到的货运单据并据以向开证行付款赎单的依据。开证申请书包括两部分内容。进口人在向银行申请开证时，要向银行递交进口合同副本以及所需附件，如进口许可证，并填写开证申请书。

信用证开证申请书正面的内容主要包括以下项目：

（1）申请日期；

（2）申请人名称（全称）及详细地址、联系电话等；

（3）申请开证的总金额；

（4）与申请书相关的买卖合同号码；

（5）受益人的名称（全称）及详细地址、电话号码等；

（6）要求以何种方式传递信用证（电开、信开、简电开出后紧跟着航邮寄送电报证实书）；

（7）信用证的性质（如可撤销或不可撤销、是否加具保兑、是否可转让等）；

（8）申请开证中对所需要的单据条款，包括所需单据的种类、份数，出具单据的机构以及其他特殊要求；

（9）对汇票的要求，包括汇票的付款期限、付款人、金额等；

（10）本合同项下的货物名称、规格、数量、单价、价格条件、唛头、包装条件及所必需的描述；

（11）对于装货期、交单期及有效期限的要求；

（12）对于装运地点、交单地点及到期地点的要求；

（13）对于货物是否允许分批、是否允许转运的要求；

（14）对于国外议付行费用的要求及解释；

（15）其他特殊要求；

（16）信用证内容必须注明依据UCP 600开出，且各项条款与规定要符合该惯例的规定和解释。

开证申请书正面样单见表5-1。

表5-1　　　　　　　　　　　　开证申请书（正面）

APPLICATION FOR ISSUING LETTER OF CREDIT

To：BANK OF CHINA，SHANGHAI BR.　　　　Date

Please issue on our behalf and/or（or our account the following）IRREVOCABLE LETTER OF CREDIT by（ ）TELEX（ ）AIRMAIL：　　　L/C No.（left for bank to fill）

Beneficiary：（full name & detailed address）　　　Advising Bank：（left for bank to fill）

Applicant：（full name & detailed address）　　　Date of Expiry：

　　　Place of Expiry：

Amount：（both in figure and words）

Dear Sirs，

We hereby issue our IRREVOCABLE LETTER OF CREDIT in your favour for account of the above applicant available by your draft（s）drawn □ at sight/□ on □ us/□ advising bank/□ applicant for　% of invoice value marked as drawn under this L/C accompanied by following documents marked with×：

A1□ Signed commercial invoice in copies indicating Contract No.

A2□ Full set 3/3 clean on board ocean Bills of Lading "□made out to order and endorsed in blank/□notifying□ China National Foreign Trade Transportation Corp at destination/□applicant/□" China National Foreign Trade Transportation Corp at destination and applicant marked Freight□ to collect/□ prepaid□ indicating freight amount.

A3□ Airway Bill "consigned to□ China National Foreign Trade Transportation Corp at destination/□ applicant/ □us marked air freight□ to collect/□ prepaid□" indicating freight amount.

A4□ Memorandum，issued by China Travel Service（H. K.）Ltd.，Hong Kong.

A5□ Forwarding Agent's cargo receipt.

A6□ Insurance policy or certificate in copies endorsed in blank covering□ All Risks/（ ）Air Transportation All Risks/□ Overland Transportation All Risks War Risks including per clause for % of invoice value.

A7□ Packing list/weight memo in copies indicating quantity/gross and net weight of each package.

A8□ Quality certificate in copies issued by□ below mentioned manufacturer /□ Public recognized survey or/□.

A9□ Copy of your telex advising applicant within hours after Shipment indicating Contract No.，L/C No.，goods name，quantity，invoice value，Vessel's name/air flight No.，packages，loading port and Shipping date.

AA□ Copy of applicant's or its agent's shipping instruction indicating vessel name，Contract No.，approximate Shipment Date.

AB□ Your letter certifying that one extra copy of each document called for herein has been □ disposed of according to relative contract stipulations/□.

AC□ Other documents if any：

B：Evidencing shipment of：

Packing：Price term：CIF/CFR/FOB

Manufacturer：

Shipping mark：

C. Special instructions：（if any marked with ×）

C1□ Your signed receipt instead of draft is acceptable.

C2□ The remaining % of invoice value.

C3□ Both quantity and amount % more or less are allowed.

C4□ All banking charges□ outside China/□in Hong Kong are for beneficiaries account.

C5□ prepaid freight drawn in excess of L/C amount is acceptable against presentation of original charges voucher issued by Shipping Co. /Air Line/or its agent.

D. Documents should be presented withindays from the date of shipment，but in any event within the validity of this L/C.

E. Shipment from to not later than transhipment is□ allowed/□ not allowed；partial shipments are□allowed/□ not allowed；on deck shipmentis□ allowed/□not allowed；third party transport documents are□ allowed/□ not allowed.

May leave in blank.

Sealed & Signed by：

Account No.：with

（name of bank）

Telephone No.：

    信用证背面是申请人对开证行的声明，用以明确双方责任，主要有以下几项内容：

    （1）声明申请人同意按照有关国际惯例办理该信用证项下一切事宜，并承担由此产生的一切责任；

    （2）声明委托银行开立信用证，并保证银行按时支付货款、手续费、利息及一切费用；

    （3）明确收到单据后，申请人在规定工作日内复审单据，并在规定期限内通知银行接受与否；

    （4）声明该信用证及其项下业务往来函电及单据如因邮、电或其他方式传递过程中发生遗失、延误、错漏等，银行概不负责；

    （5）声明若信用证需要修改，应由申请人及时通知银行，并及时核对信用证副本或修改书副本是否与原申请书相符；

    （6）声明如申请书字迹不清或词意含混而引起的后果由申请人负责。

    开证申请书背面样单，见表5-2。

表5-2   开证申请书（背面）

In consideration of your issuing the above L/C we agree that you shall have a pledge on all goods, documents and policies and proceeds thereof for any obligations or liabilities present or future incurred by you under or arising out of this L/C and that you shall have full discretion and power of sale over the said goods without notice to us.

We undertake to provide you at or before maturity with funds to meet all your disbursements and/or acceptances together with your commission, charges etc and we further undertake to sign, execute and deliver any transfer deeds or documents which you may require us to sign, execute and deliver for perfecting your title to the said goods and/or for vesting the same in or delivering the same to any purchaser or purchaser from you.

We agree that you and your correspondents are not obliged for any loss, damage or delay, however caused, which is not directly due to the negligence or fault of your employees.

We further agree that you reserve the right to disregard with notice to us, any request to include excessive details in this L/C and /or lengthy attachment thereto.

3. 缴付保证金

按照国际贸易的习惯做法，除非开证行对开证申请人有授信额度，否则，进口人向银行申请开立信用证时，应向银行缴付一定比例的保证金，其金额一般为信用证金额的百分之几到百分之几十，一般根据进口人的资信情况而定。在我国的进口业务中，开证行根据不同企业和交易的情况，要求开证申请人缴付一定比例的人民币保证金，然后开证。

4. 支付开证手续费

进口人在申请开证时，必须按规定支付一定金额的开证手续费。

三、开证申请书主要栏位填制说明

关于不可撤销信用证开证申请书（Irrevocable documentary credit application）的格式和内容，各银行印制的都差不多，这里介绍中国银行的格式（见表5-3），并简单介绍申请人填制的内容、方法及注意事项。

（1）申请开证日期：在申请书右上角。

（2）传递方式：有四种，即信开（航空邮寄）、电开（电报）、快递、简电后随寄电报证实书，需要哪一种方式，在前面方框中打"×"，如：选用信开（航空邮寄），在"issue by airmail"前的方框中打"×"。

（3）到期日期和到期地点。信用证的到期地点可以是开证行所在地，也可以是受益人所在地。如果是开证行所在地，出口审单员一定要把握好交单时间和邮程，防止信用证失效。

（4）信用证性质：不可撤销跟单信用证已印制好，如要增加保兑或可转让等内容，可加上。信用证号码由开证行填写。信用证有效期及到期地点由申请人填写。

（5）申请人：必须填写全称及详细地址，还要注明联系电话、传真等号码，便于有关当事人之间的联系。

（6）受益人：必须填写全称及详细地址，也要注明联系电话、传真等号码，便于联系。

（7）通知行：由开证行填写。

表5-3 　　　　　　　　　 不可撤销信用证申请书样单

IRREVOCABLE DOCUMENTARY CREDIT APPLICATION

TO: Bank of China 　　　　　　　　　　　　　　　 **DATE:** 20150702

[x] Issue by airmail　　[ ] With brief advice by teletransmission [ ] Issue by express delivery [ ] Issue by teletransmission (which shall be the operative instrument)	Credit NO. Date and place of expiry 20150831　in the beneficiary's country
Applicant Shenzhen Yawan Trading Co., Ltd. Building 1-3, Fuhua Industrial Zone, Baoan District, Shenzhen, China	**Beneficiary (Full name and address)** Crystal Co., Ltd. No.20 Spring street Johannesburg, South Africa
Advising Bank Amalgamated Bank of South Africa 299 YiFei Road, Pretoria, South Africa	**Amount** USD　　　60800.00 SAY USD SIXTY THOUSAND EIGHT HUNDRED ONLY
Partial shipments　[ ] allowed [x] not allowed **Transhipment**　[ ] allowed [x] not allowed	Credit available with ANY BANK By [x] sight payment　[ ] acceptance [ ] deferred payment at _____ against the documents detailed herein [x] and beneficiary's draft (s) for　100　% of invoice value at ___ sight drawn on　ISSUE BANK
Loading on board/dispatch/taking in charge at/from Capetown,South Africa not later than 20150731 For transportation to: Shanghai,China **Price terms** [FOB]	

Documents required: (marked with ×)

1.(×)Signed commercial invoice in 3 copies indicating L/C No. and Contract No. CT0000054 .
2.(×)Full set of clean on board Bills of Lading made out to order and blank endorsed, marked "freight [×] to collect / [ ] prepaid[ ] showing freight amount" notifying Applicant
( )Airway bills/cargo receipt/copy of railway bills issued by _____,showing "freight [ ] to collect/[ ]prepaid[ ] indicating freight amount" and consigned to
3.( )Insurance Policy/Certificate in ____ copies for ____ % of the invoice value showing claims payable in ____ in currency of the draft, blank endorsed, covering
4.(×)Packing List/Weight Memo in 3 copies indicating quantity, gross and weights of each package.
5.( )Certificate of Quantity/Weight in ____ copies issued by
6.( )Certificate of Quality in ____ copies issued by
7.( )Certificate of Origin in ____ copies issued by

Other documents, if any
1.( )Health Certificate in ____ copies issued by
2.( )Certificate of phytosanitary in ____ copies issued by
3.( )Certificate of Origin Form A in ____ copies issued by
4.( )Certificate of Origin Form E in ____ copies issued by
5.( )Certificate of Origin Form B in ____ copies issued by

Description of goods:
AM-002 Multifunction Kettle
Metal Type: Stainless Steel, Keep Warm: 10~12hours, Capaciy: 1.5L
QUANTITY: 6080PCS
PRICE: USD10.00
FOB Capetown,South Africa

Additional instructions:
1.(×)All banking charges outside the opening bank are for beneficiary's account.
2.(×)Documents must be presented within 21 days after date of issuance of the transport documents but within the validity of this credit.
3.( )Third party as shipper is not acceptable, Short Form/Blank B/L is not acceptable.
4.( )Both quantity and credit amount ____ % more or less are allowed.
5.( )All documents must be sent to issuing bank by courier/speed post in one lot.
( )Other terms, if any

（8）信用证金额：必须用数字和文字两种形式表示，并且要标明币种。信用证金额是开证行付款责任的最高限额，必须根据合同的规定标示清楚，如果有一定比例的上下浮动幅度，也应标示清楚。

（9）分批与转运：应根据合同的规定明确表示"允许"或"不允许"，在选择的项目前方框中打"×"。

（10）装运条款：应根据合同的规定填写装运地（港）及目的地（港）、最晚装运日期，如有转运地（港）也应写清楚。

（11）价格术语：有 FOB、CFR、CIF 及"其他条件"四个备选项目，根据合同成交的贸易术语进行选择，如是其他条件，则在该项目后面写明。

（12）付款方式：信用证有效兑付方式有四种选择——即期支付、承兑支付、议付、延期支付，应根据合同的规定，在所选方式前的方框中打"×"。

（13）汇票要求：应根据合同的规定，填写信用证项下应支付发票金额的百分之几。如合同规定所有货款都用信用证支付，则应填写信用证项下汇票金额是发票金额的100%；如合同规定该笔货款由信用证和托收两种方式支付，各支付50%，则应填写信用证项下汇票金额是全部发票金额的50%；以此类推。另外，还应填写汇票的支付期限，如即期、远期。如是远期汇票，必须填写具体的天数，如30天、60天、90天等。最后，填写付款人，根据 UCP 600 的规定，信用证项下汇票的付款人必须是开证行或指定付款行。

（14）单据条款：印制好的单据要求共12条，其中第1条到第12条是针对具体的单据，第13条是"其他单据"，即以上12种单据以外的单据要求，可填在第13条中。

（15）合同项下的货物包括：货物的名称、规格、数量、包装、单价条款、唛头等。所有内容必须与合同规定一样，尤其是单价条款、数量条款不得有误。包装条款如有特殊要求，如包装规格、包装物的要求等，应具体、明确、标示清楚。

（16）附加条款：印制好的有6条，其中第1条至第6条是具体的条款要求，如需要可在前面括号里打"×"，内容不完整的，可根据合同的规定和买方的需要填写清楚，第7条是"其他条款"，即以上6条以外还有附加条款的，可填在该条款中，有几条可顺序添加几条。

（17）申请书下面是有关申请人的开户银行（填银行名称）、账户号码、执行人、联系电话、申请人（法人代表）签字等内容。

四、实训演示

在"商务函电教学系统"中按照以下步骤进行填制开证申请书的练习。

第一步：学生登录系统，在"题目列表"页面，点开"其他进口单据"，选中"开证申请书"，点击答题（如图5-3所示）。

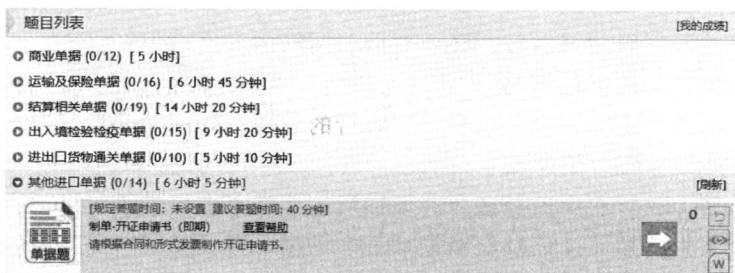

图5-3　题目列表

第二步：根据题目要求及给定参考单据，点击开证申请书右上角的按钮（如图5-4所示），打开并进行填写（见表5-3）。

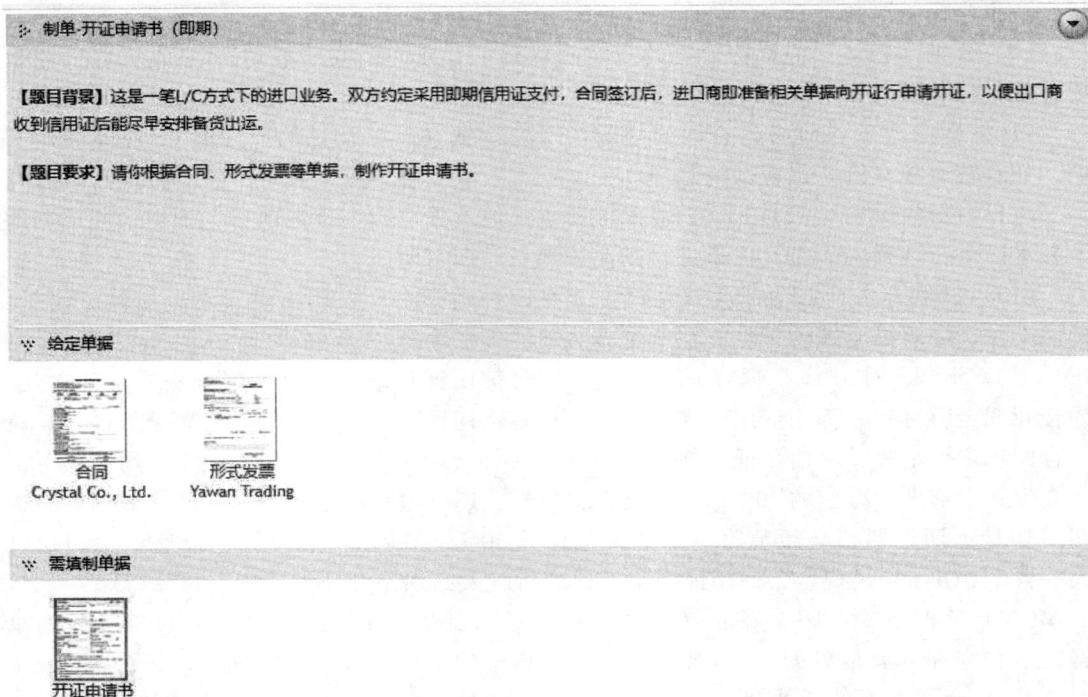

图5-4　制单题目

第二节　信用证的开立
Establishment of L/C

一、银行开立信用证

在进口人申请开证时，银行为减轻自身的风险，通常进行"三查一保"。"三查"是指审查开证申请书和开证申请人声明，审查开证申请人的资信情况，查验有关进口开证必须提供的有效文件；"一保"是指开证申请人必须向开证行缴纳开证保证金。

1. 审查开证申请书和开证人声明

开证申请书既是开证行开立信用证的根据，又是开证行与开证人之间法律性的书面契约。开证人声明是开证申请人申请开立信用证应承担的义务和责任的书面承诺。开证行收到申请人填制好的开证申请书以后，必须对以上两项内容进行审查。

2. 审查开证申请人的资信情况

开证申请人的资信情况直接关系到开证银行的利益，因此，开证行要严格审核申请人的资信情况，一般要掌握以下原则：

（1）如果申请人是首次申请开证，开证银行应严格审核申请人的注册资本情况、经营状况、财务状况及经济效益，以及申请人是否有进出口经营权。

（2）如果申请人不是首次申请开证或与开证行有业务往来关系，主要审查以往的业务往来中有无不良记录以及目前的经营状况、财务状况和经济实力等。

3.审查开证时应提供的有效文件

开证行在接受开证申请书时，应查验申请人同时提供的有效文件，如进口许可证、贸易进口付汇核销单、有关部门的登记文件等。

4.收取开证保证金

信用证一经开出，开证行就要承担第一性付款的责任，所以，开证行为了保证自身资金的安全和信誉，对不同的开证申请人采取不同的办法，收取不同比例的保证金或抵押品，或第三者出具的担保等，主要是为了防止申请人违约、破产或因为市场行情的变动导致申请人无力付款赎单的风险。

信用证开立样单见表5-4。

表5-4　　　　　　　　　　　　　　　**信用证开立样单**

MT700	ISSUE OF A DOCUMENTARY CREDIT
Sender:	IBSPITTM414
	* SANPAOLO IMI S.P.A
	* PAVIA ITALY
Receiver:	SOGECN22 ×××
	* SOCIETE GENERALE
	*（GUANGZHOU BRANCH）
	* GUANGZHOU，CHINA

========================Message Text===============================

27	:	Sequence of Total
		1/1
40A	:	Form of Documentary Credit
		IRREVOCABLE
20	:	Documentary Credit Number
		3109/1065
31C	:	Date of Issue
		050406 CHINA APRIL 6，2005
31D	:	Applicant
		ARELLA AND C. SPA
		PIAZZA COLLEGIO CAIROLI N.3
		27100 PAVIA，ITALY
59	:	Beneficiary
		GUANGDONG TEA IMP. EXP. CORP.
		26-30/F.，GUANGDONG FOREIGN ECONOMICS & TRADE BUILDING
		351 TIANHE ROAD，GUANGZHOU，CHINA
32B	:	Currency Code，Amount
		USD（US DOLLARS）
		USD37,636.00（US DOLLARS THIRTY SEVEN THOUSAND SIX HUNDREN AND THIRTY SIX ONLY.）

39A	:	Percentage Credit Amt Tolerance
		10/10
41A	:	Available with… by…
		ANY BANK BY NEGOTIATION AGAINST THE DOCUMENTS DETAILED HEREIN AND
		BENEFICIARY'S DRAFTS AT SIGHT DRAWN ON US FOR
		100 PCT OF THE INVOICE VALUE.
43P	:	Partial Shipment
		NOT ALLOWED
43T	:	Transshipment
		NOT ALLOWED
44A	:	Loading in Charge
		CHINESE PORT
44B	:	For Transportation to
		LA SPEZIA PORT
44C	:	Latest Date of Shipment
		050320 MARCH 20，2005
45A	:	Description of Goods
		4538 CHINA BLACK TEA ABT. 4,000 KGS @USD4.50/KG
		5380 CHINA GREEN TEA ABT. 4,000 KGS @USD5.20/KG
		CIFC3% LA SOEZIA PORT（1 x 20'/200 PAPERSACKS）
		PACKED IN PAPERSACKS，PALLETIZED AND CONTAINERIZED AS PER THE
		SALES CONFIRMATION NO. BTS78905.
		THE PRICE IS TO BE UNDERSTOOD PER KILO NET SHIPPED WEIGHT
		CIF GENOVA LESS 3 PERCENT COMMISION，INCLUDING PACKING.
46A	:	Documents Required
		1）SIGNED COMMERCIAL INVOICE，ORIGINAL PLUS TWO COPIES，EVIDENCING THAT THE GOODS SHIPPED COMPLY WITH THE S/C NO. BTS78905 DATED 050112
		2）3/3 CLEAN ON BOARD BILLS OF LADING MADE OUT TO THE ORDER OF ARELLA AND C. SPA MARKED FREIGHT PERPAID AND NOTIFY TO CASASCO AND NARDI-VIA DON GIOVANNI CALABRIA，30-20132 MILANO PHONE 02-2729241
		3）CERTIFICATE OF WEIGHT
		4）CERTIFICATE OF ORIGIN FORM A ISSUED BY THE COMPETENT LOCAL AUTHORITY IN TWO COPIES
		5）MARINE INSURANCE POLICY/CERTIFICATE COVERING ALL RISKS AND WAR RISK FOR 110 PERCENT OF THE CIF INVOICE VALUE
47A	:	Additional conditions
		+/-10 PCT IN AMOUNT，QUANTITY AND WEIGHT IS ALLOWED
		ALL DOCUMENTS MUST INDICATE THIS CREDIT NUMBER
		PLEASE SEND DOCUMENTS TO：

续表

SANPAOLA IMI SPA

VIA FABIO FILZI N.2-27100 PAVIA（ITALY）

78　　　: Instr to Payg/Accptg/Negotg Bank

AT RECEIPR OF DOCUMENTS IN CONFORMITY WITH CREDIT TERMS，WE

SHALL CREDIT YOU AS PER YOUR INSTRUCTIONS AT MANURITY DATE.

57D　　: "Advise Through" Bank-Name & Addr.

SOCIETE GENERALS-GUANGZHOU BRANCH

21ST FLOOR PEACE WORLD PLAZA

362-366 HUANSHI EAST ROAD，GUANGZHOU

二、催开信用证的信函

在买卖双方签订合同之后，买方迟迟没有开出信用证的情况下，为了确保合同顺利执行，卖方应该去函要求买方按照合同的要求开立信用证。催开信用证的函电内容一般包括：

（1）提及合同及其项下的货物；

（2）敦促买方开立信用证；

（3）提醒买方开证时注意信用证条款与合同条款一致。

【应用案例分析5-1】

Dear Sirs，

With reference to the goods under our Sales Confirmation No. 5207，we wish to draw your attention to the fact that the date of delivery is approaching，but we have not yet received the covering L/C to date.

Please do your utmost to expedite same，so that we may execute the order smoothly. In order to avoid subsequent amendment，please see to it that the L/C stipulations are in exact accordance with the terms in the Confirmation.

We hope to hear favorably from you soon.

Sincerely yours，

×××

1.写作说明

（1）称呼；

（2）卖方交货期近，但未收到有关信用证；

（3）催买方开信用证；

（4）落款。

2.案例点评

卖方交货期近，但买方仍未付款，因此发函催开信用证，并嘱咐买方注意信用证条款应与确认书一致。

三、实训演示

在"商务函电教学系统"中按照以下步骤进行催开信用证信函的练习。

第一步：学生登录系统，在"教学内容"页面，点击"信用证"（如图5-5所示）。

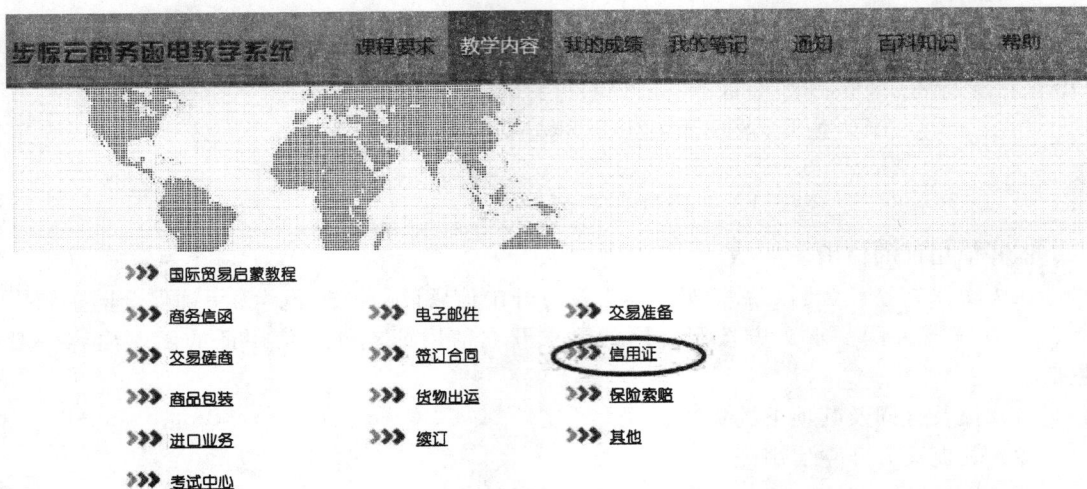

图5-5　教学内容

第二步：在"信用证理论知识"页面，点击"训练"（如图5-6所示）。

信用证理论知识

图5-6　信用证理论知识

第三步：选择"催开信用证"（如图5-7所示），点击"要求"，查看题目的具体内容，然后点击"答题"，进入题目开始答题。按要求书写完函电内容后，点击"保存邮件"保存答案，然后点击"完成邮件"（图略）。

图5-7　选择练习题目

第三节　信用证的审核与修改
Examination and Amendment of L/C

一、信用证的审核

虽然信用证的内容在合同中已有规定，但往往因买方的疏忽或立场不同，出口商可能会接到并非完全符合合同规定的信用证。为了确保交易的安全，除了平时多注意进口国的政治经济形势以及加强对进口商的征信调研外，出口商收到信用证后，必须详细审核信用证所列的条件。例如：

（1）开证银行的信用是否良好？

（2）是否为信用证正本？信用证副本或预备通知均为无效信用证。

（3）信用证中所列条件是否与买卖合同相符？

（4）受益人与申请人的名称、地址是否正确？

（5）信用证的有效期是否合理？信用证有效日期必须晚于装船日，应当合理可行。

（6）信用证金额是否正确？信用证上的金额应与商业发票一致。

（7）远期信用证上有无买方负担利息的文字？

（8）信用证是否有难以履行的条款？

（9）各条款间有无相互抵触？

（10）有无列载适用 UCP 600 的条款？

（11）信用证是否规定必须另外指示或通知才生效？

（12）信用证有效期是否以进口地时间为准或未注明以何地为准？

二、信用证的修改程序

在信用证有效期内，任何一方的任何修改，都必须经买卖双方协商一致同意后，由申请人通过开证行办理修改。开证行可依据申请人提交的信用证修改申请书受理该笔业务。

1.申请人提交信用证修改申请书

信用证修改申请书必须由原信用证的申请人填写，并提交到原开证行办理修改业务。信用证修改申请书的主要内容有：

（1）信用证修改申请书提交的日期；

（2）所需修改的原信用证编号；

（3）修改的内容，一般先列出原信用证的有关条款，再写出相应的修改条款。

2.开证行审查并受理

原开证行接到原信用证申请人的信用证修改申请书后，必须按照申请书所列信用证编号，调出原信用证副本对照审核。审核的主要内容有：

（1）信用证修改申请书中的编号是否正确；

（2）所要求修改的条款内容是否符合国际惯例和本国法律；

（3）所要求修改的条款对开证行有无不利之处；

（4）所要求修改的条款之间有无相互矛盾之处，与原信用证其他条款有无相互矛盾之处，如有，应提醒申请人同时作相应的修改，使修改后的信用证各条款相互吻合，前后协调；

（5）如提出增加信用证总金额，则要增收保证金。

开证行审核无误后，根据修改申请书的要求，按原信用证的传递路线向各有关当事人发出信用证修改通知书。开证行应收取修改手续费。如修改手续费由受益人支付，应在修改通知书中列明，该单到付款时一并扣除。

三、信用证常见修改条款

1.更改受益人名称及地址 amend the beneficiary's name and address to read…

2.展延装运期及信用证有效期 extend the date of shipment to…and validity to…

3.增加或减少信用证金额 this credit amount to be increased by…making a total of…

4.增加或减少货物数量 increase（decrease）the quantity of commodity by…to…

5.删除信用证条款 delete the clause…

6.更改装卸地名 shipment to be made from…to…

7.修改货物名称或规格 merchandise to be changed to read as…

8.信用证需由…银行附加保兑 this credit shall be confirmed by…bank

9.修改为准许分批装运或转运 partial shipment and /or transshipment are allowed

10.更改船名 shipment to be made per s/s…instead of…

四、改证函

卖方在收到信用证后，如果审核信用证时发现与合同条款不符或无法办到的条款，必须及时要求对方进行修改。函电的内容包括：

1.提及对方的信用证；

2.指出信用证的错误或存在的问题；

3.提出修改的具体要求；

4.希望对方早日修改信用证。

【应用案例分析5-2】

Dear Mr. Johnson，

Thank you for sending us your L/C No.651 issued by the Bank of New York. However， on checking its clauses， we regret to find that there are some mistakes in your L/C. Please amend the above L/C as following：

（1）Term 15：Date of Expiry has been changed from 101115 to 101215；

（2）Term 24：Date of First Shipment has been changed from 100901 to 101001；

（3）Term 32：Goods should be insured for 120% of the invoice Value， note for 130%.

We will proceed with the shipment as soon as we confirm the above amendments.

Your prompt reply is highly appreciated.

Sincerely，

Zhang Yi

写作说明：

（1）告知对方已收到信用证，并表示感谢；

（2）提出需要修改的地方；

（3）承诺在对方修改信用证之后，立即发货；

（4）希望对方尽快回复。

五、实训演示

在"商务函电教学系统"中按照以下步骤进行改证函的练习。

第一步：学生登录系统，在"教学内容"页面，点击"信用证"（如图5-8所示）。

图5-8　教学内容

第二步：在"信用证理论知识"页面，点击"训练"（如图5-9所示）。

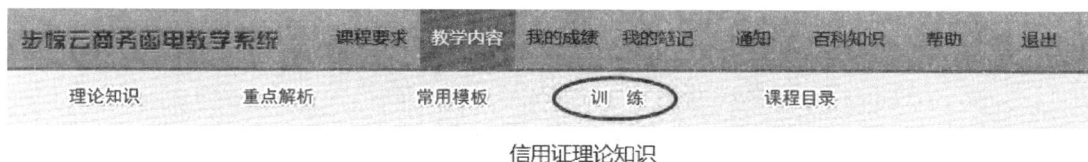

信用证理论知识

图5-9　信用证理论知识

第三步：选择"改证函"，如图所示，点击"要求"，查看题目的具体内容，然后点击"答题"，进入题目开始答题（如图5-10所示）。按要求书写完函电内容后，点击"保存邮件"保存答案，然后点击"完成邮件"（图略）。

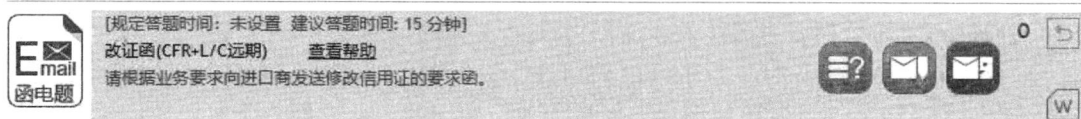

图5-10　选择练习题目

Vocabulary

　　revocable L/C/irrevocable L/C 可撤销信用证/不可撤销信用证

　　confirmed L/C/unconfirmed L/C 保兑信用证/不保兑信用证

　　transferable L/C /untransferable L/C 可转让信用证/不可转让信用证

　　divisible L/C /indivisible L/C 可分割信用证/不可分割信用证

　　revolving L/C 循环信用证

　　L/C with T/T reimbursement clause 带电汇条款信用证

　　without recourse L/C/with recourse L/C 无追索权信用证/有追索权信用证

　　documentary L/C/clean L/C 跟单信用证/光票信用证

　　deferred payment L/C/anticipatory L/C 延付信用证/预支信用证

　　back to back L/C reciprocal L/C 对背信用证/对开信用证

　　travelers' L/C（circular L/C）旅行信用证

The covering L/C 有关信用证

expedite vt. 加快，促进，发出，常用于外贸书信中，有时也用 hasten，hurry，rush 等。

in one's favor 以…为受益人，以…为抬头

in accordance with …与…一致，根据…，该词组可用来引导状语和表语。

see to 固定词组，表示处理，负责、注意

urge vt. 催促，劝说；urgent adj. 紧急的；urgently adv. 紧急地

open vt. 开立（账户，信用证等）

effect vt. 完成，实现，使发生

     to effect shipment 装船

     to effect insurance 投保

     to effect supply 供货

     to effect delivery 交货

     to effect amendment 修改

effect n. 效果，作用

     to bring a contract into effect 使合同生效

     to come into effect 生效

     to go（enter）into force 生效

     to cease to be in effect/force 失效

Notes

1）We would like you to open an irrevocable L/C for the approximate invoice amount with a British bank.

我们希望你方请一家英国银行开立相当于发票金额的不可撤销信用证。

2）We are informed that the L/C in our favor amounting to $600 000 has been opened.

我们得到通知以我方为受益人、金额为 60 万美元的信用证已开出。

3）We open an irrevocable Letter of Credit No.434 in favor of CITIC Trading Co. Ltd.

兹开立第 434 号不可撤销信用证，受益人为中国国际信托投资总公司贸易公司。

4）We will request our bankers to open L/C in your favor upon receipt of your confirmation of this order.

一收到你方关于此项订货的确认，我方便要求银行开出以你方为受益人的信用证。

5）Please do your utmost to expedite the establishment of the L/C.

请速开出信用证。

6）Please see to it that you will establish the covering L/C as soon as possible so as to enable us to effect shipment within the stipulated time limit.

请务必尽早开立相关信用证，以便使我们能够在规定的时限内安排装运。

7）The date of shipment is approaching, but we have not received your relative L/C up to date, please let us have your reply promptly.

装船日期日益临近，但我们至今仍未收到相关信用证，请立即给我们回复。

8）As the goods against your Order No.118 have been ready for a long time, it is advisable for you to open the covering L/C immediately so as to enable us to effect shipment within the stipulated time limit.

你方第 118 号订单项下的货物备妥待运已有相当时日，我们提请你方立即开出相关信用证，以便我方能在规定的时间内交货。

9）We are sorry that we could not ship the goods by a May vessel only because of the delay of your L/C. Please open the said L/C at once.

我们感到遗憾，由于贵方延误开证，我们的货不能装 5 月份的船。请速开立上述信用证。

10）We write to inform you that we have today established through Tokyo Bank an irrevocable documentary L/C in your favor for the amount of $52,000 covering 1,000 sets of TV.

现通知你方，今天我们已通过东京银行开出以你方为受益人的 1 000 台电视机的不可撤销信用证，总金额 52,000 美元。

11）We have established a commercial letter of credit in your favour for the contracted amount through a Japanese bank.

我们已通过一家日本银行开立了以你方为受益人的相当于合同金额的商业信用证。

12）Your L/C has been received this date，but we would request you to amend it as follows.

贵方信用证今日收到，但请按下述意见修改。

13）You are kindly requested to make necessary amendment for the L/C at an early date.

请贵方尽快对信用证做出必要修改。

14）Please amend the amount of the L/C to read "2% more or less".

请将信用证溢短装条款改为2%。

15）Please extend the date of shipment and the validity of your L/C No. CHW 218 to July 15 and August 2 respectively and arrange the amendment advice to reach us by June 15.

请将装船期和你方第 CHW 218 号信用证的有效期分别延展到 7 月 15 日和 8 月 2 日，并安排好修改通知要在 6 月 15 日之前到达我方。

16）Please extend the validity of the letter of credit No.345 to October 14.

请将第 345 号信用证延期至 10 月 14 日。

17）Please have the L/C No.419 extended until 4 June so that we may make shipment without fail.

请将第 416 号信用证延期至 6 月 4 日以便我方能安排好装运。

第六章　商务单证

Business Documents

知识目标：

了解各种商务单证的分类、意义和作用，掌握各种发票、包装单据及汇票的含义和内容。

技能目标：

熟练掌握商业发票、装箱单、汇票等单据的缮制方法，掌握装船通知的模拟操作过程。

本章主要单证：

本章涉及的主要单证及作用，见表6-1。

表6-1　　　　　　　　　　　　　主要单证及作用

序号	单据名称	签发人	作用
1	商业发票	出口商	结汇单据的核心单据；对装运货物的总体说明，发货价目清单；买卖双方收付货款和记账的依据；双方办理报关和纳税的依据
2	装箱单	出口商	出口商缮制发票及其他单据时计量、计价的基本资料；出口商清点数量或重量以及销售货物的依据；海关查验货物的凭证；公证或商检机构查验货物的参考资料
3	汇票	出口商	用于托收和信用证收汇方式中，出口商向进口商或银行签发的，要求后者即期或在一定期限内，向收款人或持票人无条件支付一定金额的票据
4	装船通知	出口商	出口商在出口货物装船完毕后，及时向进口商或其指定的保险公司发出的货物已装船的详细通知，以便进口商及时办理保险、安排接收货物及办理清关等事宜
5	受益人证明	出口商	证明出口商履行了信用证规定的任务或已按照信用证的要求办事的单据

第一节　商业发票

Commercial Invoice

一、商业发票的含义及作用

商业发票是卖方向买方开立的，对整个交易和所交货物有关内容的总体说明，是一张发货价目清单。进口商凭发票核对货物及了解货物的品质、规格、价值等情况。

商业发票是国际商务单据的核心单据，其主要作用有以下几点：

（1）货运单据的核心，也是装运货物总的说明；

（2）进出口商收付货款和记账与核算的依据；

（3）在没有汇票时，出口商可凭发票向进口商收款；

（4）进出口双方报关及纳税的基本依据；

（5）缮制报关单、产地证、报检单、投保单等其他单据的依据。

二、发票内容与制作要点

1. 发票内容

商业发票由出口企业自行拟制，无统一格式，但基本栏目大致相同。分首文、本文和结文三个部分。首文部分包括发票名称、号码、出票日期、地点、付款人（抬头人）、合同号、运输线路等。本文部分包括货物描述、单价、总金额、运输标志等。结文部分包括有关货物产地、包装类型、各种证明句、发票制作人签章等。

从本质上讲，发票是进出口商在国际贸易经济业务中的会计原始凭证，所以发票的具体内容是以原始会计凭证的基本内容为基础的。它包括以下这些具体内容：

（1）出票人的名称，即出具签发发票的人的名称，一般写出口商的名称和详细地址、电话、传真等。一般出口企业在印制空白发票时，事先将公司的名称、地址、电话、传真印在发票的正上方（作为信头）。

采用信用证时，UCP600规定发票必须由受益人出具。对可转让信用证，在第一受益人换单条件下，第二受益人可出具自己为出票人的发票。

（2）单据的名称，即"商业发票"（commercial invoice）或"发票"（invoice）字样，应与信用证规定的一致。如果信用证没有对发票的名称做出具体要求（仅要求"发票"），可提交任何形式的发票，如商业发票、海关发票、领事发票等都可以，但是在发票的名称中不能有"临时发票"（provisional invoice）或"形式发票"（proforma invoice）等字样。

如果信用证要求是"certified invoice"或"detailed invoice"，则发票的名称也应这样显示。

（3）制单的日期及制单的基础信息，包括发票的制单日期、发票号码、合约号等。

（4）发票接受方的名称即发票的抬头人，发票上必须明确显示发票抬头人即付款人的名称、地址，通常情况下抬头人作成进口商，信用证方式下为开证申请人。如信用证要求作成第三方，应照办。可转让信用证的发票抬头可用第一受益人名称替换原证中的开证申请人名称。

（5）有关此笔经济业务的内容摘要，它包括：

①货物描述：注明货物的名称、规格、数量及包装类型及件数等内容。采用信用证时，发票上的货物描述必须与信用证中的描述相一致。

②有关运输信息：包括货物的起运地、目的地、运输标志（货物的识别标志）等，如有转运可标明转运地。

（6）数量和金额。在出口发票上必须明确显示数量、单价、总值和贸易术语（价格条款，包括数量及数量单位、计价货币名称、具体价格）。有时还需列出佣金、折扣、运费、保费等。

（7）出票方企业的名称、签发人盖章或签字。一般将这些内容打在发票的右下方。

（8）其他内容，包括该笔业务相关的特定号码、证明等。如在发票商品描述下方空白处注明买方的参考号、进口证号、信用证号以及货物产地、出口商关于货物制造、包装、运输等方面的证明。

商业发票样单，见表6-2。

表6-2　　　　　　　　　　　　　　　商业发票

<table>
<tr><td colspan="3">ISSUER
Myall Group Pty Ltd
No.198 beach El Potter Avenue Queensland broad, Canberra, Australia</td><td colspan="4" rowspan="2">商业发票
COMMERCIAL INVOICE</td></tr>
<tr><td colspan="3">TO
Enage Trading Co., Ltd.
No.1 People's Road Seoul, Korea</td></tr>
<tr><td colspan="3" rowspan="2">TRANSPORT DETAILS
From Melbourne,Australia to Busan,Korea Shipment within 30 days after receipt of L/C By sea</td><td colspan="2">NO.
IV0000156</td><td colspan="2">DATE
2013-04-28</td></tr>
<tr><td colspan="2">S/C NO.
CT0000156</td><td colspan="2">L/C NO.
002/0000159</td></tr>
<tr><td colspan="7">TERMS OF PAYMENT
100 % by L/C at sight</td></tr>
<tr><td>Product No.</td><td colspan="2">Description of goods</td><td>Quantity</td><td colspan="2">Unit Price</td><td>Amount</td></tr>
<tr><td></td><td colspan="2"></td><td></td><td colspan="2">CIF ⌄　Busan,Korea　　⌄</td><td></td></tr>
<tr><td>CF-007</td><td colspan="2">Australian Milk
Ingredients:100% organic whole milk, Shelf Life: 360 days, Capacity: 1L</td><td>19 MTS</td><td colspan="2">USD 8400.00</td><td>USD 159600.00</td></tr>
<tr><td></td><td colspan="2"></td><td></td><td colspan="2"></td><td></td></tr>
<tr><td></td><td colspan="2">Total:　[19　　][MTS　　]</td><td></td><td colspan="2"></td><td>[USD][159600.00]</td></tr>
<tr><td colspan="7">SAY TOTAL:　　USD ONE HUNDRED AND FIFTY NINE THOUSAND SIX HUNDRED ONLY

MARKS AND NUMBERS:
N/M

　　　　　　　　　　　　　　　　　　　　　　　　Myall Group Pty Ltd
　　　　　　　　　　　　　　　　　　　　　　　　　　Hoch</td></tr>
</table>

2. 发票缮制要点

（1）出票人名称、地址等描述必须醒目、正确。在信用证方式下，发票的出票人为受益人的，必须与信用证上受益人的名称一致。如果信用证已被转让，银行也可接受由第二受益人出具的发票。在非信用证方式下，发票的"出票人"栏目显示合同的卖方。

发票的出票人有两种表示方法：一是发票的信头直接显示受益人名称；二是由受益人在发票上进行签署。在实务中，如果发票的出票人是受益人下属的某个部门（如 ABC Co. Ltd.，Export Dept.），根据国际商会专家小组的意见，这是不允许的。

（2）出票日期及出票的基础信息方面必须注意以下事项：

①出票日期一般不迟于装运日。如信用证没有特别规定，发票日期早于信用证的开证日也是可以接受的。

②发票上，一般需要显示有关此笔交易的基础信息（如合约号、订单号）。如果发票的货物涉及不止一个合约的，发票上显示的合约号必须包括全部合约。

如果信用证没有要求标明合约号，也可以不显示。在信用证方式下，必须标明该笔交易中的信用证号码。

（3）在显示发票付款人（抬头人）时，必须注意发票抬头应作成信用证的申请人名称、地址。如果信用证有指定其他抬头人的，按来证规定制单。如果该信用证已被转让，则银行也可接受由第二受益人提交的以第一受益人为抬头的发票。非信用证方式收汇时，一般将合同的买方作为发票的抬头人。

（4）运输线路、起运地、目的地必须与其他单据上显示的相一致，并且要显示具体的地名，不要用统称，如信用证中只标明国名，在发票制作时，应打上具体的地名。

（5）发票上的货物描述部分是发票的中心内容，一般情况下，必须明确、具体。

信用证方式项下，UCP600规定"商业发票中对货物、服务或履约行为的描述应该与信用证中的描述不矛盾"。但并不要求如同镜子反射那样一致。托收和汇款方式收汇的发票的货物描述按照合同填写。

如果发票的货物描述中某个字母写错，但不影响对该词理解时，开证行不能以此拒付。例如，信用证是"MACHINE"，发票上误打成"MASHINE"。

（6）货物的规格。规格是货物品质、特征的标志，如一定的大小、长短、轻重、精密度、性能、型号、颜色等，一般当信用证开列了对规格的要求和条件时，所制发票必须和信用证规定完全一致，并且应正确表达，如信用证规定"水分不超过××%"，应在发票上注明实际含水量。

（7）货物的数量。发票必须明确表明货物的数量，并与其他单据相一致。

当信用证在表述数量时，如果使用了"约（about）""大约（approximately）"字样，应理解为有关数量不超过10%的增减幅度。

如果信用证规定的货物是以重量、长度、面积或体积等作为数量单位的，而不是按包装单位或个数计数的，在信用证对货物数量没有不得增减要求和所支取的金额未超过信用证金额的前提下，允许货物数量有5%的增减幅度。

（8）货物重量和包装情况。发票应标明货物的包装类型（如箱、袋等）、包装件数和重量，并且须注意与其他单据相一致。

（9）价格术语。发票应完整、正确地显示价格条款，做到与相应单据（如提单上的运费支付方式）的表述相一致。

如果合同规定（使用信用证时，信用证规定）发票必须显示货物成本、运费和保险费的细目，则发票应分别列明，这时须注意有关金额与其他单据相一致。

（10）单价和总值。完整的货物单价包括计价货币、单位价格金额、计量单位和贸易术语四个内容，如"EUR100.00 PER DOZEN CIF HAMBURG"。

总值是经过计算后得出的货物总价值，发票的总金额。

单价和总值是发票的主要项目，必须准确计算，正确缮打，并认真复核，特别要注意小数点的位置是否正确，金额和数量的横乘、竖加是否有矛盾。

凡"约"或"大约"用于信用证金额时，应理解为有关金额可有不超过10%的增减幅度。

（11）运输标志。运输标志是指印刷在货物外包装上的图形、文字和数字，便于各方辨识货物，有助于货物的装卸、运输等工作，以防错运、错发。运输标志一般以简明、易于识别为原则。标准运输标志由收货人简称、贸易业务参考号、目的地名称和件数编号组成。

如果信用证规定了具体运输标志，而且带有"运输标志仅限于……（mark is restricted to…）"或"只有这样的运输标志才能接受（only such mark is acceptable）"或"运输标志唛头应包括……（mark should include…）"等类似语句时，则运输标志应严格按信用证规定的原样显示在发票上。

如果信用证中没有规定运输标志唛头，发票既可以显示出口商自行设计运输标志唛头，也可以依据实际情况用"no mark"或"N/M"表示无运输标志。服装类货物使用挂装集装箱时，运输标志处写成NO MARK。

（12）补充信息及声明文句。国外来证有时要求在发票上加注各种费用金额、特定号码、有关证明句，一般可将这些内容打在发票商品栏以下的空白处，大致有以下几种：

①注明特定号码。例如，进口证号码、配额许可证号码等。

②运费、保险费等。

③缮打证明句。

（13）更正和"错漏当查"（E.&O.E.）。"E.&O.E."是"errors and omissions excepted"的简称。应该注意的是，当发票已经显示证明真实、正确等文句时，就不能出现"E.&O.E."的字样。

（14）发票份数。信用证项下，提交银行的发票份数应与信用证规定的一致，如果信用证中没有特殊要求，其中一份必须是正本。当信用证要求"in duplicate"或"in two copies"时，所提供的发票中必须有一张是正本。

（15）出口商签署。如果信用证没有规定，用于对外收汇的商业发票不需要签署（但用于报关、退税等国内管理环节的发票必须签署）。当信用证要求"signed invoice"时，发票需要做签署；而当信用证要求"manually signed invoice"时，该发票必须是手签。如果发票上有证明的字句（we certify that…），此类发票必须签署。

注意事项：

①如果以影印、自动或电脑处理或复写方法制作的发票，作为正本者，应在发票上注明"正本"（ORIGINAL）字样，并由出单人签章。

②近几年，各地已陆续出现国内税务机关统一印制的通用出口发票，常见的是一套六联的发票。根据用途分为发票联、记账联、税务联、报关联、核销联、存根，内容与上述介绍的普通外销商业发票项目相同。

如进口商接受此种格式发票，也可用于收汇。但若与 L/C 或进口商要求不一致，则不对外使用，只在报关、报检等国内环节中使用此格式的发票。对外收汇时，另外再制作原来常见格式的发票。

③现在有一些进口商要求出口商按进口商特有的发票格式制单，内容栏目基本上也与普通发票相同，若对出口方无不妥之处，出口商可协助进口商按其要求办理。

三、实训演示

登录"商务单证教学系统"平台，点击进入老师分配的课程，按照以下步骤进行缮制商业发票。

第一步：进入课程后在题目列表界面，选择"商业单据"（如图 6-1 所示）。

国际商务单证实训课程	课程时间：2014/1/1-2050/11/28	老师：BJYTeacher01

本课程包含国际商务单证课程相关练习。
客服QQ：
1838305522
1838305533

题目列表　　　　　　　　　　　　　　　　　　　　　　　　　　　　　[我的成绩]

◎ **商业单据 (3/12)　[5 小时]**　　　　　　　　　　　　　　　　　　[刷新]

◎ 运输及保险单据 (0/16)　[6 小时 45 分钟]

◎ 结算相关单据 (2/19)　[14 小时 20 分钟]

◎ 出入境检验检疫单据 (0/15)　[9 小时 20 分钟]

◎ 进出口货物通关单据 (0/10)　[5 小时 10 分钟]

◎ 其他进口单据 (1/14)　[6 小时 5 分钟]

◎ 出口制单案例：CIF+L/C（海运）(1/17)　[6 小时 35 分钟]

◎ 出口制单案例：FOB+D/P（海运）(0/16)　[6 小时]

◎ 出口制单案例：CPT+T/T（空运）(0/12)　[4 小时 50 分钟]

◎ 进口制单案例：CFR+L/C（海运）(0/10)　[3 小时 40 分钟]

◎ 进口制单案例：FCA+T/T（空运）(0/7)　[2 小时 45 分钟]

◎ 考试中心 (7/12)　[23 小时]

图 6-1　题目列表

第二步：在商业单据菜单界面，选择老师布置的"商业发票"题目（如图 6-2 所示），点击右边箭头进入题目界面（如图 6-3 所示）。

[规定答题时间：未设置　建议答题时间：20 分钟]
单-商业发票1　　查看帮助
单据题　请根据合同和信用证制作商业发票。

图 6-2　选择练习题目

第三步：根据题目要求及参考单据，点击商业发票右上角的按钮，打开商业发票并进行填写（如图 6-4 所示）。

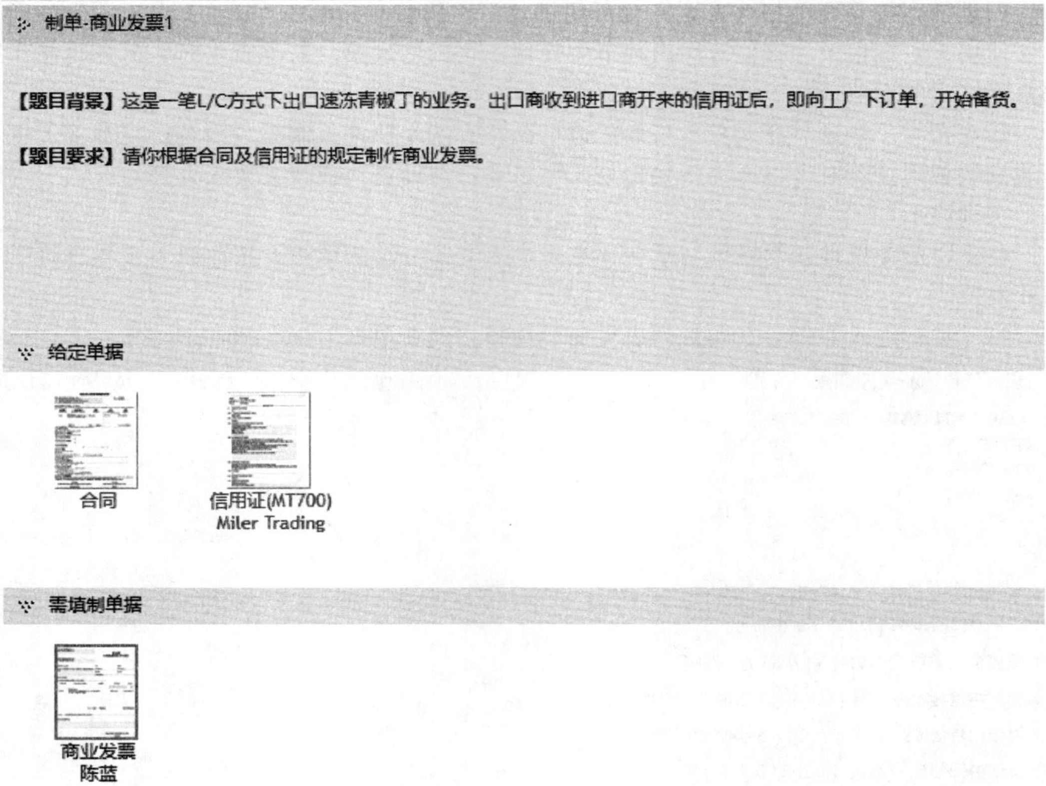
制单-商业发票1
【题目背景】这是一笔L/C方式下出口速冻青椒丁的业务。出口商收到进口商开来的信用证后，即向工厂下订单，开始备货。
【题目要求】请你根据合同及信用证的规定制作商业发票。
给定单据
合同
信用证(MT700)
Miler Trading
需填制单据
商业发票
陈蓝

图6-3　制单题目

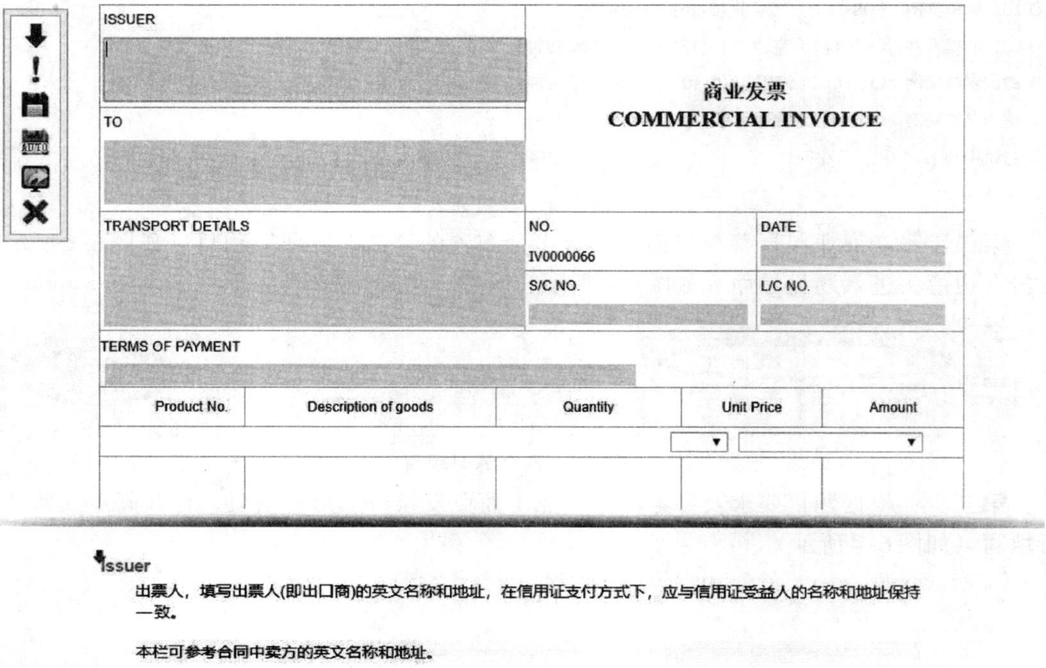
ISSUER
TO
商业发票
COMMERCIAL INVOICE
TRANSPORT DETAILS
NO.
IV0000066
DATE
S/C NO.
L/C NO.
TERMS OF PAYMENT
Product No.
Description of goods
Quantity
Unit Price
Amount
Issuer
出票人，填写出票人(即出口商)的英文名称和地址，在信用证支付方式下，应与信用证受益人的名称和地址保持一致。
本栏可参考合同中卖方的英文名称和地址。

图6-4　制单填写

第二节　装箱单
Packing List

一、装箱单的含义及作用

1.装箱单的含义

装箱单、重量单和尺码单等包装单据是商业发票的一种补充单据，是将商品的不同包装规格条件、不同花色和不同重量逐一分别详细列表说明的一种单据。它是买方收货时核对货物的品种、花色、尺寸、规格和海关验收的主要依据。

其中，装箱单在外贸业务中最为常见，实训系统以装箱单为例进行训练。

装箱单的内容一般包括合同号、发票号、出单日期、运输标志、品名、包装规格、包装件数、毛净重等。填写装箱单时，必须与货物实际包装相符，并与发票、提单等单据相一致。

2.装箱单的作用

（1）是出口商缮制发票及其他单据时计量、计价的基本资料。

（2）是出口商清点数量或重量以及销售货物的依据。

（3）是海关查验货物的凭证。

（4）是公证或商检机构查验货物的参考资料。

二、包装单据的种类

由于商品不同，进口商需要的包装单据也不相同，因此包装单据种类多样，名称各异。

有时进口商对同一批商品也会提出突出不同侧面要求的包装单据，但是制作方法、显示的内容比较相似。常用的包装单据有以下几种：

装箱单（Packing List/Packing Slip）

包装明细单（Packing Specification）

详细装箱单（Detailed Packing List）

包装提要（Packing Summary）

重量单（Weight List/Weight Note）

重量证书（Weight Certificate/Certificate of Weight）

磅码单（Weight Memo）

尺码单（Measurement List）

花色搭配单（Assortment List）

另外，UCP600指出："只要包装单据内容符合信用证的要求，能反映所规定的单据功能，不要求名称与信用证一字不差。"但我们在制单时，应注意从严掌握，尽量一致。

出口商应根据进口商的要求及不同商品的特点提供适当的包装单据，应以既能符合信用证的规定，让银行接受，又能满足客户的要求为原则。

三、装箱单的内容与缮制要点

1.装箱单名称

装箱单名称（Name）应按照信用证规定，通常用"Packing List""Packing Specification""Detailed Packing List"。如果来证要求"中性包装单"（Neutral Packing

List），则装箱单名称打"Packing List"，但装箱单上不能出现买卖双方的名称，也不能签章。

2. 编号

编号（No.）与发票号码一致，或者直接以发票号码表示，如"Invoice No.：JY20080320"。

3. 日期

填写装箱单的缮制日期（Date），应与发票日期一致或稍晚于发票日期，有时可以直接以发票日期表示，如"Invoice Date：March 20，2008"。

4. 合同号或销售确认书号

在合同号或销售确认书号（Contract No./ Sales Confirmation No.）栏中应注明该批货的合同号或者销售合同号。

5. 唛头

唛头（Shipping Mark）应与发票一致，有的注明实际唛头，有时也可以只注"as per invoice No. ×××"。若无唛头，则缮制为"N/M"。

6. 箱号

箱号（Case No.）又称包装件号码。在单位包装货量或品种不固定的情况下，装箱单需注明每个包装件内的包装情况，因此包装件应编号。

有的来证注明"Case No.1–Up"，Up是指总箱数。当缮制单据时，出口方已经清楚总箱数为多少（如为1 000箱），即应缮打具体的箱数，如"Case No.1–1000"。

7. 货物描述

货物描述（Description & Specification）要求与发票一致，可以使用统称。

8. 包装的种类及数量

包装的种类和数量（Package）一栏中填写商品的"外包装"（Outer packing），也就是"运输包装"（Shipping Packing）的包装方式及数量。如"400 Bales""2 630 Cartons"。

9. 毛重

毛重（G.W）一栏中应注明对应编号的单个包装件的毛重和总毛重（Sub Total），最后在合计栏处注明整批货的总毛重。如信用证或合同未要求，不注明单个包装件的毛重亦可。如为"Detailed Packing List"，则此处应逐项列明。

10. 净重

净重（Net Weight）一栏中应注明对应编号的单个包装件的净重和总净重（Sub Total），最后在合计栏处注明整批货的总净重。如信用证或合同未要求，不注明单个包装件的净重亦可。如为"Detailed Packing List"，则此处应逐项列明。

11. 尺码

尺码（Measurement）一栏中应注明每个包装件的对应编号的单个包装件的尺寸和总尺寸，此单据上的尺码，应与提单上注明的尺码一致。

12. 合计

合计（Total）栏是对8、9、10、11四栏的合计。

13. 出票人签章

出票人签章（Signature）应与发票相同，如信用证规定包装单为"Neutral Packing

List"或 "Plain Paper"，则在包装单内不应出现买卖双方的名称，也不能签章。

装箱单样单，见表6-3。

表6-3 装箱单

ISSUER Myall Group Pty Ltd No.198 beach El Potter Avenue Queensland broad, Canberra, Australia	装箱单 **PACKING LIST**	
TO Enage Trading Co., Ltd. No.1 People's Road Seoul, Korea	PACKING LIST NO. PL0000116	
	INVOICE NO. IV0000156	DATE 2013-04-28

	Product No.	Description of goods	Package	G.W	N.W	Meas.
○	CF-007	Australian Milk Ingredients:100% organic whole milk, Shelf Life: 360 days, Capacity: 1L	1 584 CARTONS	19 792.00 KGS	19 000.00 KGS	57.0240 CBM

[添 加] [修 改] [删 除]

Total: [1 584　　　] [19 792.00　　] [19 000.00　　] [57.0240　　　]
[CARTONS　] [KGS　　　　] [KGS　　　　] [CBM　　　　]

SAY TOTAL: ONE THOUSAND FIVE HUNDRED AND EIGHTY FOUR CARTONS

MARKS AND NUMBERS:

N/M

Myall Group Pty Ltd

Hoch

四、实训演示

登录"商务单证教学系统"平台，点击进入老师分配的课程，按照以下步骤进行缮制装箱单。

第一步：进入课程后在题目列表界面，选择"商业单据"（如图6-5所示）。

第二步：在"商业单据"菜单界面，选择老师布置的"装箱单"题目（如图6-6所示），点击右边箭头进入题目界面（如图6-7所示）。

国际商务单证实训课程	课程时间：2014/1/1-2050/11/28	老师：BJYTeacher01

本课程包含国际商务单证课程相关练习。
客服QQ：
1838305522
1838305533

题目列表　　　　　　　　　　　　　　　　　　　　　　　[我的成绩]

◉ 商业单据 (3/12) [5 小时]　　　　　　　　　　　　　　　[刷新]

图6-5　题目列表

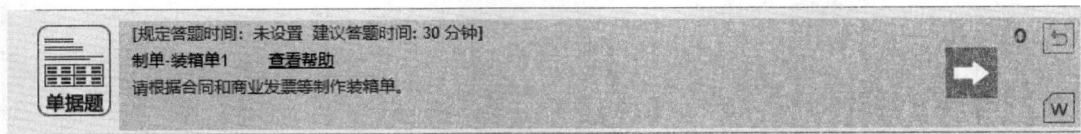

[规定答题时间：未设置 建议答题时间：30 分钟]
制单-装箱单1　　查看帮助
请根据合同和商业发票等制作装箱单。

图6-6　选择练习题目

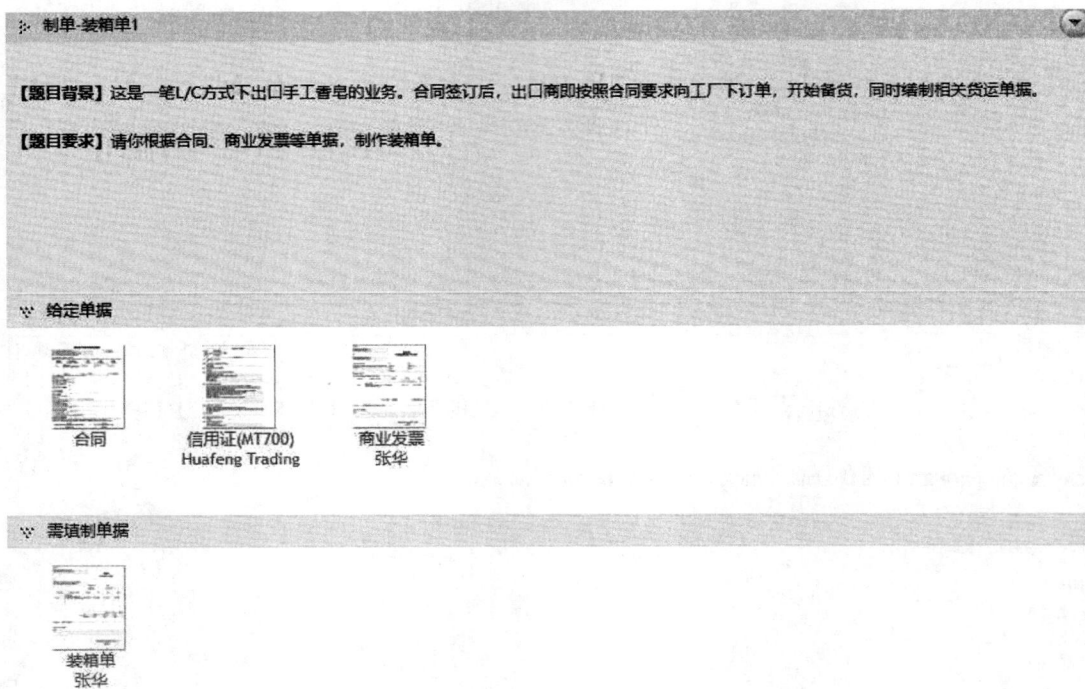

▸ 制单-装箱单1

【题目背景】这是一笔L/C方式下出口手工香皂的业务。合同签订后，出口商即按照合同要求向工厂下订单，开始备货，同时缮制相关货运单据。

【题目要求】请你根据合同、商业发票等单据，制作装箱单。

▾ 给定单据

合同　　信用证(MT700) Huafeng Trading　　商业发票 张华

▾ 需填制单据

装箱单 张华

图6-7　制单题目

第三步：根据题目要求及参考单据，点击装箱单右上角按钮，打开单据进行填写（如图6-8所示）。

图 6-8　制单填写

第三节　汇票
Bill of Exchange

一、汇票的含义

出口收汇中使用的汇票，是指用于托收和信用证收汇方式中，出口商向进口商或银行签发的，要求后者即期或在一个固定的日期或在可以确定的将来时间，对某人或某指定人或持票人支付一定金额的无条件的书面支付命令。

作为可以支取信用证金额的凭证，汇票在本质上是一种票据，而不是单据。但作为信用证交易单证的组成部分，汇票所载内容也必须符合信用证条款和 UCP600 的相关规定。通常由于出票人为出口商，收汇单证中的汇票属于商业汇票。

托收和信用证方式下，通常使用跟单汇票，较少用光票。延期付款信用证无须提交汇票。

汇票样单，见表 6-4。

二、汇票的内容与缮制要点

由于汇款方式中出口商无须提供汇票，以下主要是介绍托收和信用证业务中，由出口商或受益人签发的商业汇票的缮制。

1.出票条款

出票条款，又称出票根据，信用证汇票必须有出票条款，说明与某银行某日期开出的某号信用证的关系，包含三个内容：开证行完整名称、信用证号和开证日期。这三个内容应正确填入汇票相应的空格内：Drawn under（填开证行名称）、L/C No.（填信用证号）、Dated（填开证日期）。当信用证内有现成条款时，必须按原样填写在汇票上。

表6-4 汇票

```
                        BILL OF EXCHANGE

No. S0000159                              Dated  2013-10-22

Exchange for     USD        182 550.00

        At   [ 90 days after            ▼]   Sight   of   this   FIRST   of   Exchange
(Second of exchange being unpaid)
Pay to the Order of   Industrial and Commercial Bank of China
the sum of  USD ONE HUNDRED AND EIGHTY TWO THOUSAND FIVE HUNDRED AND FIFTY ONLY
Drawn under L/C No.   002/0000184            Dated  20130524
Issued by  Bank of America

To  Bank of America
    The 18th floor of the 100 North Tryon
    Street, Massachusetts, USA
                                      Shenzhen Yawan Trading Co., Ltd.

                                          (Authorized Signature)
```

2.出票地点及出票日期

出票地点一般应是出口商所在地，通常位于汇票的右上方，和出票日期相连。出票日期只要不早于运输单据，不迟于信用证的交单期和截止日即可。采用托收方式时，汇票出票日期可填装运日与交单给银行日期之间的任意一天。

3.汇票金额

汇票金额包括汇票的金额和币制，必须准确无误，货币币别须与发票一致，金额不得模棱两可，并应注意以下各点：

（1）如信用证没有特别规定，其金额应与发票金额一致。托收的汇票金额和发票金额一般均应一致。

（2）如信用证规定汇票金额为发票金额的百分之几，如97%，那么发票金额应为100%，汇票金额为97%，其差额3%，一般为应付的佣金。

（3）如信用证规定部分信用证付款，部分托收，应分做两套汇票：信用证下支款的按信用证允许的金额支取，以银行为付款人；托收部分的以客户为付款人，发票金额是两套汇票相加的和。

（4）汇票上的金额小写和大写必须一致。汇票金额不得涂改，不允许加盖校正章。

汇票上的金额小写，由货币符号和阿拉伯数字组成，如1 234美元则写为：USD1 234.00。

汇票上的金额大写，由货币名称和文字或数字组成，如上例，通常可用下列几种形式表示：

USD ONE THOUSAND TWO HUNDRED AND THIRTY FOUR

US DOLLAR（S）ONE THOUSAND TWO HUNDRED AND THIRTY FOUR

ONE THOUSAND TWO HUNDRED AND THIRTY FOUR U.S.DOLLAR（S）

ONE THOUSAND TWO HUNDRED AND THIRTY FOUR UNITED STATES DOLLAR（S）

4.付款期限

付款期限是汇票的重要项目，凡没有列明付款期限的汇票，视作见票即付。按照不同的付款期限，一般可采用下列方式缮制：

（1）即期付款：在汇票上的付款期限处，加打"*"或"-"，如 AT***SIGHT，AT---SIGHT，表示见票即付。

（2）远期付款：在汇票上的付款期限处，加打远期天数和起算期，如"at 30 days after sight"，表示见票后30天付款；"at 45 days after date of the draft"，意为汇票出票日45天付款。

（3）定日付款：在汇票上的付款期限处，应填上将来具体的付款到期日，如 At 31 Dec. 2003 fixed，并将汇票上的"Sight"划去。

5.受款人

受款人，又称收款人或汇票抬头人。按国际惯例，信用证和托收项下的汇票一般作成指示式抬头，汇票上写明"付给×××的指定人（PAY TO THE ORDER OF×××）"，×××是该汇票的记名受款人，通过他的背书，汇票可以转让。这是目前出口业务中最广泛使用的类型，汇票上也基本上印妥 PAY TO THE ORDER OF。

信用证项下汇票的受款人，我国国内的做法一般是填写交单行名称。无证托收的汇票，一般应以托收行（出口地银行）为受款人。

6.付款人

付款人，又称受票人，即接受汇票出票人的命令对汇票付款的人。一般都位于汇票的左下角，即"TO…（付款人）"。付款人名称必须填写完整。

托收的汇票，付款人作成合同的进口商，除名称外，还必须填写完整的地址。信用证项下的按 USP600 条款的规定，信用证不应开立以申请人为付款人的汇票，如开立了该汇票也仅视作一种附加单据，而不能作为金融单据。至于具体付款人，按照信用证的具体规定填写。如果信用证要求提交汇票，但没有规定汇票付款人，则由开证行作为付款人。

7.出票人

汇票必须有出票人的签字，一般位于汇票右下角。通常为出口人或信用证的受益人，应据企业全称和负责人的签字盖章。即使信用证有"接受第三方单据"字样，汇票也不能由第三方出具，汇票的出票人必须是受益人。已经转让的信用证，第二受益人出具以自身为出票人的汇票。

三、实训演示

登录"商务单证教学系统"平台，点击进入老师分配的课程，按照以下步骤缮制汇票。

第一步：进入课程后在题目列表界面，选择"结算相关单据"（如图6-9所示）。

第二步：在"结算相关单据"菜单界面，选择老师布置的"汇票"题目（如图6-10所示），点击右边箭头进入题目界面（如图6-11所示）。

第三步：根据题目要求及参考单据，点击汇票右上角的按钮，打开汇票进行填写（如图6-12所示）。

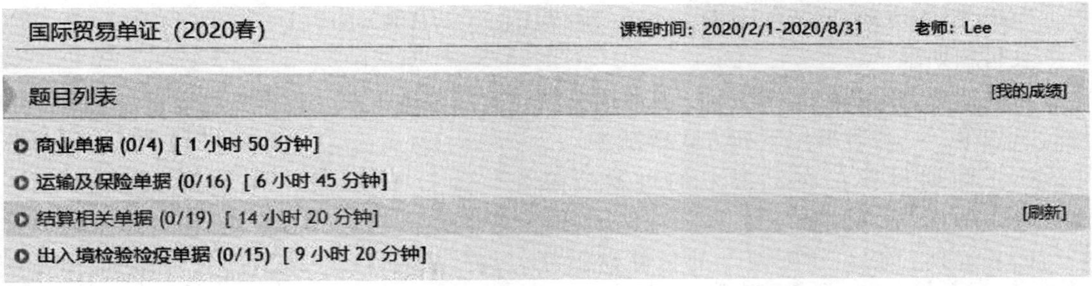

国际贸易单证（2020春）　　　　　　　　课程时间：2020/2/1-2020/8/31　　老师：Lee

题目列表　　　　　　　　　　　　　　　　　　　　　　[我的成绩]

- 商业单据 (0/4)　[1 小时 50 分钟]
- 运输及保险单据 (0/16)　[6 小时 45 分钟]
- 结算相关单据 (0/19)　[14 小时 20 分钟]　　　　　　　　[刷新]
- 出入境检验检疫单据 (0/15)　[9 小时 20 分钟]

图 6-9　题目列表

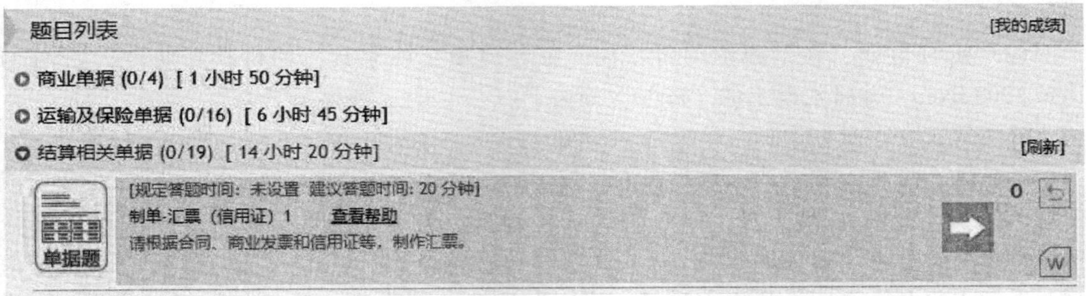

题目列表　　　　　　　　　　　　　　　　　　　　　　[我的成绩]

- 商业单据 (0/4)　[1 小时 50 分钟]
- 运输及保险单据 (0/16)　[6 小时 45 分钟]
- 结算相关单据 (0/19)　[14 小时 20 分钟]　　　　　　　　[刷新]

　[规定答题时间：未设置 建议答题时间：20 分钟]　　　　　　　　　　0
制单-汇票（信用证）1　　查看帮助
请根据合同、商业发票和信用证等，制作汇票。

图 6-10　选择练习题目

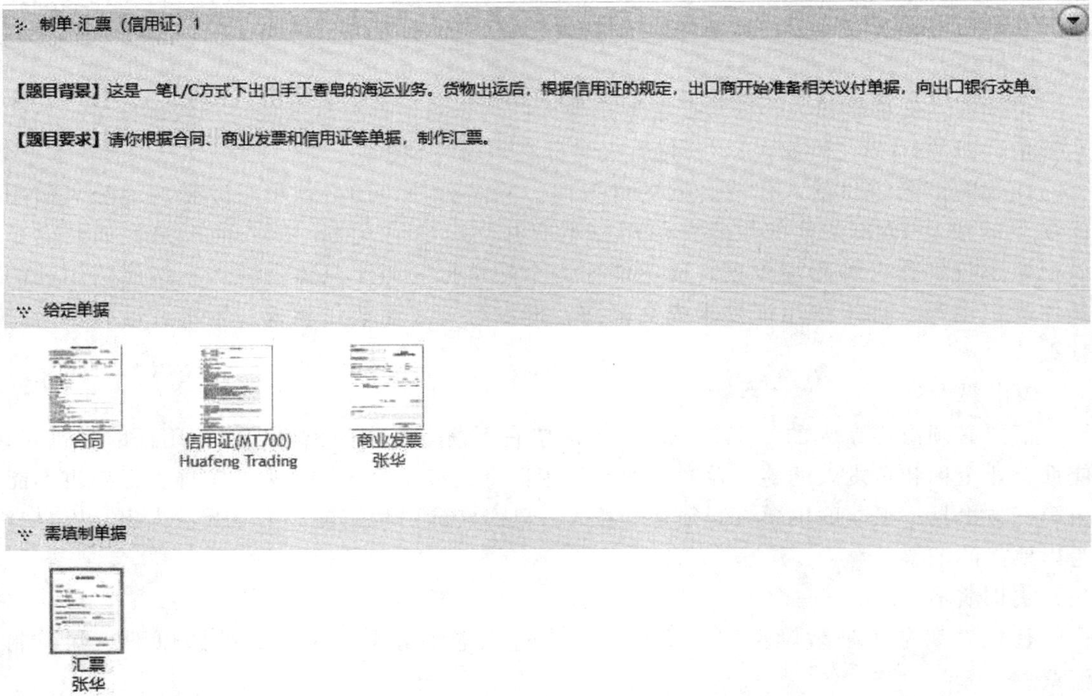

⁂ 制单-汇票（信用证）1

【题目背景】这是一笔L/C方式下出口手工香皂的海运业务。货物出运后，根据信用证的规定，出口商开始准备相关议付单据，向出口银行交单。

【题目要求】请你根据合同、商业发票和信用证等单据，制作汇票。

▽ 给定单据

合同　　　信用证(MT700)　　商业发票
　　　　　Huafeng Trading　　张华

▽ 需填制单据

汇票
张华

图 6-11　制单题目

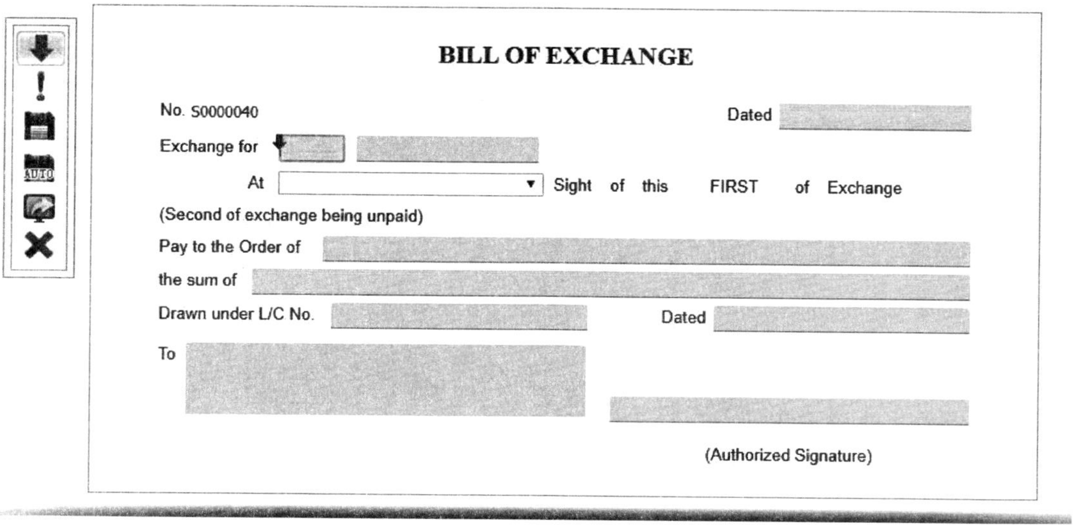

BILL OF EXCHANGE

No. S0000040   Dated

Exchange for

　　　　At ⬛⬛⬛⬛⬛▼　Sight　of　this　　FIRST　　of　Exchange

(Second of exchange being unpaid)

Pay to the Order of

the sum of

Drawn under L/C No.   Dated

To

(Authorized Signature)

Exchange for

填写汇票金额。此处要用数字小写(Amount in Figures)表明。 填写小写金额，一般要求汇票金额使用货币缩写和用阿拉伯数字表示金额小写数字。

信用证和托收方式下都会用到汇票，此栏可参考合同总金额（需注意：当合同规定付款条件为混合支付时，汇票金额不等于合同金额）。

例如，合同总金额为USD 205 000，支付方式为30%T/T+70%L/C，那么汇票金额应为USD 143 500。

图 6-12　制单填写

第七章　运输与保险单证
Shipment Documents and Insurance Documents

知识目标：

了解各种运输与保险单证的分类、含义和作用，掌握海运提单、装运通知、保险单的含义和内容。

技能目标：

熟悉货物运输办理与货物运输保险办理的程序，掌握托运单、海运提单与保险单等单据的缮制方法，掌握办理货物运输、货物运输保险的模拟操作程序。

本章主要单证：

本章涉及的主要单证及作用，见表7-1。

表7-1　　　　　　　　　　　　　主要单证及作用

序号	单据名称	签发人	作用
1	托运委托书	出口商	租船订舱；运输合同的组成部分；签发提单的重要依据；承运人收取运杂费的凭证
2	海运提单	船公司、船长或其代理人	证明承运人收到托运人交付的货物，并承诺将货物运至指定目的地并交付给指定收货人的凭证，收货人凭此单据提取货物
3	装运通知	出口商	出口商在出口货物装船完毕后，及时向进口商或其指定的保险公司发出的货物已装船的详细通知，以便进口商及时办理保险、安排接收货物及办理清关等事宜
4	投保单	投保人（进出口商）	进出口企业向保险公司对运输货物进行投保时的申请书，也是保险公司据以开立保险单、计算保费的依据
5	保险单	保险公司	保险人与被保险人订立保险合同的正式书面证明

第一节　出口托运委托书
Booking Note

一、出口托运委托书的含义和作用

托运是指出口企业自己或委托外运公司或有权代理对外货运业务的单位向承运单位或其代理人办理货物的对外运输业务。

海运方式有两种：传统散货运输和现代集装箱运输。这两种运输方式分别使用不同格式的托运单。

出口托运委托书（Booking Note），也称托运单、托单，是托运人向承运人或其代理签发的以作租船订舱的专用凭证。它的主要作用如下：

（1）出口托运委托书是租船订舱的依据。如果出口货物数量大，需要整船运输，出口企业可办理租船运输；如果出口数量不大，则可租订班轮舱位或租订非班轮的部分舱位。

（2）出口托运委托书是运输合同的组成部分。其中包含托运人与承运人双方就某批货物运输而产生的各自的权利和义务。

（3）出口托运委托书是签发提单等运输单据的依据。运输单据中的许多栏目中的数据和信息必须严格按照托运单上的信息填写。

（4）出口托运委托书是承运人收取运杂费的凭证。它是收费凭证之一，缺少托运单，托运人就有权拒付。

二、出口托运委托书的内容和缮制

出口托运委托书的内容和栏目与提单类似，其缮制参见本章"海运提单的内容与缮制"。

国际海运货物委托书样单，见表7-2。

表7-2　　　　　　　　　　　　国际海运货物委托书

德国德莎国际货运代理公司
INSTRUCTION FOR CARGO BY SEA
国际海运货物委托书

SHIPPER(发货人) ADDRESS(地址)	Germany Ernst Trading Co., Ltd. Jureckova Street 12, 80331 Munich, Germany	TEL 0049-9609623233	☑ 委托代理报关 ☑ 委托提货运输
DATE(日期)	2013-02-22		
CONSIGNEE(收货人) ADDRESS(地址)	TO ORDER	TEL	
ALSO NOTIFY(并通知) ADDRESS(地址)	TO ORDER	TEL	
PORT OF LOADING(起运地)	Hamburg,Germany		
PORT OF DESTINATION(目的地)	Jakarta,Indonesia		
PORT OF DESTINATION(卸货港)	Jakarta,Indonesia		
OCEAN VESSELNOYAGE(船名航次)			

DESCRIPTION OF GOODS 货物名称及描述	MARKS & NUMBERS 唛头	NO.OF PACKAGE 件数	GROSS WEIGHT/KG 毛重	NET WEIGHT/KG 净重	MEAS/CBM 体积
Leather Wallet 30pcs per Carton, Material: cowhide, style: long, color: Red	N/M	600 CARTONS	1980.00 KGS	1800.00 KGS	15.7800 CBM
TOTAL:		600　CARTONS	1980.00　KGS	1800.00　KGS	15.7800　CBM

RATE AGREED运费议定　　　　　　SPECIAL INSTRUCTIONS 特别附注

☐ 货柜　☑ 拼箱

柜型及数量:
☐ 20' CONTAINER X　☐ 40' CONTAINER X　☐ 40' HQ　X
☐ 20' REEFER X　☐ 40' REEFER X　☐ 40' REEFER HIGH
☐ 20' Platform X　☐ 40' Platform X
☐ 20' Car X　☐ 40' Car X

IMPORTANT-Please indicate freight payment by WHOM. FREIGHT(运费) ☐ PREPAID ☑ COLLECT　LOCAL CHARGES(本地运费) ☐ PREPAID ☐ COLLECT

OTHRE CHARGE(其他费用)

DOCUMENT 文件单据	INVOICE发票#:	IV0000022	OTHER DOCUMENT 1#& NO
	PACKING LIST装箱单#:	PL0000052	OTHER DOCUMENT 2#& NO

注意事项: 1.由于收货人信用及延期付款收费，所产生的所有费用名各货物运输的费用,由委托人承担,委托人应在收到通知7日内支付,并承担相关违约责任。2.由托人支付的费用,其中报价低于或是USD800以上,请自付款及索款,并书面通知公司相关人员,对于选择所产生责任由委托人承担；3.货物应具有符合海洋运输要求的完整包装,首收货人对货物时有异议,应在提发前提出,并确认该单位于卸货时确认,否则将视为单数交货。4.托人须严按公司要求的付款时间付款及结清货物费用,托运人逾期不按付支付费用,按收5%滞纳费金,并且委托人有权采取任何措施收回货款。5.客户应及时,准确提供书面资料,如无具体要求,一律按可分批允运。出差别,预付不清,参预付允清,托运人承担由此产生的一切损失。

CONSIGNOR'S DETAIL委托人资料

CONSIGNOR'S NAME &ADDERSS (公司名称及地址)	Germany Ernst Trading Co., Ltd. Jureckova Street 12, 80331 Munich, Germany	INSTRUCTION BY: (经手人) SIGNED & CHOPPED: 签字及盖章	Franklin

三、实训演示

登录"商务单证教学系统"平台，点击进入老师分配的课程，按照以下步骤进行缮制国际货物海运委托书。

第一步：进入课程后在题目列表界面，选择"运输及保险单据"（如图7-1所示）。

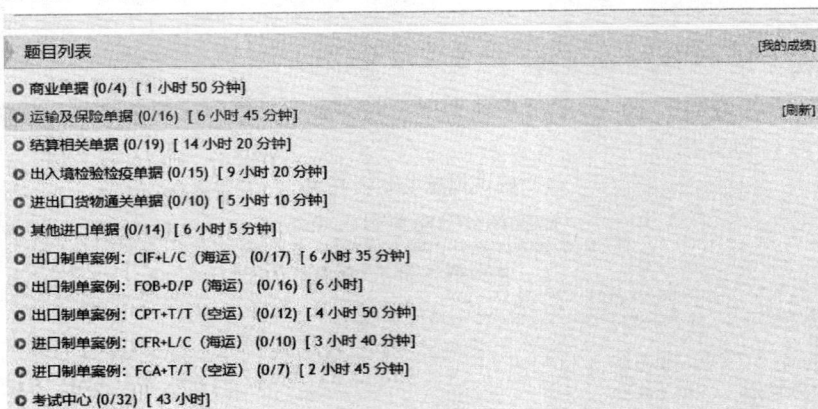

图7-1　题目列表

第二步：在"运输及保险单据"菜单中，选择老师布置的"国际海运货物委托书"题目（如图7-2所示），点击右边箭头进入题目界面（如图7-3所示）。

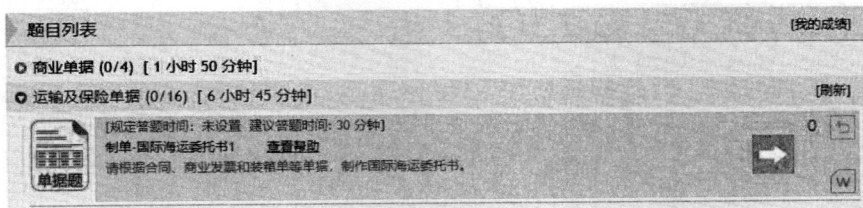

图7-2　选择练习题目

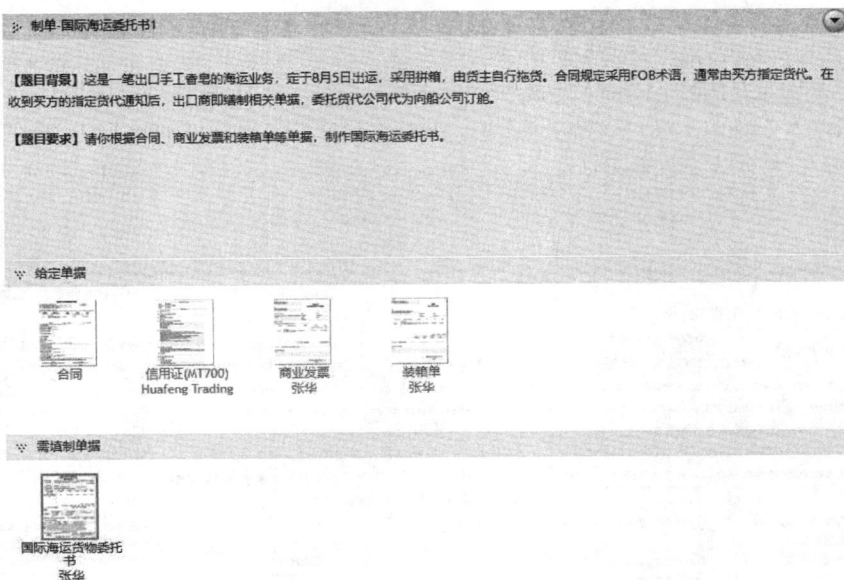

图7-3　制单题目

第三步：根据题目要求及给定参考单据，点击国际海运货物委托书右上角的按钮，打开并进行填写（如图7-4所示）。

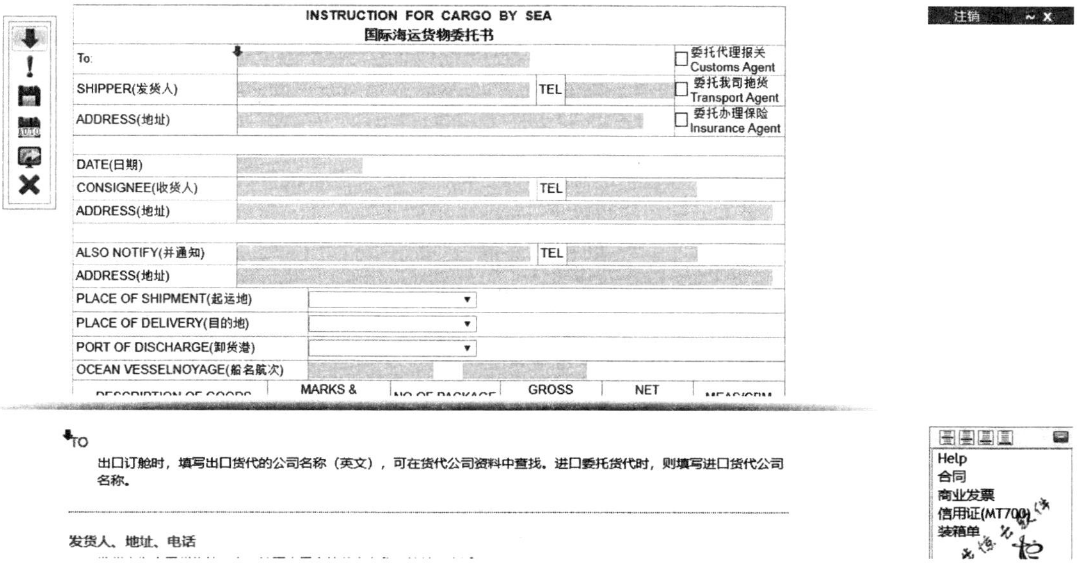

图 7-4　制单填写

<h1>第二节　海运提单</h1>
<h2>Bill of Lading</h2>

一、提单的定义和作用

提单是用以证明海上货物运输合同和货物已由承运人接收或装船，以及承运人保证据以交付货物的单证。根据提单中载明的向记名人交付货物，或者按照指示人的指示交付货物，或者向提单持有人交付货物的条款，构成承运人据以交付货物的保证。

在国际货物运输中，提单是最具特色、最完整的运输单据。在国际贸易中，提单是一种有价证券，同时代表物权和债权。在各国有关运输法律中，提单都被认定是一份非常重要的法律文件，提单上权利的实现必须以交还提单为要件。

提单的作用主要表现在：

（1）提单是海上货物运输合同的证明（evidence of the contract of carriage）；

（2）提单是货物已由承运人接收或装船的收货证据（evidence of receipt for the cargo）；

（3）提单是承运人保证凭以交付货物的物权凭证（documents of title）。

二、提单的种类

常见的提单分类方法、提单种类和英文名称，见表7-3。

三、提单的内容

提单一般有正反两面内容。正面载有的主要内容有：船名、航次、提单号、承运人名称、托运人名称、收货人名称、通知人名称、装运港、卸货港、转运港、货物名称、标志、包装、件数、重量、体积、运费、提单签发日、提单签发地点、提单签发份数、承运人或船长或其授权人的签字或盖章等。提单的这些内容，在缮制提单中详细介绍。

表7-3　　　　　　　　　　　　　　　　　　提单种类

分类方法	提单种类	英文名称
按表现形式分类	纸质提单	Bill of Lading, B/L
	电子报文提单	Electronics Bill of Lading
按货物是否已装船分类	已装船提单	On Board B/L
	收货待运提单	Received for Shipment B/L
对货物外包装状况分类	清洁提单	Clean B/L
	不清洁提单	Unclean B/L
按提单收货人分类	记名提单	Straight B/L
	不记名提单	Open B/L
	空白抬头提单	Blank B/L
	提示提单	Order B/L
按不同运输方式分类	直达提单	Direct B/L
	转船提单	Transhipment B/L
	多式联运提单	Combined Transport B/L
按提单签发人不同分类	承运人提单	Master B/L
	无船承运人提单	NVOCC B/L
	货代提单	House B/L
按提单签发时间不同分类	预借提单	Advanced B/L
	倒签提单	Anti date B/L
	顺签提单	Post date B/L

在提单的正面和背面还分别印有承运人条款。通常这些条款是根据国际公约、各国法律和承运人规则而印制的，对于托运人和承运人双方都有约束。不同的提单印制不同的条款，但基本条款相似，主要有：

1. 提单正面的确认条款

"Received in apparent good order and condition except as otherwise noted the total number of containers or other packages or unites enumerated below for transportation from the place of receipt to the place of delivery subject to the terms and conditions hereof."

上述条款的意思是：承运人在货物或集装箱外表状况良好的条件下接受货物或集装箱，并同意承担按照提单所列条款，将货物或集装箱从起运地运往交货地，把货物交付给收货人。

2. 提单背面的不知条款

"Weight, measure, marks, numbers, quality, contents and value of mentioned in this bill of lading are to considered unknown unless the contrary has expressly acknowledged and agreed to. The signing of this Bill of Lading is not to be considered as such an agreement."

上述条款的意思是：承运人没有适当的方法对接受的货物或集装箱进行检查，所有货物的重量、尺码、标志、数量、品质和货物价值等都由托运人提供，对此，承运人并不知晓。

3. 提单正面的承诺条款

"On presentation of this Bill of Lading duly endorsed to the Carrier by or on behalf of the Holder of Bill of Lading, the rights and liabilities arising in accordance with the terms and conditions hereof shall, without prejudice to any rule of common law or stature rendering them of the Bill of Lading as though the contract evidenced hereby had been made between them."

上述条款的意思是：经承运人签发的提单是有效的，承运人承诺按照提单条款的规定，承担义务和享受权利，公平地也要求货主承诺接受提单条款规定，承担义务和享受权利。

4. 提单正面的签署条款

"One original Bill of Lading must be surrendered duly endorsed in exchange for the goods or delivery order. In witness whereof the number of original Bill of Lading stated under have been signed, all of this tenor and date, one of which being accomplished, the other to stand void."

上述条款的意思是：承运人签发的正本提单份数，具有相同法律效力，提取货物时必须交出经背书的一份正本提单，其中一份完成提货后，其余各份自行失效。

5. 提单背面的承运人赔偿责任条款

承运人责任限制是用以明确承运人对货物的灭失和损坏负有赔偿责任应支付赔偿金时，承运人对每一件货物或每单位货物支付最高赔偿金额的条款。

此外，提单正面还印有单据名称、承运人名称和地址，或代理人名称和地址。提单背面还有许多其他条款，如承运人的运价本条款、通知与支付条款、承运人的集装箱条款、托运人的集装箱条款、索赔通知与时效条款、运费与附加费条款、共同海损与救助条款、管辖权条款和新杰森条款等。

海运提单样单，见表7-4。

四、提单的主要栏目与缮制规范

1. 托运人（Shipper）

与海运托运单相应栏目填法相同，若信用证没有特别规定可以是任何人。

2. 收货人（Consignee）

（1）如果提单的"收货人"一栏只填写"to order"，则称为托运人指示提单。记载"to order of shipper"与记载"to order"一样，也是托运人指示提单。在托运人未指定收货人或受让人以前，货物仍然属于托运人。

（2）如果提单的"收货人"一栏填写"to order of ×××"，则称为记名指示提单。在这种情况下，由记名的指示人指定收货人或受让人。记名的指示人可以是银行，也可以是贸易商。

3. 通知人（Notify party）

几乎所有的提单上都有通知人这一项，但在记名提单上就没有必要再填写通知人了。这时可以填写"same as consignee"。

表7-4　　　　　　　　　　　海运提单

1. Shipper Insert Name, Address and Phone Golden Sun International Trading Co., Ltd. NO.4400 West National Ave.Milwaukee, WI 53214. U.S.A.			B/L No. COBL0000137		
2. Consignee Insert Name, Address and Phone Germany Bayern Trading Co., Ltd. Thuringer Str. 3080, 89444 Coburg, Bayern, Germany			正利航运有限公司 Cheng Li Shipping Company, Ltd. TEL:001 213 210 7721 FAX:001 213 210 7721 ORIGINAL Port-to-Port or Combined Transport		
3. Notify Party Insert Name, Address and Phone (It is agreed that no responsibility shall attach to the Carrier or his agents for failure to notify) Germany Bayern Trading Co., Ltd. Thuringer Str. 3080, 89444 Coburg, Bayern, Germany			**BILL OF LADING** RECEIVED in external apparent good order and condition except as other-Wise noted. The toTAL number of packages or unites stuffed in the container,The description of the goods and the weights shown in this Bill of Lading are Furnished by the Merchants, and which the carrier has no reasonable means Of checking and is not a part of this Bill of Lading contract. The carrier has Issued the number of Bills of Lading stated below, all of this tenor and date, One of the original Bills of Lading must be surrendered and endorsed or sig-Ned against the delivery of the shipment and whereupon any other original Bills of Lading shall be void. The Merchants agree to be bound by the terms And conditions of this Bill of Lading as if each had personally signed this Bill of Lading. SEE clause 4 on the back of this Bill of Lading (Terms continued on the back Hereof, please read carefully). *Applicable Only When Document Used as a Combined Transport Bill of Lading.		
4. Combined Transport* Pre – carriage by	5. Combined Transport* Place of Receipt				
6. Ocean Vessel Voy. No. PAPHOS　　　1225N	7. Port of Loading New York,America				
8. Port of Discharge Hamburg,Germany	9. Combined Transport* Place of Delivery				

Marks & Nos. Container / Seal No.	No. of Containers or Packages		Description of Goods (If Dangerous Goods, See Clause 20)	Gross Weight Kgs	Measurement
N/M Container: 20' CONTAINER X 1	1222	CARTONS	Basketball 1222CARTONS; FREIGHT COLLECT	7087.60 KGS	32.9940　CBM
			Description of Contents for Shipper's Use Only (Not part of This B/L Contract)		
10. Total Number of containers and/or packages (in words) Subject to Clause 7 Limitation			ONE THOUSAND TWO HUNDRED AND TWENTY TWO CARTONS		

11. Freight & Charges	Revenue Tons	Rate	Per	Prepaid	Collect
Declared Value Charge					

Ex. Rate:	Prepaid at		Payable at	Place and date of issue America 2013-10-24	
	Total Prepaid		No. of Original B(s)L	Signed for the Carrier, Cheng Li Shipping Company, Ltd.	

LADEN ON BOARD THE VESSEL

DATE　　　　　　　BY

（1）通知人有时还作为预定收货人、第二收货人或代理人。

（2）通知人必须与信用证规定的完全一致。如信用证没规定，此栏可不填，即使已经填写了内容，银行可以接受但不必进行审核。

4. 收货地（Place of receipt）

此栏填报实际收货地点，如工厂、仓库等。在一般海运提单中，没有此栏目，但在多式联运提单中有此栏目。

5. 装运港（Port of loading）

必须与信用证规定的装运港一致。

（1）根据 UCP600，通过预先印就的文字，或已装船批注注明货物的装运日期表明货物已在信用证规定的装运港装上具名船只，银行可以接受。

（2）根据 UCP600，如果提单没有表明信用证规定的装运港为装运港，或者载有"预期的"或类似的关于装运港的限定语，则需以已装船批注表明信用证规定的装运港、发运日期以及实际船名。即使提单以事先印就的文字表明了货物已装载或装运于具名船只，本规定仍适用。

6. 船名（Name of the vessel）

（1）若是已装船提单，此栏注明船名和航次。若是收货待运提单，在货物实际装船完毕后再填写船名。

（2）根据 UCP600，如果提单没有表明信用证规定的装运港为装运港，或者载有"预期的"或类似的关于装运港的限定语，则需以已装船批注表明信用证规定的装运港、发运日期以及实际船名。即使提单以事先印就的文字表明了货物已装载或装运于具名船只，本规定仍适用。

（3）此栏必须填写船名和航次（Voy. No.），如没有航次，允许航次空白。

7. 转运港（Port of transshipment）

就提单而言，转运系指在信用证规定的装运港到卸货港之间的运输过程中，将货物从一船卸下并再装上另一船的行为。发生转运时，填写转运港名称，必要时加注所在国家名称。

（1）根据 UCP600，提单可以表明货物将要或可能被转运，只要全程运输由同一提单涵盖。

（2）即使信用证禁止转运，注明将要或可能发生转运的提单，银行仍可接受，只要其表明货物由集装箱（container）、拖车（trailer）或子船（LASH barge）运输。

（3）提单中声明承运人保留转运权利的条款将被银行不予理会。

8. 卸货港（Port of discharge）

在信用证结汇方式下，提单须表明货物从信用证规定的装运港发运至卸货港。若信用证没有特别规定可以是任何人。

9. 交付地（Place of delivery）

根据实际情况填写交货地名称。如果收货地与交货地都是空白，就是海运提单，而不是多式联运提单。

10. 签发的提单份数（Number of original B/Ls）

（1）根据 UCP600，信用证规定的每一种单据须至少提交一份正本。银行应将任何带有看似出单人的原始签名、标记、印戳或标签的单据视为正本单据（original），除非单据本身表明其非正本。

（2）如果信用证要求提交单据的副本，提交正本或副本均可。

（3）提单为唯一的正本提单，或如果以多份正本出具，提单中须表明全套正本的份数。

11. 提单号（B/L No.）

提单号一般按装货单上的报关单号填写在提单规定的此栏内。

12. 标记与号码，箱号与封号（Marks & Nos，Container/Seal No.）

（1）提单上的标记、号码应与信用证和其他单据中的唛头一致。若没有唛头，用"N/M"表示，不得空白。

（2）托运时，一般箱号、封号可以不填，但在提单上必须填报每一个集装箱的箱号、封号。

13. 箱数与件数（No. of packages or shipping units）

一般提单上的箱数或件数不允许作任何更改，也不允许盖更正章。一旦发生赔偿，此箱数或件数是计赔的一个计量数，即赔偿金额=件数×赔偿费率。

14. 货物名称与包装种类（Description of goods）

与海运托运单相应栏目的填法相同。

15. 毛重（Gross Weight）

当货物没有毛重只有净重时，可以在毛重栏目内显示净重"NW×KGS"，不允许空白。

16. 体积（Measurement）

一般以立方米（CBM）为计量单位。

17. 总箱数/货物总件数（Total number of container and/or packages in words）

用英文大写字母填写集装箱的总箱数或货物的总件数。

18. 运杂费用（Freight & Charges）

此栏目是必填内容，其内容主要是为了明确运费由买卖双方谁承担的问题。有两种填法：

（1）在 FOB、FCA、FAS 等贸易术语下，填写"Freight Collect"，则运费由买方支付；

（2）在 CFR、CIF、CPT 和 CIP 等贸易术语下，填写"Freight Prepaid"，则运费由卖方支付。

19. 计费吨位（Revenue Tons）

海运货物的计费吨位通常有两种：

（1）重量吨（Weight Ton），适用于重货（1公吨货物的体积小于1立方米），一个计费吨为"1公吨"（M/T）；

（2）尺码吨（Measurement Ton），适用于轻泡货（1立方米货物重量小于1公吨），一个计费吨为"1立方米"（CBM）。

20. 货物价值申报（Excess Value Declaration）

如果托运人有货物价值向承运人申报，可填写在此栏内。如果不需要对货物价值进行申报，此栏为空白。

21. 运费费率（Rate）

运费费率即运费单价，指的是在"计费吨"的条件下，每一计费吨的计收运费为多少。

22. 费率的计量单位（Per）

费率的计量单位有很多，如公吨、立方米、集装箱个数和货物价值（从价）等。

23. 预付运费金额（Prepaid）

此栏内容有两层含义：一是此笔运费由卖方支付；二是需支付的运费金额。通常情况下，此栏不显示运杂费用金额。

24. 到付运费金额（Collect）

此栏内容有两层含义：一是此笔运费由买方支付；二是需支付的运费金额。通常情况下，此栏不显示运杂费用金额。

25. 外汇汇率（Ex. Rate）

Ex. 即外汇（Foreign Exchange）。这里假设承运人与托运人约定运费以美元计价和支付，而托运人实际用人民币支付这笔运费，这样就需要标明人民币兑美元的汇率。

26. 预付运费的地点（Prepaid at）

此栏一般是指提单签发所在地，即卖方需要把运费支付到承运人或其代理签发提单所在地的指定银行账户里。

27. 到付运费的地点（Payable at）

此栏一般是指货物运输的目的港所在地，即买方需要把运费支付到承运人或其代理在目的港所在地的指定银行账户里。

以上 20-27 栏，在一般的提单格式中都极少填写内容。主要原因在于：一是有些数额事先没有办法固定下来，它们都需要随行就市；二是这些具体数额通常都是保密的，承运人和卖方不愿意让局外人知道。

28. 已装船批注、装船日期、装运日期（Shipped on board the vessel date，Signature）

根据 UCP600，通过以下两种方式表明货物已在信用证规定的装运港装上具名船只：

（1）提单上预先印制"已装船"文字或相同意思。如"Shipped on board the vessel named here in apparent good order and condition"或"Shipped in apparent good order and condition"这种提单通常被称为"已装船提单"，不必另行加注"已装船"批注，提单的出具日期就是发运日期，除非提单载有表明发运日期的已装船批注，此时已装船批注中显示的日期将被视为发运日期。

（2）如果提单载有"预期船只"或类似的关于船名的限定语，则需以已装船批注明确发运日期以及实际船名。通常这种提单被称为"收妥备运提单"，提单上加注"已装船（On board）"批注旁边显示的是装船日期，即发运日期，而提单的出具日期不能被视作发运日期。

29. 签发的提单日期和地点（Place and date of issue）

（1）签发地点一般是装运港的所在地，如与该地不一致，银行也可以接受。

（2）每张提单必须有签发日期。

30. 承运人或承运人代理人签字、盖章（Sign or authenticate）

根据 UCP600，提单无论名称如何，须表明承运人名称并由下列人员签署和证实：

（1）承运人或其具名代理人。

（2）船长或其具名代理人。

（3）承运人、船长或代理人的任何签字必须标明其承运人、船长或代理人的身份。

（4）代理人的任何签字必须标明其系代表承运人还是船长签字（见表 7-5）。

表7-5   **常见提单签发人和表示方法**

签发人	表示方法	备注
由承运人或其具名代理人	××× as carrier	承运人、船长或代理人的任何签字必须标明其身份
	as agent for or on behalf of the carrier	
由船长或其具名代理人	××× as master	代理人签字必须标明其系代表承运人还是船长签字
	As agent for or on behalf of the master	

31. 单据名称（Title）

根据UCP600，提单，无论名称如何，表明承运人名称并由承运人、船长或其具名代理人签署的，表明货物已在信用证规定的装运港装上具名船只，并从信用证规定的装运港发运至卸货港的运输单据，都被银行接受。

五、实训演示

登录"商务单证教学系统"平台，点击进入老师分配的课程，按照以下步骤进行缮制海运提单。

第一步：进入课程后在题目列表界面，选择"运输及保险单据"（如图7-5所示）。

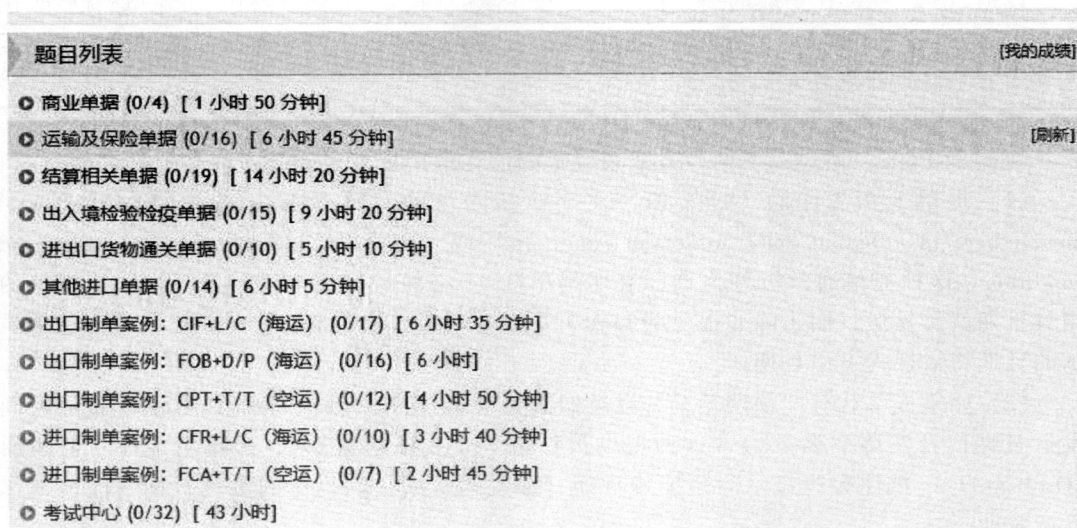

图7-5 题目列表

第二步：在"运输及保险单据"菜单中，选择老师布置的"海运提单"题目（如图7-6所示），点击右边箭头进入题目界面（如图7-7所示）。

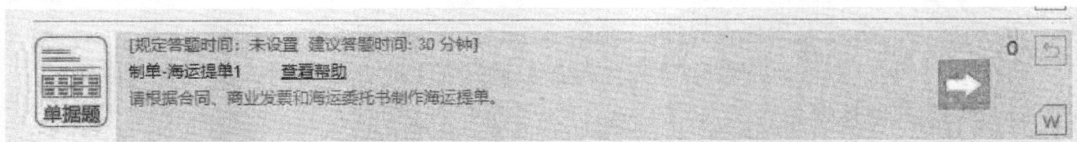

图7-6 选择练习题目

第三步：根据题目要求及给定参考单据，点击海运提单右上角的按钮，打开并进行填写（如图7-8所示）。

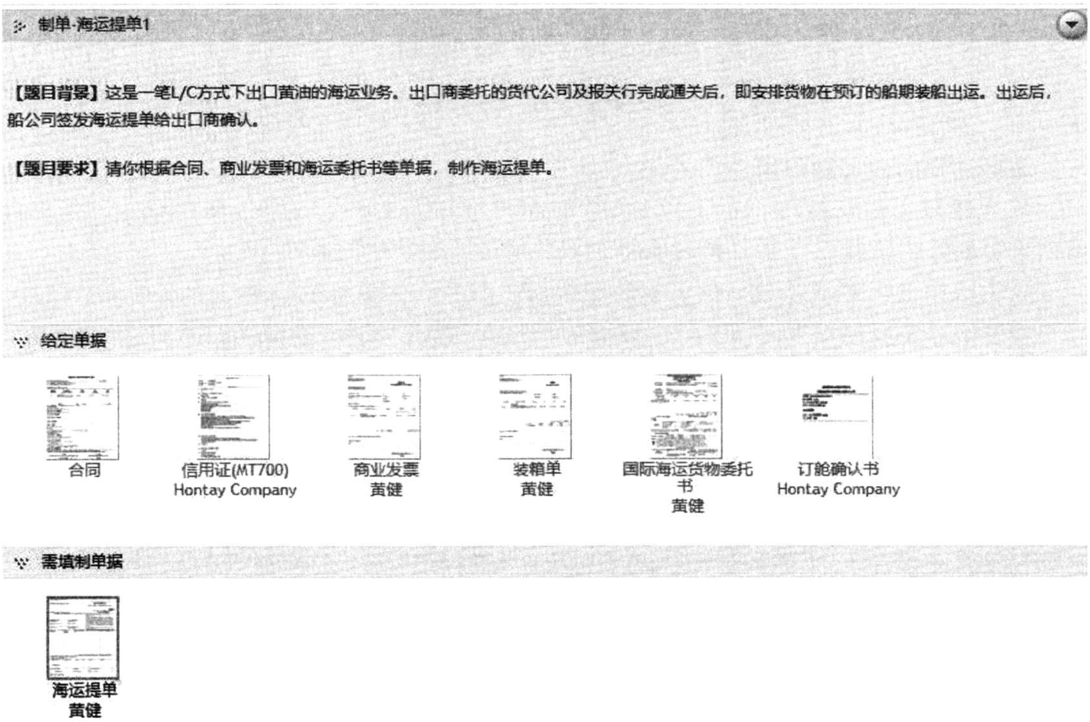

制单·海运提单1

【题目背景】这是一笔L/C方式下出口黄油的海运业务。出口商委托的货代公司及报关行完成通关后，即安排货物在预订的船期装船出运。出运后，船公司签发海运提单给出口商确认。

【题目要求】请你根据合同、商业发票和海运委托书等单据，制作海运提单。

给定单据

合同　　信用证(MT700) Hontay Company　　商业发票 黄健　　装箱单 黄健　　国际海运货物委托书 黄健　　订舱确认书 Hontay Company

需填制单据

海运提单 黄健

图7-7　制单题目

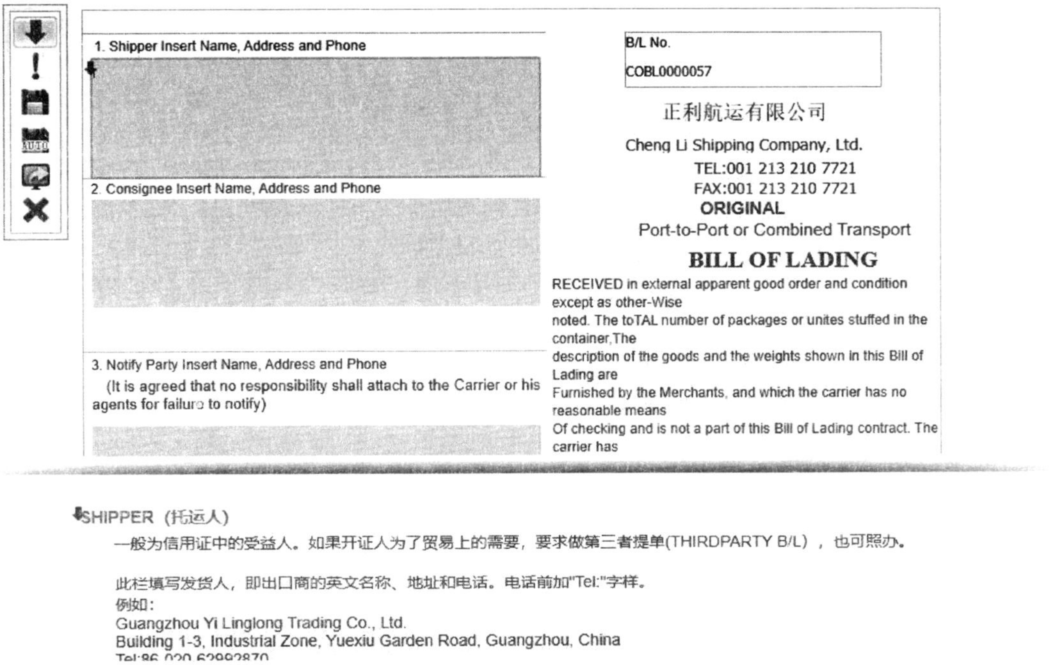

SHIPPER（托运人）

　　一般为信用证中的受益人。如果开证人为了贸易上的需要，要求做第三者提单(THIRDPARTY B/L)，也可照办。

　　此栏填写发货人，即出口商的英文名称、地址和电话。电话前加"Tel:"字样。

　　例如：
　　Guangzhou Yi Linglong Trading Co., Ltd.
　　Building 1-3, Industrial Zone, Yuexiu Garden Road, Guangzhou, China
　　Tel:86 020 62992870

图7-8　制单填写

第三节　装运通知
Shipping Advice

一、装运通知的含义和作用

装运通知（Shipping Advice）又称 Declaration of shipment 或 Notice of shipment，系出口商向进口商发出货物已于某月某日或将于某月某日装运某船的通知。

装运通知的内容通常包括货名、装运数量、船名、装船日期、契约或信用证号码等。这项通知，大多以电报方式为之，但也有用航邮方式的。装运通知的作用在于方便买方投立保险、准备提货手续或转售；出口商作此项通知时，有时会附上或另行寄上货运单据副本，以便进口商明了装货内容。若碰到货运单据正本迟到的情况，仍可及时办理担保提货（Delivery against letter of guarantee）。

装运通知样单，见表7-6。

二、装运通知的主要栏目与缮制规范

1. 进口商信息

填写进口商公司名称及地址（英文），可参考"合同"中"买方（Buyer）"信息填写。

2. 发票编号

填写商业发票编号，可在"商业发票"中查找。

3. 通知日期

按照当前日期填写。

4. 信用证编号

信用证（L/C）方式下需填写，可参考"信用证"中相关内容；非信用证方式下不填。

5. 合同号

填写合同编号。

6. 海运提单/航空运单编号

海运方式下，填写海运提单编号；空运方式下，填写航空运单编号。

7. 船名/航班号

海运方式下，填写船名；空运方式下，填写航班号。

8. 航次

海运方式下，填写航次；空运方式下，不填。

9. 装运港

装运港，根据"合同"中相关内容填写，如"Shanghai, China"。

10. 目的港

目的港，根据"合同"中相关内容填写，如"Hamburg, Germany"。

11. 装运日期

根据"订舱确认书"中相关内容填写。

12. 预计到达日期

填写预计的到达日期，应大于等于装运日期。

表 7-6   装运通知

NANJING PENGFEI GARMENT CO., LTD.

NUOYA MANSION RM118 NO.85 GUANJIAQIAO,
NANJING 210005, CHINA

SHIPPING ADVICE

TO:

ISSUE DATE: _____

OUR REF. DATE: _____

Dear Sir or Madam:

We are Please to Advice you that the following mentioned goods has been shipped out, Full details were shown as follows:

Invoice Number:

Bill of loading Number:

Ocean Vessel:

Port of Loading:

Date of shipment:

Port of Destination:

Estimated date of arrival:

Containers/Seals Number:

Description of goods:

Shipping Marks:

Quantity:

Gross Weight:

Net Weight:

Total Value:

Thank you for your patronage. We look forward to the pleasure of receiving your valuable repeat orders.

Sincerely yours,

13. 货物描述

填写商品名称（英文），如有多种货物，以分号隔开。可参考"合同"中相关内容填写。

14. 包装及数量

填写货物的总包装件数，数量和单位要分开填写。注意：包装数量大于1时，包装单位要加复数"S"。

15. 货价

货物总价，根据"合同"中相关内容填写。注意币别和金额要分开填写，如"USD 92 240"。

16. 出口商名称

填写出口商公司英文名称。

三、实训演示

登录"商务单证教学系统"平台，点击进入老师分配的课程，按照以下步骤进行缮制装运通知。

第一步：进入课程后在题目列表界面，选择"运输及保险单据"（如图7-9所示）。

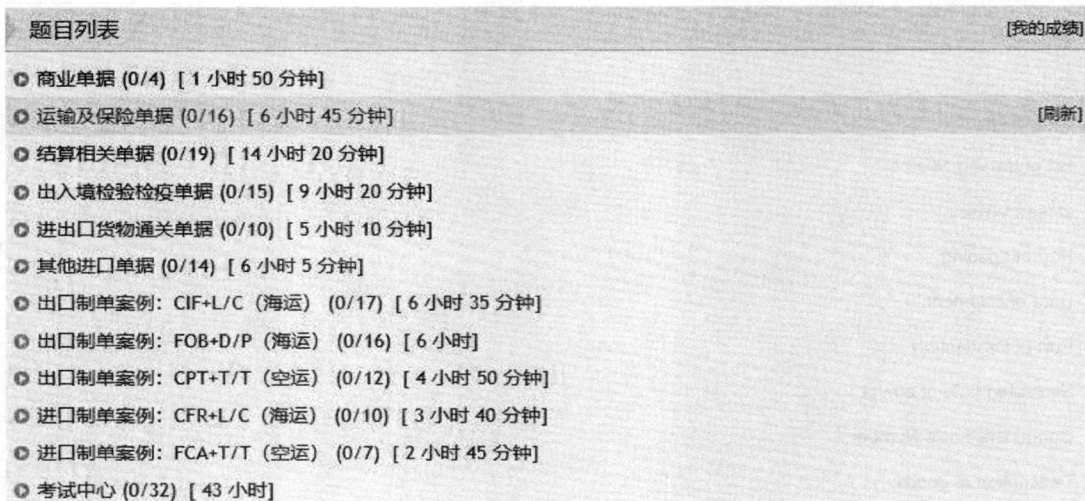

题目列表	[我的成绩]
◎ 商业单据 (0/4) [1 小时 50 分钟]	
◎ 运输及保险单据 (0/16) [6 小时 45 分钟]	[刷新]
◎ 结算相关单据 (0/19) [14 小时 20 分钟]	
◎ 出入境检验检疫单据 (0/15) [9 小时 20 分钟]	
◎ 进出口货物通关单据 (0/10) [5 小时 10 分钟]	
◎ 其他进口单据 (0/14) [6 小时 5 分钟]	
◎ 出口制单案例：CIF+L/C（海运）(0/17) [6 小时 35 分钟]	
◎ 出口制单案例：FOB+D/P（海运）(0/16) [6 小时]	
◎ 出口制单案例：CPT+T/T（空运）(0/12) [4 小时 50 分钟]	
◎ 进口制单案例：CFR+L/C（海运）(0/10) [3 小时 40 分钟]	
◎ 进口制单案例：FCA+T/T（空运）(0/7) [2 小时 45 分钟]	
◎ 考试中心 (0/32) [43 小时]	

图7-9　题目列表

第二步：在"运输及保险单据"菜单中，选择老师布置的"装运通知"题目（如图7-10所示），点击右边箭头进入题目界面（如图7-11所示）。

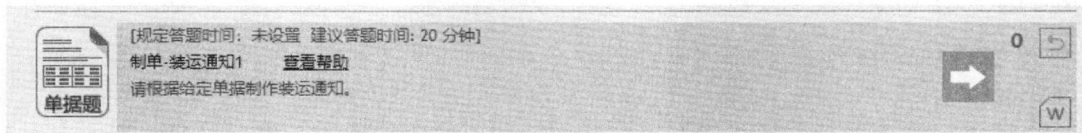

[规定答题时间：未设置　建议答题时间：20 分钟]
制单-装运通知1　　查看帮助
请根据给定单据制作装运通知。

图7-10　选择练习题目

第三步：根据题目要求及给定参考单据，点击装运通知右上角的按钮，打开并进行填写（如图7-12所示）。

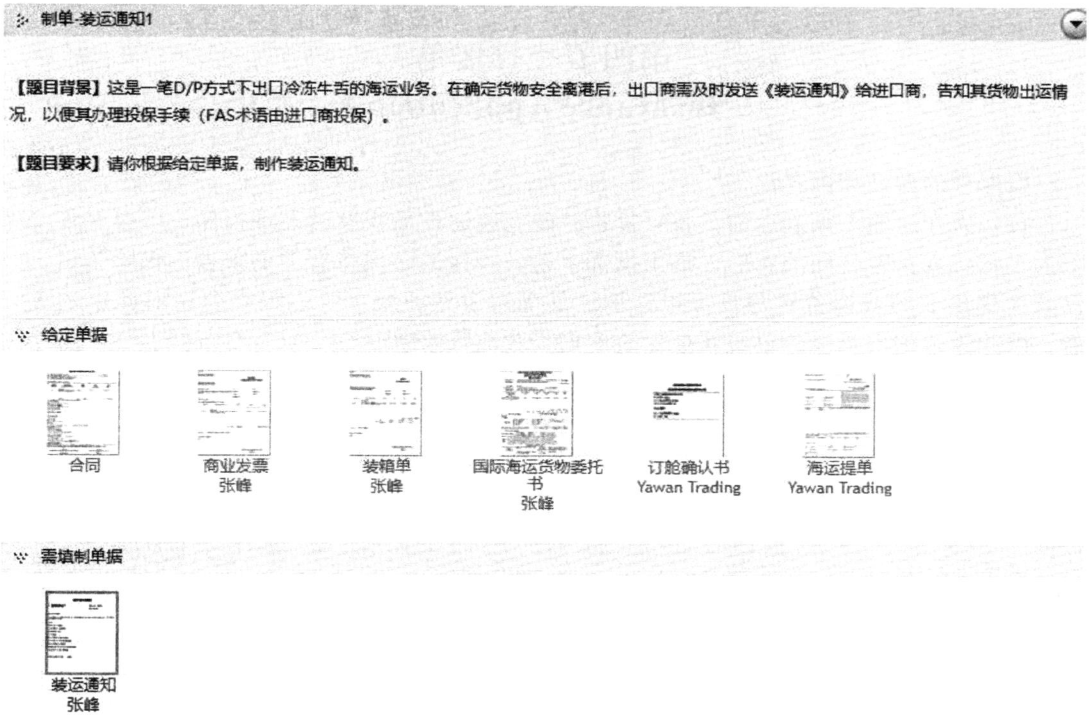

制单-装运通知1

【题目背景】这是一笔D/P方式下出口冷冻牛舌的海运业务。在确定货物安全离港后，出口商需及时发送《装运通知》给进口商，告知其货物出运情况，以便其办理投保手续（FAS术语由进口商投保）。

【题目要求】请你根据给定单据，制作装运通知。

给定单据

合同	商业发票 张峰	装箱单 张峰	国际海运货物委托书 张峰	订舱确认书 Yawan Trading	海运提单 Yawan Trading

需填制单据

装运通知 张峰

图 7-11　制单题目

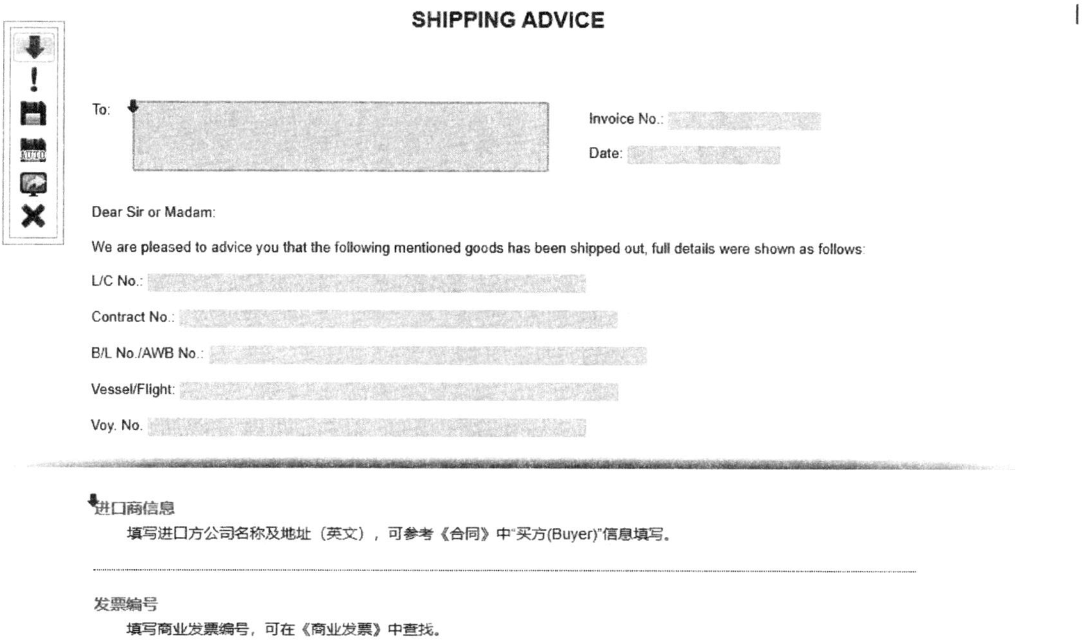

SHIPPING ADVICE

To:　　　　　　　　　　　　　　　　　Invoice No.:

　　　　　　　　　　　　　　　　　　　Date:

Dear Sir or Madam:

We are pleased to advice you that the following mentioned goods has been shipped out, full details were shown as follows:

L/C No.:

Contract No.:

B/L No./AWB No.:

Vessel/Flight:

Voy. No.

进口商信息
　　填写进口方公司名称及地址（英文），可参考《合同》中"买方(Buyer)"信息填写。

发票编号
　　填写商业发票编号，可在《商业发票》中查找。

图 7-12　制单填写

第四节　投保单
Insurance Application

一、投保单的含义和内容

投保人在运输工具起运前，备妥货物并确定装运日后应及时办理投保，即投保人向保险人表示订立保险合同的意愿，提出投保申请。投保人必须将有关要求告诉保险公司，向保险人提出要约或询价填写投保申请单，并随附发票或提单等。保险公司对此审核无误后，以此为依据出具保险单或其他保险单据，收取保险费。

投保申请单（简称投保单）一般是保险人根据不同险种事先设计内容格式，由投保人在投保时填写，投保人应根据贸易、运输、货物的实际情况（如采用信用证方式，还需按来证要求），明确写出需投保的险别，提出相关的保险要求，并告之货物及装运情况，投保单所写明的事实内容，是保险人据此作为风险衡量、保费计费、合同订立（出保单）的依据。

各企业的投保申请格式不完全一致，但无论哪种格式，都包括以下这些主要内容：

（1）投保人名称；

（2）发票号码和标记；

（3）包装及数量（件数）；

（4）货物名称；

（5）保险金额；

（6）运输工具；

（7）开航日期；

（8）赔付地及币制；

（9）运输路程；

（10）承保险别；

（11）投保单位签章和投保日期。

这些内容的缮制类似于保险单，参见后文重点分析保险单的缮制部分。

投保单样单，见表7-7。

二、实训演示

登录"商务单证教学系统软件"平台，点击进入老师分配的课程，按照以下步骤进行缮制投保单。

第一步：进入课程后在题目列表界面，选择"运输及保险单据"（如图7-13所示）。

第二步：在"运输及保险单据"菜单中，选择老师布置的"投保单"题目（如图7-14所示），点击右边箭头进入题目界面（如图7-15所示）。

第三步：根据题目要求及给定参考单据，点击投保单右上角的按钮，打开单据进行填写（如图7-16所示）。

表7-7   投保单

货 物 运 输 险 投 保 单

APPLICATION FOR CARGO TRANSPORTATION INSURANCE

投保单号：＿＿＿＿＿＿＿＿＿

注意：请您在保险人明确说明本投保单及适用保险条款后，如实填写本投保单，您所填写的材料将构成签订保险合同的要约，成为保险人核保并签发保险单的依据。除双方另有约定外，保险人签发保险单且投保人向保险人缴清保险费后，保险人开始按约定的险种承保货物运输保险。

投 保 人 Applicant	Germany Telink Trading Co., Ltd.				
投保人地址 Applicant's Add	Brunnenpark 36, D-68789 Frankfurt, Germany			邮编 Code	68789
联系人 Contact	Armand	电 话 Tel.	0049-6806920285	电子邮箱 E-mail	
被保险人 Insured	Germany Telink Trading Co., Ltd.			电 话 Tel.	0082-888
贸易合同号 Contract No.	CT0000204	信用证号 L/C No.		发票号 Invoice No.	IV0000204

标 记 Marks & Nos.	包装及数量 Packing & quantity		保险货物项目 Description of goods
N/M	527	箱	Mountaineering Boots

装载运输工具：
Name of the Carrier　BLUE PEAK

起运日期： Departure Date　As Per B/L	赔付地点： Claims Payable At　Busan,Korea

航行路线：自 Route　From	Hamburg,Germany	经 Via		到达（目的地） To(destination)	Busan,Korea

包装方式：
运输方式：

承保条件　　投保人可根据投保意向选择投保险别及条款，并划 √ 确认，但保险人承保的险别及适用条款以保险人最终确定并在保险单上列明的险种、条款为准。
Conditions：

进出口海洋运输：☐一切险　　☐水渍险　　☐平安险　　（《海洋运输货物保险条款》）
　　　　　　　　☑ICC(A)　　☐ICC(B)　　☐ICC(C)　　（《伦敦协会条款》）

进出口航空运输：☐航空运输险　　☐航空运输一切险　　（《航空运输货物保险条款》）

进出口陆上运输：☐陆运险　　☐陆运一切险　　（《陆上运输货物保险条款 》）

特殊附加险：☑战争险　　☐罢工险

特别约定Special Conditions：

1、加成 Value Plus About	110	%			
2、CIF金额 CIF value	USD	257 540.00	3、保险金额 Insured Value	USD	283 294.00
4、费率（‰）Rate	8.80		5、保险费 Premium	EUR	1 890.20

投保人声明：
1. 本人填写本投保单之前，保险人已经就本投保单及适用的保险条款的内容，尤其是关于保险人免除责任的条款及投保人和被保险人义务条款向本人作了明确说明，本人对该保险条款及保险条件已完全了解，并同意接受保险条款的约束。
2. 本投保单所填各项内容均属事实，同意以本投保单作为保险人签发保险单的依据。
3. 保险合同自保险单签发之日起成立。

投保人签字（盖章）　　　Germany Telink Trading Co., Ltd.　　　　　　　　　日期　　2013-10-30

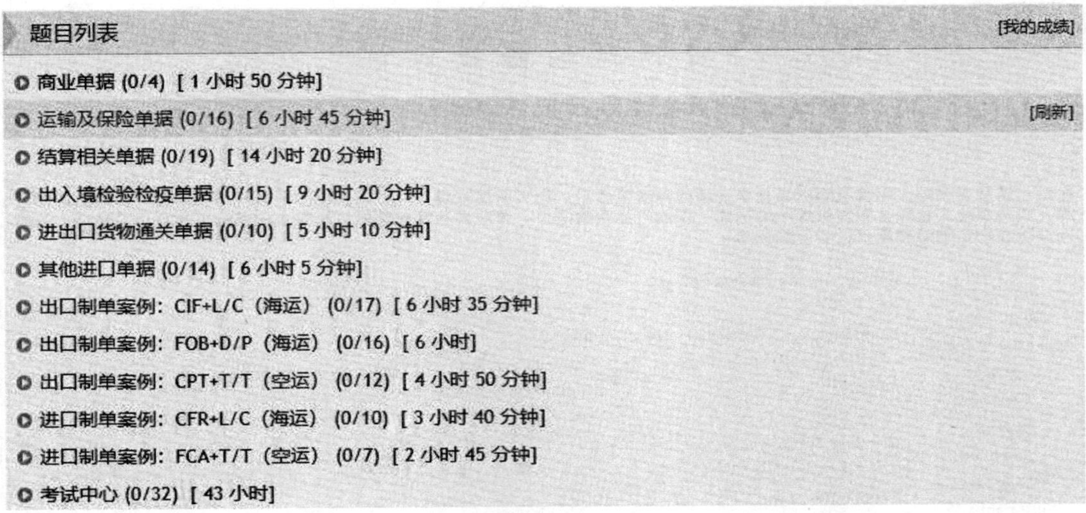

图 7-13　题目列表

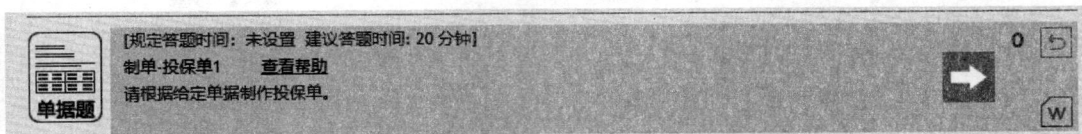

图 7-14　选择练习题目

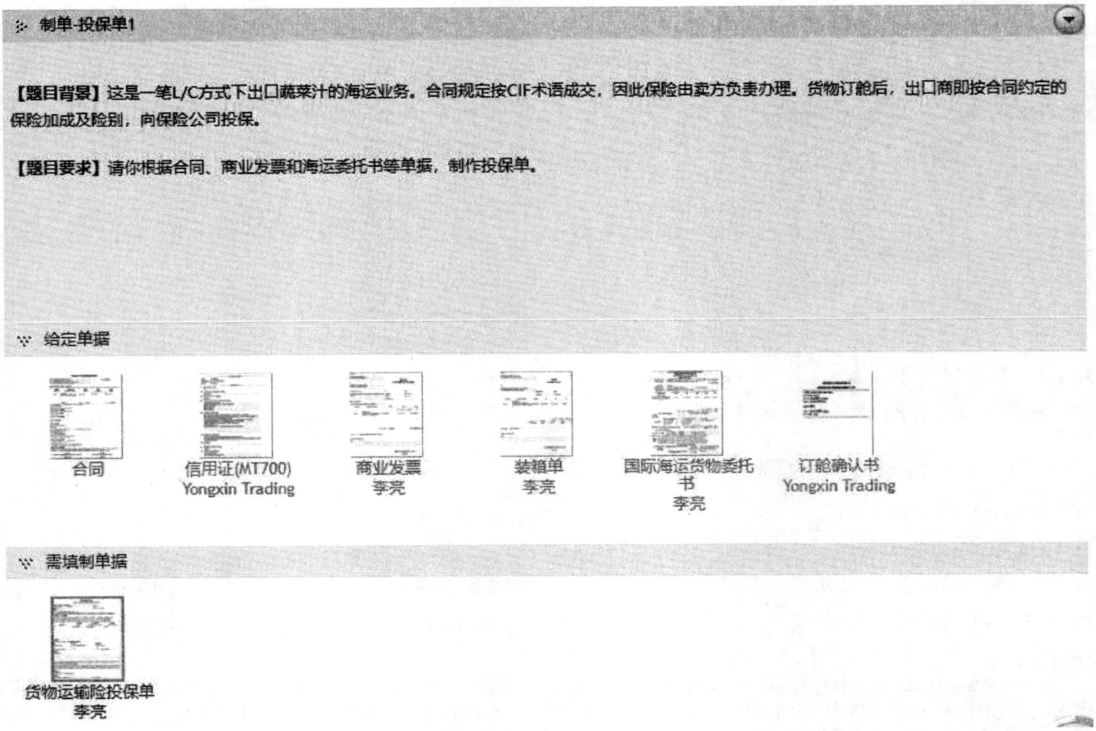

图 7-15　制单题目

货物运输险投保单
APPLICATION FOR CARGO TRANSPORTATION INSURANCE

投保单号 No: TI0000014

注意：请您在保险人明确说明本投保单及适用保险条款后，如实填写本投保单，您所填写的材料将构成签订保险合同的要约，成为保险人核保并签发保险单的依据。除双方另有约定外，保险人签发保险单且投保人向保险人缴清保险费后，保险人开始按约定的险别承保货物运输保险。

投 保 人 Applicant					
投保人地址 Applicant's Add				邮编 Code	
联系人 Contact		电 话 Tel.		电子邮箱 E-mail	
被保险人 Insured				电 话 Tel.	
贸易合同号 Contract No.		信用证号 L/C No.		发票号 Invoice No.	
标 记	包装及数量			保险货物项目	

▶投保人(Applicant)

　　填写投保人（自己）公司名称（英文）。CIF、CIP、DAT、DAP、DDP 5种贸易术语时，应由出口商投保；否则，由进口商负责投保。

　　出口商投保时，本栏可参考合同中"卖方"公司名称填写；进口商投保时，则参考"买方"公司名称填写。

图 7-16　制单填写

第五节　保险单证
Insurance Documents

一、保险单证的分类

1.保险单

保险单（Insurance policy）又称"大保单"，是保险人与被保险人之间订立保险合同的一种正式证明。

保险单的正面印制了海上保险所需的基本事项，包括被保险人和保险人名称；保险标的名称、数量、包装；保险金额、保险费率和保险费；运输工具开航日期、装运港和目的港；承保险别；检验理赔人或代理人名称；赔款偿付地点；保险合同（保单）签订日期等。

保险单的背面则列明了一般保险条款，规定保险人与被保险人的各项权利和义务、保险责任范围、除外责任、责任起讫、损失处理、索赔理赔、保险争议处理、时效条款等各项内容。因为保险单是保险人出具的，其中有不少是格式条款。

保险单样单，见表7-8。

2.保险凭证

保险凭证（Insurance certificate）又称"小保单"，实质上是一种简化的保险单，保险凭证与海上保险单具有同等的法律效力，故又被称为小保单，正面所列内容与海上保险单是一样的。但是，其背面是空白的，没有载明保险条款，只是在正面声明以同类海上保险单所载条款为准。目前较少使用。

表7-8　　　　　　　　　　　　　　　保险单

货物运输保险单
CARGO TRANSPORTATION INSURANCE POLICY

发票号(INVOICE NO.)　IV0000342
合同号(CONTRACT NO.)　CT0000225
信用证号(L/C NO.)

保单号次
POLICY NO.　PI0000072

被保险人
Insured　Alinas Trading Co., Ltd.

本公司根据被保险人的要求，由被保险人向本公司缴付约定的保险费，按照本保险单承保险别和背面所载条款与下列特款承保下述货物运输保险，特立本保险单。
THE COMPANY IN ACCORDANCE WITH THE REQUIREMENTS OF THE INSURED BY THE INSURED TO THE COMPANY AGREED TO PAY THE PREMIUMS, IN ACCORDANCE WITH THE INSURANCE COVERAGE AND ON THE BACK OF THE FOLLOWING TERMS AND CONDITIONS CONTAINED IN THE SPECIAL SECTION COVER THE CARRIAGE OF GOODS BY INSURANCE, OF THE INSURANCE TRINIDAD SINGLE.

标记 MARKS&NOS	包装及数量 QUANTITY	保险货物项目 DESCRIPTION OF GOODS	保险金额 AMOUNT INSURED
N/M	2500 CARTONS	Multifunction Kettle	USD 193600.00

总保险金额
TOTAL AMOUNT INSURED:　USD ONE HUNDRED AND NINETY THREE THOUSAND SIX HUNDRED ONLY
保费　　　　　　　启运日期　　　　　　　　装载运输工具
PERMIUM:　ZAR　11215.89　DATE OF COMMENCEMENT:　2013-10-27　PER CONVEYANCE:
自　　　　　　　经　　　　　　　　　　　　至
FROM:　Capetown,South Africa　VIA:　　　　　　　TO:　Aktau,Kazakhstan
承保险别
CONDITIONS:
ICC(B) additional WAR Risks, Strikes Risk.

所保货物，如发生保险单项下可能引起索赔的损失或损坏，应立即通知本公司下述代理人查勘。如有索赔，应向本公司提交保单正本(本保险单共有3份正本)及有关文件。如一份正本已用于索赔，其余正本自动失效。
IN THE EVENT OF LOSS OR DAMAGE WITCH MAY RESULT IN A CLAIM UNDER THIS POLICY, IMMEDIATE NOTICE MUST BE GIVEN TO THE COMPANY'S AGENT AS MENTIONED HEREUNDER. CLAIMS,IF ANY,ONE OF THE ORIGINAL POLICY WHICH HAS BEEN ISSUED IN 3 ORIGINAL(S) TOGETHER WITH THE RELEVENT DOCUMENTS SHALL BE SURRENDERED TO THE COMPANY . IF ONE OF THE ORIGINAL POLICY HAS BEEN ACCOMPLISHED. THE OTHERS TO BE VOID.
赔款偿付地点
CLAIM PAYABLE AT　Aktau,Kazakhstan
出单日期
ISSUING DATE
　　　2013-10-25　　　　　　　　　Authorized Signature

保险凭证样单，见表7-9。

3.预约保险单

预约保险单（Open policy）又称开口保险单，是保险人与被保险人双方预先签订的，较长期限的一揽子保险合同，合同规定了保险货物的范围、保险险别、保险责任、费率等保单范围内的货物一经装运，保险公司自动承保。它一般适用于经常有相同类型货物需要装运的保险，可简化逐笔签订保险合同的手续。许多贸易公司与保险公司订有预约保险合约，凡该公司出口或进口的货物均在预约保险的保障范围内。

表 7-9　　　　　　　　　　　保险凭证

Certificate of Insurance

Insurance is granted to	Cover No.
TO ORDER	Certificate No.
	CI0000026
	Number of originals
	ONE
	Sum insured
	USD　　103422.57
	USD ONE HUNDRED AND THREE THOUSAND FOUR HUNDRED
for account of whom it may concern	AND TWENTY TWO POINT FIVE SEVEN

In case of loss or drainage immediately contact

Tiffany Import and Export Trade Co., Ltd.
NO.6, Yellow Wood street, Cape Town City, South Africa

Place of commencement of Insurance

Melbourne,Australia

Means of transport	Oversea vessel
From Melbourne,Australia to Capetown,South Africa By sea	VEGA TOPAS
Port of loading	Port of destination
Melbourne,Australia	Capetown,South Africa

Place of termination of insurance

Capetown,South Africa

Insured Goods(marks and no's; number and kind of package)

N/M
424 CARTONS

Conditions (to be followed overleaf)

ALL Risks additional WAR Risks, Strikes Risk.

INTERNATIONAL INSURANCE COMPANY	Premium paid
	Date of issue
	2013-10-30

　　用于出口货物的预约保险单，要求出口公司在预约保险合同范围内的出口货物装船出运之前或出运时，填制"出口货物装运通知"，将该批出口货物的保险项目通知保险公司，保险公司据此签发保险单。出口公司若因疏漏而未通知的，均应补办保险。补办时货物若已受损，保险公司仍予赔偿。

　　用于进口货物的预约保险单，要求进口公司在收到出口商的"装船通知"后，应当填制包括货名、数量、金额、装运港、目的港、起运日期等内容的"国际运输起运通知书"给保险公司。保险公司据此按约定承保，每月按具体出运情况，收取保险费。如果进口公司未通知的，只要不是出于恶意，应予补办投保，则仍自货物装船时开始享受保险公司的保险保障。

　　预约保险合同样单，见表 7-10。

表7-10   预约保险合同

进口货物运输预约保险合同

合同号： CT0000224   日期： 2013 年 10 月 30 日

甲方： 昆明华丰贸易有限公司

乙方：国际保险公司

双方就进口货物的运输预约保险拟订以下条款，以资共同遵守：

一、保险范围

甲方从国外进口的全部货物，不论运输方式，凡贸易条款规定由买方办理保险的，都在本合同范围之内。甲方应根据本合同的规定，向乙方办理投保手续并支付保险费。

乙方对上述保险范围内的货物，负有自动承保的责任，在发生本合同规定范围内的损失时，均按本合同的规定，负责赔偿。

二、保险金额

保险金额以货物的到岸价（CIF）即货价加运费和保险费为准（运费可用实际运费，亦可由双方协定一个平均运费率计算）。

三、保险险别和费率

各种货物需要投保的险别由甲方选定并在投保单中填明。乙方根据不同的险别规定不同的费率。现暂定如下：

货物种类	运输方式	保险险别		保险费率
特级黑葡萄干	水路运输	ALL Risks additional WAR Risks, Strikes Risk.	...	8.80‰

四、保险责任

各种险别的责任范围，以乙方制定的"海洋货物运输保险条款"、"海洋运输货物战争保险条款"、"海运进口货物国内转动期间保险责任扩展条款"、"航空运输一切保险条款"和其他有关条款的规定为准。

五、投保手续

甲方一旦掌握货物发送情况，即应向乙方寄送启运通知书，办理投保手续。通知书一式五份，由保险公司签认后，退回一份。如不办理投保，货物发生损失，乙方不予赔偿。

六、保险费

乙方按甲方寄送的起运通知书，对照前列相应的费率逐笔计收保费，甲方应及时付费。

七、索赔手续和期限

本合同所保货物发生保险责任范围内的损失时，乙方应按制定的"关于海运进口保险货物残损检验的赔款给付办法"和"进口货物施救整理费用支付办法"迅速处理。甲方应尽力采取防止货物扩大受损的措施，对已遭受损失的货物必须积极抢救，尽量减少货物的损失。向乙方办理索赔的有效期，以保险货物卸离海港之日起满一年终止。如有特殊需要，可向乙方提出延长索赔期。

八、合同期限

本合同自 2013 年 10 月 30 日起开始生效

甲方： 昆明华丰贸易有限公司   乙方：国际保险公司

4. 保险批单

保险批单（Endorsement）是保险公司在保险单出立后，根据投保人的需求，对保险内容补充或变更而出具的一种凭证。批单是保险单的组成部分。

保险单据应按信用证规定的内容提交。如信用证规定提交保险单，则只能接受保险单；如信用证规定是预约保险下的保险证明/声明，则保险单可做替代。

二、保险单的内容与缮制

1. 保险公司名称（Name of insurance company）

此栏应根据信用证和合同要求到相应的保险公司去办理保险单据，尤其在信用证支付方式下，如来证规定"INSURANCE POLICY IN DUPLICATE BY PICC"，PICC 即中国人民保险公司，信用证要求出具由中国人民保险公司出具的保险单。

2. 保险单据名称（Name）

此栏按照信用证和合同填制。如来证规定"INSURANCE POLAY IN DUPLICATE"，即要求出具保险单而非保险凭证（INSURANCE CERTIFICATE）等。

3. 发票号码（Invoice No.）

此栏填写投保货物商业发票的号码。

4. 保险单号（No.）

此栏填写保险公司的保险单号码。

5. 被保险人（Insured）

被保险人，又称保险单的抬头人。托收时，应填出口商；采用信用证时，如信用证和合同无特别规定，通常有以下几种填写方法：

（1）托收、T/T汇款或信用证无特别规定时，此栏填出口商（即信用证受益人），并由出口商空白背书。

（2）如果信用证规定保险单背书给特定方，如 endorsed to order of opening bank，则在此栏填出口商，并在背面背书，注明 claims，if any，payable to order of ×××（特定方名称）。

（3）如果信用证规定某特定方为被保险人，则在此栏填出口商（受益人）名称接 held in favour of ×××（特定方），或直接在此栏显示 in favour of ×××（特定方），受益人不需要背书。

（4）如果信用证要求保险单做成指示抬头"To order"，则在被保险人栏目中填写 To order，再由受益人背书。这种方法的效果与以上第1种填受益人加背书的效果相同。

6. 标记（Marks and Nos）

此栏填制装运唛头，与发票、提单上同一栏目内容相同或填上"as per invoice No. ×××"。

7. 包装及数量（Quantity）

此栏填制最大包装件数，与提单上同一栏目内容相同。

8. 保险货物项目（Description of goods）

保险货物项目按发票品名填写，如品名繁多，可使用统称，即可与提单上名称相同。

9. 保险金额（Amount insured）

保险金额是指保险人承担赔偿或者给付保险金责任的最高限额。保险金额按照合同和信用证上的要求填制，至少是货物的 CIF 或 CIP 价的110%。

如货价中含有佣金，保额应为扣佣前的110%的发票金额。

如果所计算出的保险金额有小数，按"进一取整法"，即不论是"1 008.23"还是"1 008.54"都按"1 009"计。

10. 总保险金额（Amount insured in capital）

这一栏目只需将第9栏中的保险金额以大写的形式填入，计价货币也应以全称形式填入。注意：保险金额使用的货币单位应与信用证中的一致。

11. 保费（Premium）

此栏一般由保险公司填制或已印好"AS ARRANGED"，除非信用证另有规定，如"INSURANCE POLICY ENDORSED IN BLANK FULL INVOICE VALUE PLUS 10% MARKED PREMIUM PAID"时，此栏就填入"PAID"或把已印好的"AS ARRANGED"删去加盖校对章后打上"PAID"字样。

12.费率（Rate）

此栏由保险公司填制或已印上"AS ARRANGED"字样。

13.装载运输工具（Per conveyance s.s.）

此栏应按照实际情况填写，当运输由两段或两段以上运程完成时，应把各程运输的船只名称填在上面，如一程船名/二程船名。

14.开船日期（Sailing on or about）

此栏填制提单的签发日期或签发日期前5天内的任何一天，或可简单填上 AS PER. B/L。

15.起讫地点（From…to…）

此栏填制货物实际装运的起运港和目的港名称，货物如转船，也应把转船地点填上如 FROM SHANGHAI, CHINA TO NEW YORK, USA VIA HONGKONG（OR W / T HONGKONG）。若海运至目的港，保险承保到内陆城市，则应在目的港后注明该内陆城市。例如：FROM NINGBO TO LIVERPOOL AND THENCE TO BIRMINGHAM。

16.承保险别（Conditions）

此栏应根据信用证或合同中的保险条款要求填制，并注明保险条款名称。

17.赔款偿付地点（Claim payable at…）

通常将运输目的地作为赔偿地点，UCP600注明了"当信用证规定投保一切险时，如果保险单载有一切险，无论是否有一切险标题，均被接受"。保险单可以缓引任何除外责任条款。赔款货币为投保金额相同的货币。当信用证或合同另有规定时，则依照填写如来证要求"INSURANCE CLAIMS PAYABLE AT A THIRD COUNTRY GERMANY"。此时，应把第三国"GERMANY"填入此栏。

18.日期（Date）

此栏填制保险单的签发日期。由于保险公司提供仓至仓服务，因此保险手续应在货物离开出口方仓库前办理，保险单的签发日期应不早于货物离开仓库的日期和不晚于提单签发的日期。

19.投保地点（Place）

此栏一般填制装运港口名称。

20.盖章和签字（Stamp & signature）

此栏盖与第一栏相同的保险公司印章及其负责人的签字。

21.特殊条款（Special conditions）

如信用证和合同中对保险单据有特殊要求就填在此栏中。如来证要求"L/C NO. MUST BE INDICATED IN ALL DOCUMENTS"，即在此栏中填入 L/C NO. ×××。

22.保险单的份数和"ORIGINAL"字样

《跟单信用证统一惯例》条款中规定，正本保险单上必须有"ORIGINAL"字样，并显示该套保险单据正本的出具份数，如信用证无明确规定保险单的份数时，保险公司一般出具一套三份正本（ORIGINAL）的保险单。

在信用证没有特别规定交几份的情况下，必须向银行提交全套正本。如果保险单据未注明正本份数，而信用证也没有特别规定，则银行可以接受只提交一份正本的保险单据，但该保险单据必须注明系唯一正本。

23. 投保币种

如果信用证没有特别规定，应与信用证中的币种一致。

24. 免赔率

如果信用证要求不计免赔率（Irrespective of Percentage，IOP），则保险单据中不应表明含有此类条款。但是如果信用证未明确规定，银行可接受表明有免赔率和免赔额的保险单。

25. 赔付代理人

保险赔付代理人的名称及地址，一般是在货物的进口地。

26. 查勘人

保险查勘人的名称及地址，而且其所在地一般情况下就是货物的进口地。

三、实训演示

登录"商务单证教学系统"，点击进入老师分配的课程，按照以下步骤进行保险单的缮制。

第一步：进入课程后在题目列表界面，选择"运输及保险单据"（如图7-17所示）。

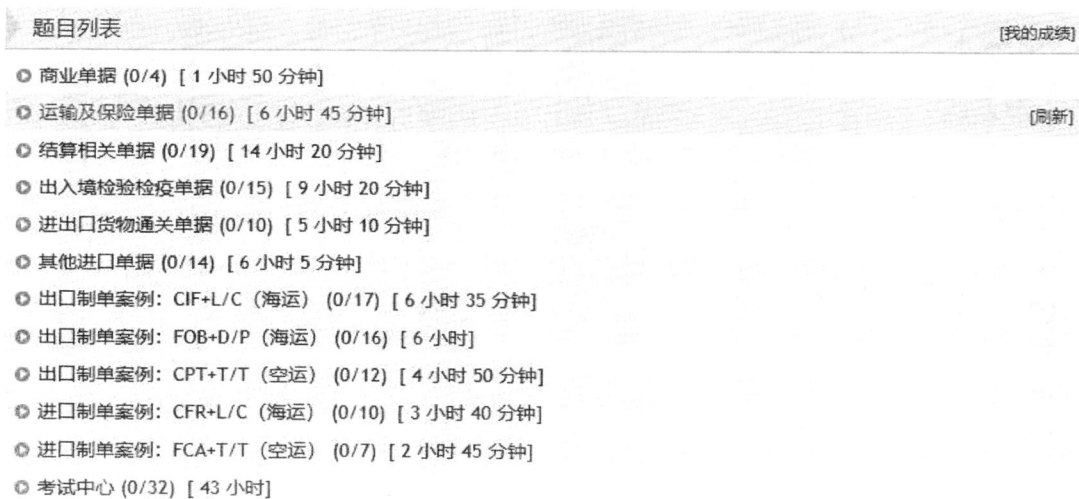

题目列表　　　　　　　　　　　　　　　　　　　　　　　　　　　　　　[我的成绩]

- 商业单据 (0/4)　[1小时50分钟]
- 运输及保险单据 (0/16)　[6小时45分钟]　　　　　　　　　　　　　　　[刷新]
- 结算相关单据 (0/19)　[14小时20分钟]
- 出入境检验检疫单据 (0/15)　[9小时20分钟]
- 进出口货物通关单据 (0/10)　[5小时10分钟]
- 其他进口单据 (0/14)　[6小时5分钟]
- 出口制单案例：CIF+L/C（海运）(0/17)　[6小时35分钟]
- 出口制单案例：FOB+D/P（海运）(0/16)　[6小时]
- 出口制单案例：CPT+T/T（空运）(0/12)　[4小时50分钟]
- 进口制单案例：CFR+L/C（海运）(0/10)　[3小时40分钟]
- 进口制单案例：FCA+T/T（空运）(0/7)　[2小时45分钟]
- 考试中心 (0/32)　[43小时]

图7-17　题目列表

第二步：在"运输及保险单据"菜单中，选择老师布置的"货物运输保险单"题目（如图7-18所示），点击右边箭头进入题目界面（如图7-19所示）。

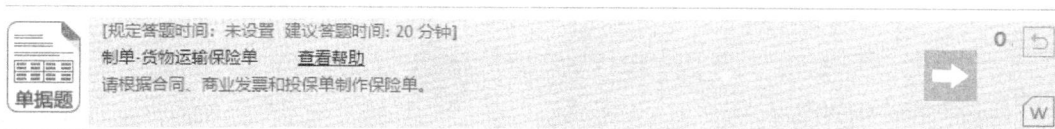

[规定答题时间：未设置 建议答题时间：20分钟]

制单·货物运输保险单　　查看帮助

请根据合同、商业发票和投保单制作保险单。

图7-18　选择练习题目

第三步：根据题目要求及给定参考单据，点击货物运输保险单右上角的按钮，打开并进行填写（如图7-20所示）。

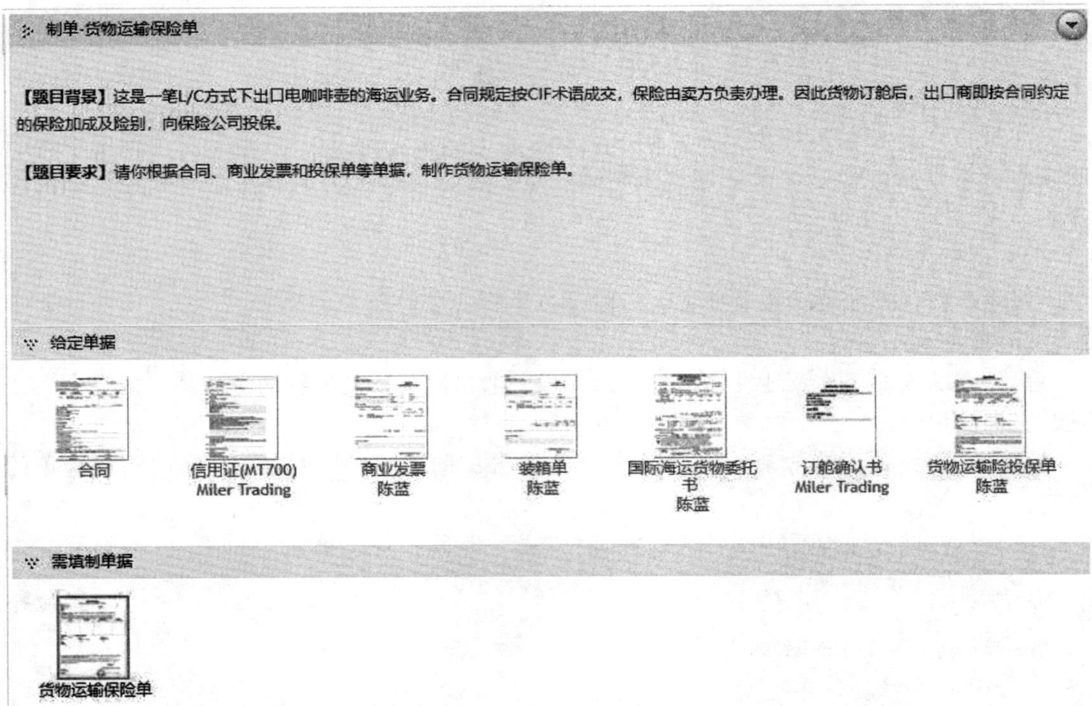

制单-货物运输保险单

【题目背景】这是一笔L/C方式下出口电咖啡壶的海运业务。合同规定按CIF术语成交，保险由卖方负责办理。因此货物订舱后，出口商即按合同约定的保险加成及险别，向保险公司投保。

【题目要求】请你根据合同、商业发票和投保单等单据，制作货物运输保险单。

给定单据

合同 　信用证(MT700) Miler Trading 　商业发票 陈蓝 　装箱单 陈蓝 　国际海运货物委托书 陈蓝 　订舱确认书 Miler Trading 　货物运输险投保单 陈蓝

需填制单据

货物运输保险单

图7-19　制单题目

货物运输保险单
CARGO TRANSPORTATION INSURANCE POLICY

发票号(INVOICE NO.)
合同号(CONTRACT NO.)　　　　　　　　　　　　　　保单号次
信用证号(L/C NO.)　　　　　　　　　　　　　　　POLICY NO. PI0000016
被保险人
Insured

本公司根据被保险人的要求，由被保险人向本公司缴付约定的保险费，按照本保险单承保险别和背面所载条款与下列特款承保下述货物运输保险，特立本保险单。
THE COMPANY IN ACCORDANCE WITH THE REQUIREMENTS OF THE INSURED BY THE INSURED TO THE COMPANY AGREED TO PAY THE
PREMIUMS, IN ACCORDANCE WITH THE INSURANCE COVERAGE AND ON THE BACK OF THE FOLLOWING TERMS AND CONDITIONS
CONTAINED IN THE SPECIAL SECTION COVER THE CARRIAGE OF GOODS BY INSURANCE, OF THE INSURANCE TRINIDAD SINGLE.

标记 MARKS&NOS	包装及数量 QUANTITY	保险货物项目 DESCRIPTION OF GOODS	保险金额 AMOUNT INSURED

发票号(INVOICE NO.)
　　填写商业发票编号，可在《商业发票》中查找。

合同号(CONTRACT NO.)
　　填写合同编号。

图7-20　制单填写

第八章　认证、检验检疫与报关单证

Certification，Inspection and Customs Declaration Documents

知识目标：

了解出口许可证、检验检疫单证、报关单的含义和作用，熟悉原产地证明、报检单、进出口货物报关单的内容。

技能目标：

熟悉出口许可证、原产地证明书的申请程序，以及进出口报检、报关的程序；掌握原产地证明书、报检单、进出口货物报关单等单据的缮制方法；掌握办理进出口报检、报关的模拟操作程序。

本章主要单证：

本章涉及的主要单证及作用，见表8-1。

表8-1 主要单证及作用

序号	单据名称	签发人	作用
1	出口许可证	商务部	国家对实行出口许可证管理的商品批准出口的法律文件，海关查验放行货物与银行办理结汇的依据
2	报检单	出口商	报检人向检验检疫机构提出检验检疫鉴定的申请
3	原产地证明书	AQSIQ、贸促会	证明有关出口货物在出口国生产、制造或加工的证明文件
4	进出口货物报关单	进出口商	海关依法监督货物进出口、征收关税、编制海关统计的重要凭证

第一节　出口许可证

Export Licence

一、出口许可证的含义和作用

出口许可证（Export licence）是指国家对外经贸行政管理部门代表国家统一签发的批准某项商品出口的具有法律效力的证明文件，也是海关查验放行出口货物和银行办理结汇的依据。

出口许可证样单，见表8-2。

二、纺织品出口许可证

纺织品出口许可证是用于我国与主要纺织品进口国签有贸易协议的进行配额管理的出口贸易中特定的证明文件，由商务部代表国家统一签发。

根据贸易协议的变更，具体使用范围和操作要求会适时调整。

表8-2　　　　　　　　　　　出口许可证

中华人民共和国出口许可证

1. 领证单位名称：	编码：□□□□□		3. 出口许可证编号：
2. 发货单位名称：	编码：□□□□□		4. 许可证有效期： 至　　年　　月　　日止
5. 收款方式：		9. 输往国家（地区）：	
6. 贸易方式：		10. 收货人：	
7. 出运口岸：		11. 运输方式：	
8. 商品名称：　　　编码：□□□□□□□		12. 合同号	

13. 规格等级	单位	14. 数量	15. 单价（　）	16. 总值（　）	17. 总值折美元
18. 总　计					
19. （银行盖章） 年　月　日			20. 备注 发证机关盖章		

　　1. 对美国的纺织品出口许可证

　　该许可证格式标头为"纺织品许可证/商品发票"（英文名称为Textile Export Licence 或 Commercial Invoice）是一种联合格式，既作为中国海关验收和美国清关入境的凭证，又兼作商业发票和我国有关机构进行电脑统计的凭证。出口许可证按"是否须配额"分类，浅蓝色的用于配额类别，浅绿色的系非配额类别。在通常情况下，许可证为一份正本（交美国进口商报关提货）、五份副本（其中第一联用于我国海关查验放行）。

　　2. 对欧盟成员国的纺织品出口许可证

　　该许可证格式标头为"输欧盟纺织品出口许可证"，英文名称为 Export Licence (Textile Products)。

　　3. 对加拿大/芬兰/瑞典的纺织品出口许可证

　　该许可证格式标头为"输（加拿大）纺织品出口许可证"，英文名称为 Export Licence (Textile Products)。

三、纺织品出口许可证的缮制

　　纺织品出口许可证的主要缮制要求：

　　（1）出口商需要按不同国家的格式版本填写，不能用错国别格式。

　　（2）许可证类别一栏应正确填写，一份许可证只可填一个类别号，如果同一批出运货物有两个以上类别号，应该分别填写出具许可证。

　　（3）填写FOB Value时，应注意与其他单据的一致性。

　　（4）收货人和进口国栏目应写目的地收货人和进口清关国家名称，不能填中间商和中转地的名称。

　　（5）关于数量一栏，需要按照贸易协议中规定的计量单位要求填写。

　　（6）商品名称、件数、唛头栏目可按发票填写，一般许可证还要求在此栏下方显示生产厂家代码、名称和地址。

2009年出口欧洲、美国的纺织品、服装不再需要办理许可证。对欧出口需要申领欧共体产地证。

第二节　报检单
Application for Inspection

一、报检单的含义和作用

报检单是报检人根据有关法律、行政法规或合同约定申请检验检疫机构对其某种货物实施检验检疫、鉴定的书面凭证，它表明了申请人正式向检验检疫机构提出检验检疫、鉴定的申请。

报检单体现的是一种行政法律关系上的权利义务关系，主要表现在以下方面：

首先作为报检人，其义务就是对法检商品必须履行报检义务，并如实填写报检单相关事项；其次是报检人要对报检单内容的真实性负责，若不如实填写，应承担相应的法律责任。同时，报检人拥有在规定的时限内获得检验检疫证书或者通关凭证的权利。

对检验检疫机构来讲，其权利就是要求报检人按规定的时间、地点向检验检疫机构报检，并如实填报。检验检疫机构的义务就是按时依法实施检验、检疫，并在规定的时限内出具检验检疫证书。

二、报检单的主要内容和填报规范

"出境货物报检单"由各口岸出入境检验检疫局统一印制，除编号由检验检疫机构指定外，其余各栏由报检单位填制并盖章确认。

1. 编号（No.）

由检验检疫机构受理人指定，前六位为检验检疫机构代码，第七位为报检类代码，第八位、第九位为年份代码，第十位至第十五位为流水号。

2. 报检单位（Declaration Inspection Unit）

它是指经国家质量监督检验检疫总局审核，获得许可、登记，并取得国家质检总局颁发的"自理报检单位备案登记证明书"或"代理报检单位备案登记证明书"的企业。

本栏填报报检单位的中文名称，并加盖与名称一致的公章。

3. 报检单位登记号（Register No.）

它是指报检单位在国家质检总局登记的登记证号码。

本栏填十位数登记证号码，填报检人员姓名和报检人员的联系电话。

4. 报检日期（Date of Declaration Inspection）

它是指检验检疫机构接受报检当天的日期。

本栏填制的报检日期统一用阿拉伯数字表示。

5. 发货人（Consignor）

它是指外贸合同中的供货商或商业发票上的出票人。

本栏分别用中文、英文分行填报发货人名称。

6. 收货人（Consignee）

它是指外贸合同中的收购商或商业发票上的受票人。

本栏分别用中文、英文分行填报收货人名称。

7. 货物名称（中/英文）（Description of Goods）

它是指被申请报检的出境货物的名称、规格、型号、成分以及英文对照。

本栏应按合同、信用证、商业发票中所列商品名称的中文、英文填写。注意：废旧物资在此栏内须注明。

8. H.S.编码（H.S. Code）

它是指海关《协调商品名称及编码制度》中所列编码，以当年海关公布的商品税则编码为准。

本栏填报八位商品编码。有些商品有最后两位补充编码时，应填报十位编码。

9. 产地（Producing Area）

在出境货物报检单中，产地是指货物生产地、加工制造地的省、市、县名。在进境货物报检单中是指该进口货物的原产国或地区。

本栏填报出境货物生产地的省、市、县的中文名称。

10. 数/重量（Quantity /Weight）

它是指商品编码分类中计量标准项下的实际检验检疫数量、重量。

本栏按实际申请检验检疫的数/重量填写，重量还须列明毛/净/皮重。本栏可以填报一个以上计量单位，如第一计量单位："个"；第二计量单位："公斤"等。

11. 货物总值（Amount）

它是指出境货物的商业总值及币种。

本栏应与合同、发票或报关单上所列货物总值一致。不需要填报价格术语，如CIF等。

12. 包装种类及数量（Number and Type of Package）

它是指货物实际运输外包装的种类及数量。

本栏应按照实际运输外包装的种类及相应的数量填报，如"136箱"等。若有托盘集中包装，除了填报托盘种类及数量以外，还应填报托盘上小包装数量及包装种类。

13. 运输工具名称号码（Means of Conveyance）

它指载运出境货物运输工具的名称和运输工具编号。

本栏填制实际出境运输工具的名称及编号，如船名、航次等。若报检申请时未定运输工具的名称及编号，可以填制笼统运输方式总称。如填报"船舶"或"飞机"等。

14. 合同号（Contract No.）

合同号是指对外贸易合同、订单、形式发票等的号码。

本栏填报的合同号应与随附合同、订单等号码一致。

15. 贸易方式（Terms of Trade）

贸易方式是指该批货物的贸易性质，即买卖双方将商品所有权通过什么方式转让。

本栏填报与实际情况一致的海关规范贸易方式。常见的贸易方式有："一般贸易""来料加工贸易""易货贸易""补偿贸易"等。

16. 货物存放地点（Place of Goods）

货物存放地点是指出口货物的生产企业所存放出口货物的地点。

本栏按实际填报具体地点、仓库。

17. 发货日期（Shipment Date）

它是指货物实际出境的日期。

本栏按实际开船日或起飞日等填报发货日期，以年、月、日的顺序填报。

18. 输往国家（地区）（Destination Country /Area）

它是指出口货物直接运抵的国家（地区），是货物的最终销售或消费国家。

本栏填报输往国家（地区）的中文名称。

19. 许可证号/审批号（Licence No./Approve No.）

凡申领进出口许可证或其他审批文件的货物，本栏应填报有关许可证号或审批号。无许可证或没有审批文件的出境货物本栏免报。

20. 生产单位注册号（Manufacture Register No.）

它是指出入境检验检疫机构签发给生产单位的卫生注册证书编号或加工仓库的注册编号。

本栏填报实际生产单位的注册编号。

21. 启运地（Place of Departure）

本栏填报出境货物最后离境口岸的中文名称。如"上海口岸"等。

22. 到达口岸（Final Destination）

它是指出境货物运往境外的最终目的港。最终目的港预知时，本栏按实际到达口岸的中文名称填报，最终到达口岸不可预知时，可按尽可能预知的到达口岸填报。

23. 集装箱规格/数量及号码（Type of Container，Container Number）

集装箱规格是指国际标准的集装箱规格尺寸，常见的有 A 型、B 型、C 型和 D 型四种箱型。集装箱的数量是指实际集装箱个数，不需要换算标准箱。集装箱号码是指集装箱的识别号码，其组成规则是：箱主代号（前 3 位字母）+设备识别号（U 为海运集装箱）+顺序号（6 位数字）+检测号（最后 1 位）。

本栏填报实际集装箱"数量"×"规格"/"箱号"。如"1×20'/TGHU8491952"。

24. 合同、信用证订立的检验检疫条款或特殊要求

在合同中订立的有关检验检疫的特殊条款及其他要求应填入此栏。

25. 标记及号码（Marks and Number of Packages）

货物的标记号码（即唛头），主要用于识别货物。

本栏应根据实际合同、发票等外贸单据上的相同内容填报。若没有唛头，则应填报"N/M"。

26. 用途（Purpose）

从以下 9 个选项中选择符合实际出境货物用途进行填报：①种用或繁殖；②食用；③奶用；④观赏或演艺；⑤伴侣动物；⑥试验；⑦药用；⑧饲用；⑨其他。

27. 随附单据（画"√"或补填）（Attached files in√）

按照实际随附的单据种类画"√"或补充填报随附单据。

28. 签名（Signature of Authorized Signatory）

由持有"报检员证"的报检员签名。

29. 检验检疫费

由检验检疫机构计费人员核定费用后填写，如熏蒸费、消毒费等。

30. 领取证单

报检人在领取证单时填写领证日期和领证人签名。

出境货物报检单样单，见表8-3。

表8-3　　　　　　　　　　　　　　出境货物报检单

出 境 货 物 报 检 单

报检单位（加盖公章）：南京海格进出口贸易公司　　　　　　　　　编号：30032500150B001

报检单位登记号：3003250150　　　联系人：汤玉文　　电话：86-25-52416988　　报检日期： 2013 年 10 月 28 日

发货人	（中文）南京海格进出口贸易公司				
	（英文）Nanjing Higher Import & Export Trade Company				
收货人	（中文）尚杰国际贸易有限公司				
	（英文）ShangJie International Trading Co., Ltd.				

货物名称（中/外文）	H.S.编码	产地	数/重量	货物总值	包装种类及数量
紫砂壶 Purple Clay Teapots	6912001000	中国	1 600 个	USD 288 000.00	1 600 箱

运输工具名称号码	CA3037	贸易方式	一般贸易	货物存放地点	Shanghai,China
合同号	CT0000206	信用证号		用途	
发货日期	2013-05-24	输往国家（地区）	印尼	许可证／审批号	
启运地	上海浦东国际机场	到达口岸	雅加达机场	生产单位注册号	
集装箱规格、数量及号码					

合同、信用证订立的检验检疫条款或特殊要求	标 记 及 号 码	随附单据（画"√"或补填）	
	N/M	☑合同	☐包装性能结果单
		☐信用证	☐许可/审批文件
		☑发票	
		☐换证凭单	
		☑装箱单	
		☐厂检单	

需要证单名称（画"√"或补填）		*检验检疫费	
☑品质证书　　　正　　副	☐植物检疫证书　　正　　副	总金额（人民币元）	
☐数量/重量证书　正　　副	☐熏蒸/消毒证书　　正　　副		
☐兽医卫生证书　　正　　副	☐出境货物换证凭单　正　　副		
☐健康证书　　　　正　　副		计费人	
☐卫生证书　　　　正　　副			
☐动物卫生证书　　正　　副		收费人	

报检人郑重声明：	领 取 证 单	
1. 本人被授权报检。		
2. 上列填写内容正确属实，货物无伪造或冒用他人的厂名、标志、认证标志，并承担货物质量责任。	日期	
签名：汤玉文	签名	

注：有"*"号栏由出入境检验检疫机关填写　　　　　　　　　　◆国家出入境检验检疫局制

[1-2 (2000.1.1)]

入境货物报检单样单，见表8-4。

表8-4　　　　　　　　　　　　　　入境货物报检单

入 境 货 物 报 检 单

报检单位（加盖公章）：六之系贸易有限公司　　　　　　　　　　　　　编号：

报检单位登记号：3200011100　　　联系人：南宫远　　电话：0082-513　　　报检日期：2013 年 10 月 30 日

收货人	（中文）六之系贸易有限公司	企业性质（画"√"）	□合资 □合作 □外资
	（英文）June System Trading Co., Ltd.		
发货人	（中文）艾丽娜国际股份有限公司		
	（英文）Alinas Trading Co., Ltd.		

货物名称（中/外文）	H.S.编码	原产国（地区）	数/重量	货物总值	包装种类及数量
硅 Silicon	2804690000	南非	115 袋	USD 80 500.00	115 袋

运输工具名称号码	JJ STAR/230E			合同号	CT0000207
贸易方式	一般贸易	贸易国别（地区）	南非	提单／运单号	COBL0000076
到货日期	2013-10-30	启运国家（地区）	南非	许可证／审批号	
卸货日期	2013-10-30	启运口岸	开普敦	入境口岸	釜山
索赔有效期至		经停口岸		目的地	釜山

集装箱规格、数量及号码	Container: 40' CONTAINER X 2

合同、信用证订立的检验检疫条款或特殊要求		货物存放地点	
		用　途	

随附单据（画"√"或补填）		标 记 及 号 码	*外商投资资产（画"√"）	□是□否
☑合同	□到货通知	N/M		
☑发票	☑装箱单		*检验检疫费	
☑提/运单	□质保书			
□兽医卫生证书	□理货清单		总金额	
□植物检疫证书	□磅码单		（人民币元）	
□动物检疫证书	□验收报告			
□卫生证书			计费人	
□原产地证				
□许可/审批文件			收费人	

报检人郑重声明：		领 取 证 单	
1. 本人被授权报检。			
2. 上列填写内容正确属实。		日期	
	签名：南宫远	签名	

注：有"*"号栏由出入境检验检疫机关填写　　　　　　　　　　　　　　◆国家出入境检验检疫局制

三、实训演示

登录"商务单证教学系统"，点击进入老师分配的课程，按照以下步骤进行出境货物报检单的缮制。

第一步：进入课程后在题目列表界面，选择"出入境检验检疫单据"（如图8-1所示）。

图 8-1　题目列表

第二步：在"出入境检验检疫单据"菜单中，选择老师布置的"出境货物报检单"题目（如图 8-2 所示），点击右边箭头进入题目界面（如图 8-3 所示）。

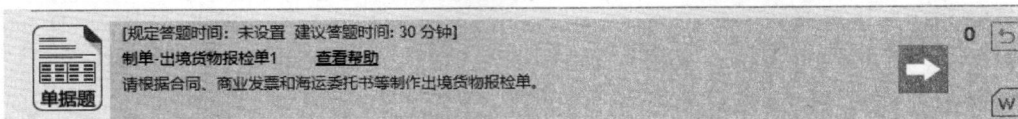

图 8-2　选择练习题目

第三步：根据题目要求及给定参考单据，点击出境货物报检单右上角的按钮，打开并进行填写（如图 8-4 所示）。

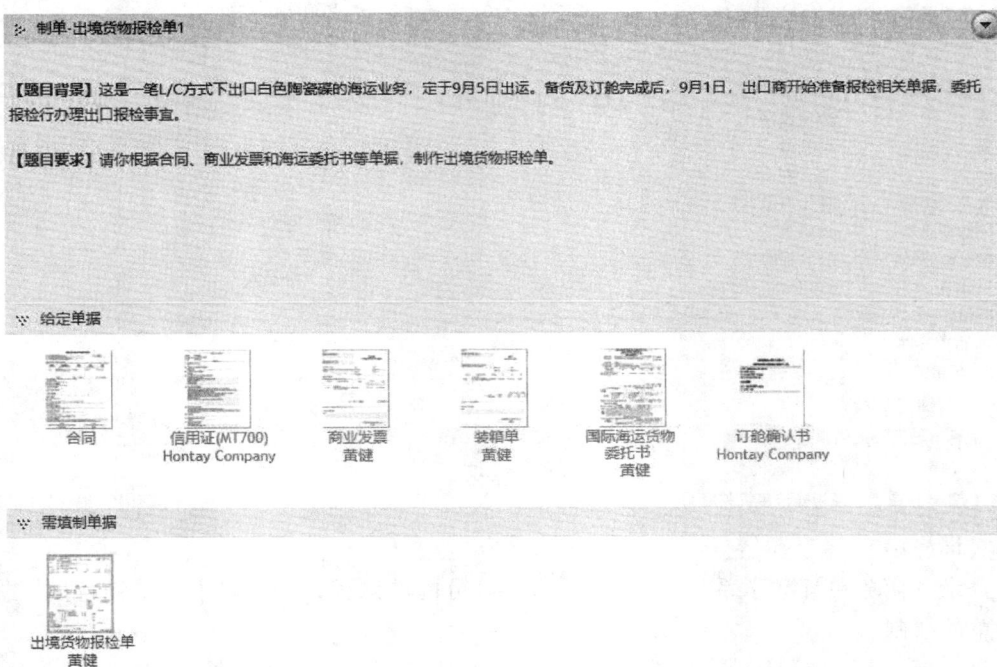

图 8-3　制单题目

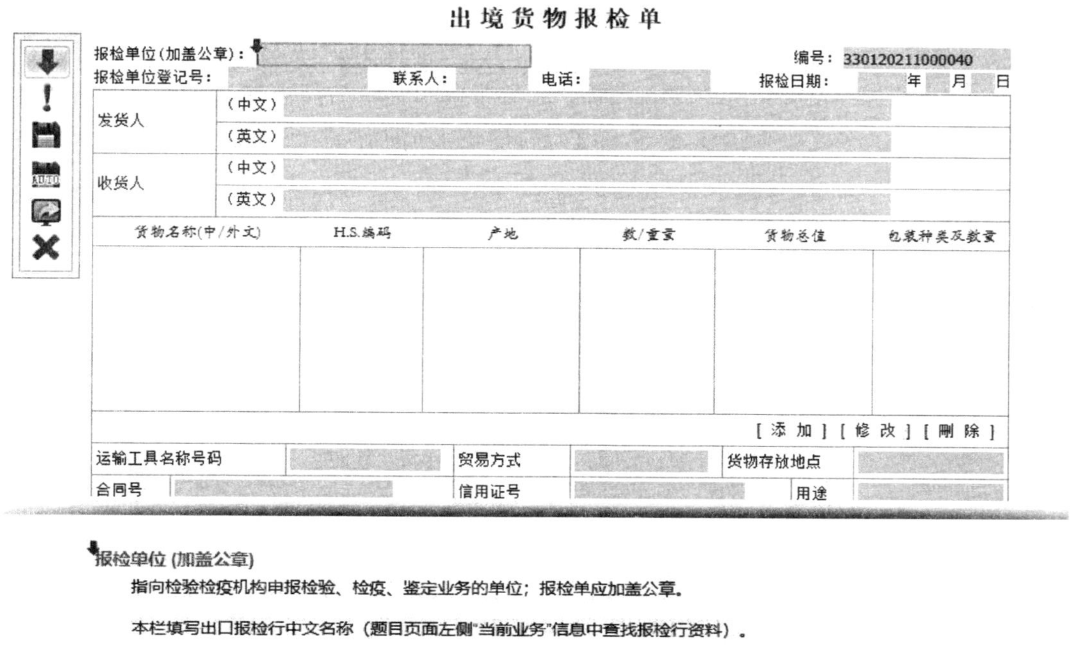

图 8-4　制单填写

第三节　原产地证明书
Certificate of Origin

一、原产地证明书的含义

一般原产地证书（Certificate of origin）（简称"产地证"）是出口商应进口商的要求提供的、由公证机构、政府或出口商出具的证明货物原产地和制造地的一种证明文件。通常用于不使用海关发票或领事发票的国家（地区），以确定对货物征税的税率。若信用证或合同未作具体规定，一般由检验检疫局出具。

另外，根据进口商的不同要求，进口国海关除了认可由出入境检验检疫局或中国国际贸易促进委员会签发的中华人民共和国原产地证外，有时也认可由出口商、生产厂家等单位出具证明货物原产地的文件。

原产地证明书分为一般原产地证、普惠制原产地证、区域性经济集团互惠原产地证、专用原产地证等。如果我国与进口国签订了普惠制关税互惠协定就应提供普惠制原产地证，签订其他协议的提供相应的原产地证，否则提供一般原产地证。

二、一般原产地证明书的缮制要求

1. Exporter（full name，address，country）（出口商名称、地址、国家）

出口商名称是指具有进出口经营权的专业外贸公司、工贸公司、民营出口企业和外资企业的正式名称。一般与外贸合同的卖方一致。

本栏填报出口商的企业全称、详细地址、国家全称。

（1）此栏不能填报境外中间商名称，即使信用证有规定也不可以。

（2）出口商名称要完整。若信用证项下，一般为受益人；若托收项下，一般为托收人。

（3）地址要详细完整，包括街道名称、门牌号码和邮政编码。

（4）中国地名的英文翻译采用汉语拼音。如广东（GUANGDONG）、广西（GUANGXI）等。

2. Consignee（full name，address，country）（收货人名称、地址、国家）

本栏填报本批货物最终目的地收货人的名称、地址、国家全称。

收货人通常是外贸合同的买方或信用证规定的提单通知人。但由于外贸需要，有时信用证规定所有单证收货人一栏留空。在这种情况下，有以下两种方法：

（1）此栏加注："to whom it may concern"；

（2）此栏加注："to order"。

如果需要填写转口商时，可在收货人后面加注英文"VIA"+转口商名称、地址、国家全称。

3. Means of transport and route（运输方式和路线）

本栏填报装运港、目的港、中转港的名称，并说明运输方式（如海运、空运、陆运等）。

例1：From Shanghai to Hamburg by Sea.

例2：By S.S.from Shanghai to Hamburg via Hong Kong.

本栏一般还需要加注预计离开中国的日期，此日期必须真实，不得捏造。

例3：On/after 06 Nov. 2003 From Shantou to Hong Kong By Truck.

4. Country /region of destination（运抵国/地区）

一般按信用证或合同规定的目的港和国家，填报港口名称和国家（地区）名称。

例如：New York，U.S.A.

在转口贸易时，一般不能填报转口商的国家，而填报最终进口国的国家（地区）名称。

5. For certifying authority use only（供签证机构使用）

本栏供签证机构对后发证书、补发证书、签发副本或其他事项加注声明时使用，证书申领单位应将此栏留空。

6. Marks and numbers（唛头和包装号）

（1）填报的唛头应按信用证或合同中的规定填写，且与商业发票和提单的同项内容（图案、文字、数字和包装号）一致。如唛头过多此栏不够，可填报在第7栏、第8栏、第9栏、第10栏的空白处，或另加附页并在附页右上角显示原证号，由签证机构人员手签、加盖签证章。

（2）唛头不能出现中国以外的国家（地区）制造的字样。如"Made in Hong Kong"等。

（3）若没有唛头，应填写"N/M"或"No Marks"。

7. Number & kind of packages；description of goods（商品名称、包装件数和种类）

填报的商品名称应系发票中所描述的货物，但可采用与其他单据无矛盾的统称。包装件数和种类采用与货运单据一致的外包装数量及相应包装种类。若为散装货，用"In Bulk"表示。

（1）包装件数和包装种类必须用英文大写和阿拉伯数字同时表示，如"ONE

HUNDRED AND TWENTY（120）CARTONS OF WORKING GLOVES"。

（2）商品名称必须具体，其详细程度应可以在商品编码 H.S.CODE 的 8 位数中准确找到，不能填报笼统名称，因为笼统名称无法确定商品编码。

（3）与商品名称有关的商标、品牌无须显示。因为这些与商品编码和海关税则无关。

（4）商品名称填完后，在下一行加上表示结束的符号"*******"，以防伪造。

（5）有时国外信用证要求在产地证上显示信用证号，可加注在此栏结束符号下方。

8. H.S.code（商品编码）

根据《中华人民共和国进出口商品的目录对照表》中规定的商品名称和编码，本栏应按正确的商品编码填入 8 位数或 10 位数。

（1）同一张产地证中包含几种不同商品时，应分别标明不同的商品编码，全部填报。

（2）此栏有时候填报 10 位商品编号，其中最后 2 位为补充编码。

（3）填报的商品编号必须与实际货名一致，并与报关单中显示的商品编码完全一致。

9. Quantity or weight（毛重或数量）

依据发票和货运单据中显示的毛重或数量填报。

（1）若计量单位为重量，应标明毛重或净重。例如，"GW400kg"或"NW400kg"。

（2）用规范英文或缩写表示计量单位。例如，件（Pieces/PCS）、打（Dozen/DOZ）等。

10. Number and date of invoices（发票号码及日期）

按发票实际号码及日期填写，发票日期不得迟于出货日期。

（1）月份一律用英文缩写表示，顺序为：月、日、年。例如，OCT 17，2003。

（2）发票号与日期分行填报。一般第一行为发票号，第二行为日期。此栏不得为空。

11. Declaration by the exporter（出口商声明）

出口商声明已事先印制，内容为："兹出口商声明以上所列内容正确无误，本批出口商品的生产地在中国，完全符合中华人民共和国出口货物原产地规则。"

出口商在此声明栏空白处，由法人或手签人员签字并盖公章（有中/英文），并且需填制申报地点、申报日期。（此栏日期不得早于本证第 10 栏内的发票日期）

12. Certification（签证机构证明）

签证机构证明已事先印制，内容为："兹证明出口商的声明是正确无误的。"签证机构在此加盖签证机构印章并由授权人签名，两者不能重叠。签证机构在此注明签发地点和签发日期，签发日期不得早于发票日期和申请日期。

由中国国际贸易促进委员会签发的产地证书一般在机构印章中还加注下列声明：China Council for the Promotion of International Trade（CCPIT）is China Chamber of International Commerce.

一般原产地证样单，见表 8-5。

三、普惠制原产地证的缮制要求

普惠制原产地证（FORM A）共有 12 项内容，其中，证书右上角标题栏已显示签证机构所编制的证书号（Certificate No.）。在标题横线上方必须填上中华人民共和国签发的英文字样，即"Issued in The People's Republic of China"。其他内容缮制要求如下：

表8-5　　　　　　　　　　　一般原产地证

ORIGINAL

Certificate No. C132075501040095

1. Exporter Bidebao Import and Export Company	
2. Consignee Ya & Ge Trading Co., Ltd.	**CERTICATE OF ORIGIN**

3. Means of transport and route From St.Petersburg to Rio De Janeiro By sea	5. For certifying authority use only
4. Country/region of destination Brazil	

6. Marks and numbers	7. Number and kind of packages; description of goods	8. H.S.Code	9. Quantity	10. Number and date of invoices
N/M	five thousand nine hundred and eleven (5911) cartons of Canned Caviar Ingredients: Salmon Roe, Type: Canned aquatic products, Shelf Life: 360 days, Weight:130g	1604310000	29555 TINS	IV0000345 April 28,2013

11. Declaration by the exporter 　The undersigned hereby declares that the above details and statement are correct; that all the goods were produced in China and that they comply with the Rules of origin of the People's Republic of China Bidebao Import and Export Company Nalesjin Russia 2013-10-25 Place and date, signature and stamp of authorised signatory	12. Certification It is hereby certified that the Declaration by the exporter is correct. Place and date, signature and stamp of certifying authority

1. Goods consigned from （exporter's business name，address，country）（出口商的名称、地址、国家）

此栏是带有强制性的，应填报在中国境内的出口商详细地址，包括街道名、门牌号、邮政编码、城市、国家。若信用证项下，一般按信用证规定的受益人全称、地址、国别填制。

2. Goods consigned to（consignee's name，address，country）（收货人名称、地址、国家）

本栏显示本批货物最终目的地给惠国收货人的名称、地址、国家。若信用证项下，一般为开证申请人。如果预先不确定最终收货人，则可显示提单上通知人或发票抬头人。一般银行也接受下列表述"to whom it may concern"。

3. Means of transport and route（as far as known）（运输方式和路线，就所知而言）

本栏填本批货物最终装运港、目的港或到货地点的名称，并说明运输方式。

（1）如因运输的需要而发生转运，应注明转运地。不明确转运地时，则用 W/T 表示。

（2）若目的地为内陆地，则允许产地证上目的地名称与提运单上卸货港名称不一致。

（3）对于输往没有海岸的给惠国，如瑞士（Switzerland）、奥地利（Austria）等，如确系海运，填证时需注明："从×××港口经转×××港口抵达×××给惠国"。

（4）本栏一般还需要加注预计离开中国的日期，此日期必须真实，不得捏造。

例如，2009 年 10 月 6 日，从上海港经汉堡港转运至瑞士，产地证运输方式和路线填报如下：

Country/region of destination

On/After 6th OCT 2009 By Sea From SHANGHAI to Hamburg Transit to Switzerland

4. For official use（供签证方使用）

本栏留空，供签证机构加注说明时用。若为后发证书，签证机关在此栏加盖"ISSUED RETROSPECTIVELY"红色印章。若为副本证书，签证机构在此栏加盖"DUPLICATE"，同时注明"本证为××月××日签发第××号证书的副本，原证书作废"字样。（This Certificate is in Replacement of Certificate of Original No Dated Which Cancelled）

5. Item number（商品顺序号）

如果同一批出口货物有不同种类商品品种，则按每一项商品归类品种后，用阿拉伯数字"1""2""3"编一个顺序编号填入此栏。单项商品用"1"表示，或省略不填。

6. Marks and number of packages（唛头和包装号）

与一般原产地证相应栏目填法相同。

7. Number and kind of packages；description of goods（商品名称、包装件数及种类）

与一般原产地证相应栏目填法相同。

8. Origin criterion（原产地标准）

对含有进口成分的商品，国外要求严格而极容易退证。一般应根据原产地标准选择正确代码填报本栏，具体见表 8-6。

9. Gross weight or other quantity（毛重或其他数量）

与一般原产地证相应栏目填法相同。

10. Number and date of invoices（发票号码及日期）

与一般原产地证相应栏目填法相同。

11. Certification（签证机构证明）

签证机构证明事先已印制，内容为："兹证明出口商的声明是正确无误的，本批货物已由承运人运出。"

表8-6　　　　　　　　　　　　　**原产地标准及填报代码**

填报代码	出口国家	原产地标准
P	所有给惠国家	完全原产品
WHS	欧盟、挪威、瑞士、日本	产品列入给惠国"加工清单"并符合其加工条件 产品未列入"加工清单"但产品使用的进口原料或零部件经过充分加工，产品HS号不同于原材料或零部件的HS号
F	加拿大	有进口成分，但进口成分价值未超过产品出厂价的40%
WHS	波兰	有进口成分，但进口成分价值未超过离岸价的50%
Y进口成分	俄罗斯、乌克兰、哈萨克斯坦、捷克、斯洛伐克	有进口成分，但进口成分价值未超过离岸价的50%
（空白）	澳大利亚、新西兰	

签证机构批注四项内容：

（1）中华人民共和国出入境检验检疫局公章；只签一份正本，副本不予盖章。

（2）由机构授权人手签。

（3）签发日期，与原产地证合理概念一致的日期。

（4）签发地点，具体的城市名和国家。

12. Declaration by the exporter（出口商声明）

出口商声明已事先印制，内容大意为"兹由出口商声明以上所列内容正确无误"。本栏须填写四项内容：

（1）用英文填报生产国国名。

（2）用英文填报进口国国名。

（3）申报单位签署，且加盖申报单位公章（正、副本均须手签并盖章）。

（4）申报日期、地点，应填写申报的具体日期及城市名、国家。申报日期应合理。

"兹由出口商声明以上所列内容正确无误"已印制。

普惠制原产地证样单，见表8-7。

四、实训演示

登录"商务单证教学系统"，点击进入老师分配的课程，按照以下步骤进行一般原产地证明书的缮制。

第一步：进入课程后在题目列表界面，选择"出入境检验检疫单据"（如图8-5所示）。

第二步：在"出入境检验检疫单据"菜单中，选择老师布置的"一般原产地证"题目（如图8-6所示），点击右边箭头进入题目界面（如图8-7所示）。

第三步：根据题目要求及参考单据，点击一般原产地证右上角的按钮，打开进行填写（图略）。

表 8-7　　　　　　　　　　　　普惠制原产地证

ORIGINAL

1. Goods consigned from (Exporter's business name,address,country) Duoer Trading Co., Ltd. LANTAI 533, Pekanbaru, Jakarta, Indonesia Indonesia	Reference No. GP/000/0085 **GENERALIZED SYSTEM OF PREFERENCES CERTIFICATE OF ORIGIN** (Combined declaration and certificate) **FORM A**
2. Goods consigned to(Consignee's name,address,country) Wheat International Import & Export Corporation No.36 Aoerben street, Sydney, Australia Australia	
3. Means of transport and route(as far as Known) FROM Jakarta TO Melbourne By air	4. For official use

Item number	6. Marks and numbers of packages	7. Number and kind of packages;description of goods	8. Origin criterion (see Notes overleaf)	9. Gross weight or other quantity	10. Number and date of invoices
1	N/M	one hundred and eighty (180)bag of Coffee Bean Specification: 50kgs/Bag, Max. Moisture (%): 12.5, Shelf Life: 3 years	"P"	180 BAGS	IV0000346 May 24,2013

| 11. Certification
It is hereby certified,on the basis of control carried out,that the declaration by the exporter is correct

Place and date, signature and stamp of certifying authority | 12. Declaration by the exporter
The undersigned herby declares that the above details and statements are correct,that all the goods were

produced in　Indonesia
　　　　　　　(country)
and that they comply with the origin requirements specified for those goods in the Generalized System of Preferences for goods exported to

　　　　Australia
　　　(importing country)
2013-10-25　Duoer Trading Co., Ltd.
Place and date, signature and stamp of certifying authority |

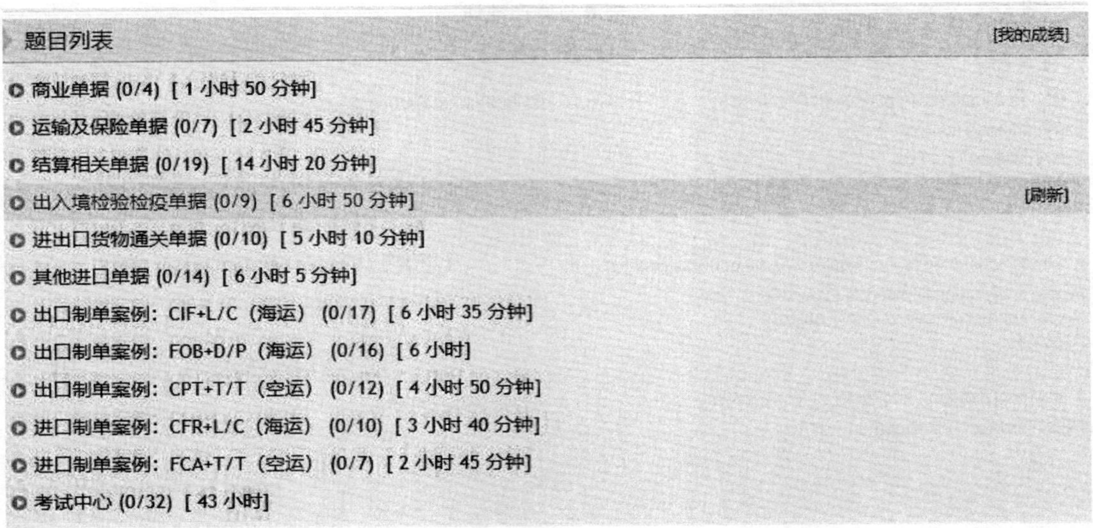

题目列表   [我的成绩]

◐ 商业单据 (0/4) [1 小时 50 分钟]

◐ 运输及保险单据 (0/7) [2 小时 45 分钟]

◐ 结算相关单据 (0/19) [14 小时 20 分钟]

◐ 出入境检验检疫单据 (0/9) [6 小时 50 分钟]   [刷新]

◐ 进出口货物通关单据 (0/10) [5 小时 10 分钟]

◐ 其他进口单据 (0/14) [6 小时 5 分钟]

◐ 出口制单案例：CIF+L/C（海运） (0/17) [6 小时 35 分钟]

◐ 出口制单案例：FOB+D/P（海运） (0/16) [6 小时]

◐ 出口制单案例：CPT+T/T（空运） (0/12) [4 小时 50 分钟]

◐ 进口制单案例：CFR+L/C（海运） (0/10) [3 小时 40 分钟]

◐ 进口制单案例：FCA+T/T（空运） (0/7) [2 小时 45 分钟]

◐ 考试中心 (0/32) [43 小时]

图 8-5　题目列表

[规定答题时间：未设置 建议答题时间：20 分钟]   0
制单--一般原产地证　　**查看帮助**
请根据合同和商业发票等制作一般原产地证。

图 8-6　选择练习题目

∷ 制单--一般原产地证

【题目背景】这是一笔L/C方式下出口病员监护仪到巴西的海运业务。按照合同要求，出口商需要在交单时提供一般原产地证给进口商。因此出口商在备货的同时，开始着手准备申请产地证。

【题目要求】请你根据合同、商业发票等单据，制作一般原产地证。

▽ 给定单据

合同　　　　商业发票　　　装箱单
　　　　　　　张华　　　　　张华

▽ 需填制单据

一般原产地证
张华

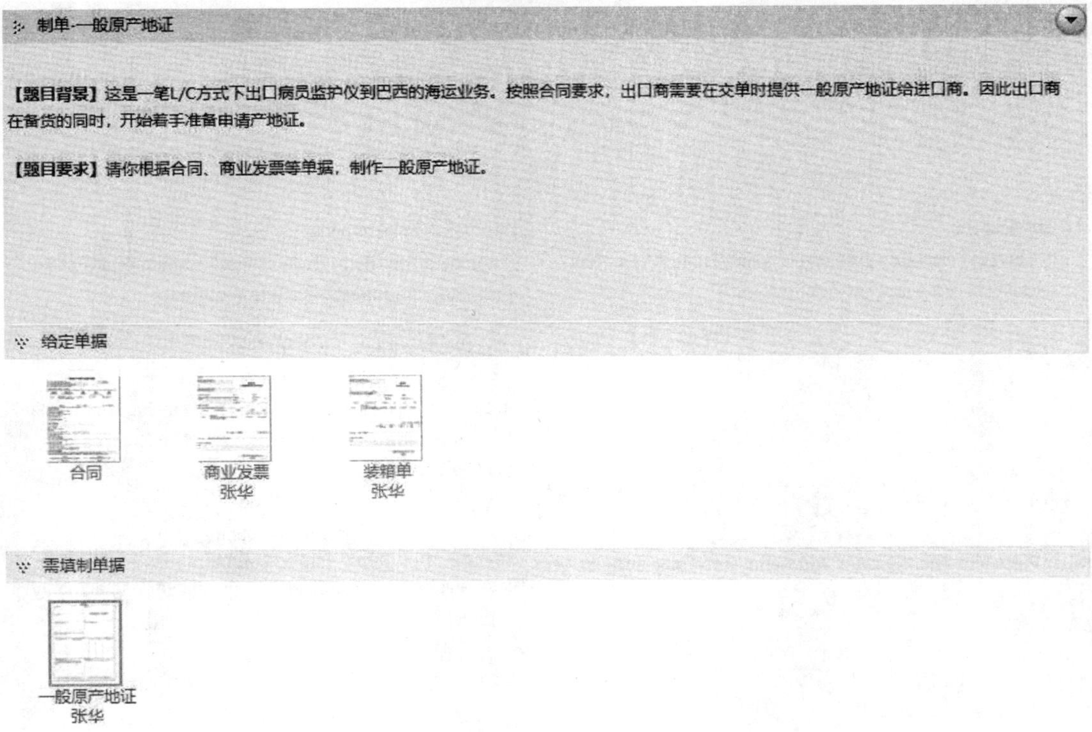

图 8-7　制单题目

第四节　报关单证
Customs Declaration Documents

一、进出口货物报关单的含义和作用

进出口货物报关单是指进出口货物收发货人或其代理人，按照海关规定的格式对进出口货物的实际情况做出书面申明，以此要求海关对其货物按适用的海关制度办理通关手续的法律文书。它在对外经济贸易活动中具有十分重要的法律地位。它既是海关监管、征税、统计以及开展稽查和调查的重要依据，又是加工贸易进出口货物核销，以及出口退税和外汇管理的重要凭证，也是海关处理走私、违规案件，及税务、外汇管理部门查处骗税和套汇犯罪活动的重要证书。

二、进出口货物报关单的缮制和注意事项

1. 进口口岸/出口口岸

1）含义

在进出口货物报关单中，进口口岸/出口口岸均指货物申报进出关境的口岸海关的名称。

2）填报规范

根据货物实际进入（运出）我国关境的口岸海关，选择填报"关区代码表"中对应的口岸海关中文名称及关区代码（四位数）。

（1）填报"海关名称"而非"口岸名称"。

（2）加工贸易货物，填报货物限定或指定进出口岸的口岸海关名称及代码。

（3）进口转关运输货物，填报货物"进境地"海关名称及代码；出口转关运输货物，填报货物"出境地"海关名称及代码。

2. 备案号

1）含义

备案号是指经营进出口业务的企业在向海关办理加工贸易合同备案、各类"登记手册"或减免税等审批备案手续时，海关给予"中华人民共和国海关加工贸易手册""加工贸易设备登记手册""电子账册及分册""海关进出口货物减免税证明"等海关备案文件的编号。

2）填报规范

（1）备案号由12位字母或数字组成，第1位是英文字母标记代码。第2～5位是关区代码，第6位是年份，第7～12位为序列号。其中，第1位的标记代号必须与"贸易方式"、"征免性质"、"征免方式""用途"及"项号"等栏目相协调。

（2）一份报关单只允许填报一个备案号。两个或两个以上备案号的进出口货物，应分单申报。

（3）无备案文件的报关单，本栏目免予填报。

（4）加工贸易合同项下使用加工贸易手册的货物和涉及减免税备案的货物，本栏应填写加工贸易手册编号和征免税证明编号，不得为空。

（5）加工贸易合同项下，对于低值小量的辅料（5 000美元以下、78种列名辅料），按规定不使用登记手册的，本栏填报："C"+"关区代码"+"0000000"。

3. 进口日期/出口日期

1）含义

进口日期是指运载所申报货物的运输工具申报进境的日期，出口日期是指运载所申报货物的运输工具办结出境手续的日期。

2）填报规范

（1）日期均为8位数，顺序为年（4位）、月（2位）、日（2位）。

（2）对于无实际进出境的货物，填报办理申报手续的日期，以海关接受申报的日期为准。

（3）进口货物收货人在进口申报时无法确知相应的运输工具实际进境日期时，本栏目为空。

（4）进口货物收货人未申报进口日期，或申报的进口日期与运输工具负责人或代理人向海关申报的进境日期不相符时，以运输工具申报进境的日期为准。

（5）"出口日期"栏仅供海关打印报关单证明联用，预录入报关单和EDI报关单均免于填报。

4. 申报日期

1）含义

它是指海关接受进出口货物的收、发货人或受其委托的报关企业向海关申报的日期。其中，以电子数据报关单方式申报的为海关计算机系统接受申报数据时记录的日期；以纸质报关单方式申报的为海关接受纸质报关单并对报关单进行登记处理的日期。

2）填报规范

（1）本栏目日期表示方式同进口日期/出口日期。

（2）电子或纸质报关单上"已被海关接受"时的日期，就是申报日期，如果预录入和EDI电子数据经海关计算机检查而退回，则应填报海关重新接受申报的日期。

（3）除特殊情况外，一般进口货物申报日期不得早于实际运输工具进境日期；出口货物申报日期不能晚于运输工具出境日期。

5. 经营单位

1）含义

它专指对外签订并执行进出口贸易合同的中国境内企业、单位或者个人。

2）填报规范

（1）"经营单位"栏应填报经营单位的中文名称及经营单位编码。经营单位编码是经营单位向所在地主管海关办理注册登记手续时，海关给企业设置的注册登记号码。该编码为10位数字。其中，第6位数字表示进出口企业经济类型代码。

（2）合同签订者与执行者不是同一企业时，本栏填报"执行合同"企业名称及编码。例如：中国五矿进出口总公司对外统一签订合同，而由辽宁五矿进出口公司负责合同的执行，这时本栏应填报"辽宁五矿进出口公司"+"编码"。

（3）进出口企业之间相互代理，或没有进出口经营权的企业委托有进出口经营权的企业代理进出口时，本栏填报"代理方"企业名称及编码。例如：上海ABC公司委托上海昆中机械有限公司（3111940733）出口设备，本栏应填报："上海昆中机械有限公司3111940733"。

（4）外商投资企业委托外贸企业进口投资设备、物品时，本栏填报该外商投资企业中文名称和编码，同时在"标记唛码及备注"栏注明"委托×××公司进口"。

（5）对只有报关权而无进出口经营权的企业，则作为经营单位填报。

（6）对援助、赠送、捐赠的货物，填报直接接受货物的企业名称。

6. 运输方式

1）含义

进出口货物报关单所列的"运输方式"特指载运货物进出关境所使用的运输工具的种类，即海关规定的"运输方式"。

海关规定的运输方式可分为实际运输方式和特殊运输方式两类。前者专指载运货物实际进出关境的运输方式，主要有江海运输、铁路运输、汽车运输、航空运输、邮递运输和其他运输（如人扛、驮畜、电网、管道等）；后者仅用于表示没有实际进出境的货物。

2）填报规范

（1）本栏应根据实际运输方式按海关规定的"运输方式代码表"选择填报相应的运输方式名称或代码。

（2）进境货物的运输方式，按货物运抵我国关境"第一口岸"时的运输方式申报；出境货物的运输方式，按货物运离我国关境"最后一个口岸"时的运输方式填报。

（3）进口转关货物，按载运货物抵达进境地的运输工具填报；出口转关货物，按载运货物驶离出境地的运输工具填报。

（4）不同的运输方式项下的货物，即使是同一合同，也应分单申报。

（5）非邮政方式进出口的快件，按实际进出境运输方式填报。

（6）无实际进出境时，根据实际情况选择填报"运输方式代码表"中规定的运输方式。

7. 运输工具名称

1）含义

进出口货物报关单上的"运输工具名称"专指载运货物进出境所使用的运输工具种类和运输工具编号。

2）填报规范

（1）本栏根据不同的运输方式有不同的填报要求，一般填报运输工具名称及航次。其内容应与承运人或其代理向海关提供的载货清单上所列相应内容一致。

（2）一份报关单只允许填报一个运输工具名称。若是多式联运方式，则进境货物按货物运抵我国关境"第一口岸"时的运输工具名称申报；出境货物按驶离我国关境"最后一个口岸"时的运输工具名称填报。

海关规定运输工具名称填报方式（部分），见表8-8。

（3）进口转关运输货物报关单上的工具名称，海关规定填报方式（部分）见表8-9。

（4）出口转关运输货物报关单上的工具名称，海关规定填报方式（部分）见表8-10。

（5）上述规定以外无实际进出境的，免予填报。

8. 提运单号

1）含义

提运单号是指进出口货物运输单证中的提单或运单编号。该编号必须与运输部门向海关提供的载货清单所列相应内容一致，包括数字、英文大小写字母、符号、空格等。

表 8-8 　　　　　　　　　　运输工具名称填报规定（部分）

运输方式	运输工具名称	举例
航空运输	"航班号"	MU5041
江海运输	"船舶工具名称"＋"/"＋"航次号"	CSCL JAKARTA/0042S
铁路运输	"车厢编号"或"交接单号"＋"/"＋"进出境日期"	
汽车运输	"国内行驶车牌号"＋"/"＋"进出境日期"	

表 8-9 　　　　　　　　进口转关运输工具名称填报规定（部分）

进口转关	运输工具名称
航空运输	直转、提前报关填报"@"+16位转关申报单预录入号；中转填报"@"
江海运输	直转、提前报关填报"@"＋"16位转关申报单预录入号"中转填报"进境英文船名"＋"@"＋"进境干线船舶航次"
铁路运输	直转、提前报关填报"@"＋"16位转关申报单预录入号"中转填报"车厢编号"＋"@"＋"进出境日期（8位数字）"
汽车运输	填报"@"+16位转关申报单预录入号（或13位载货清单号）

表 8-10 　　　　　　　　出口转关运输工具名称填报规定（部分）

出口转关	运输工具名称
航空运输	填报"@"＋"16位转关申报单预录入号（或13位载货清单号）"
江海运输	非中转的，填报"@"＋"16位转关申报单预录入号（或13位载货清单号）"中转的，境内江海运输填报驳船船名；境内铁路运输填报车名+海关代码+TRAIN
铁路运输	填报"@"＋"16位转关申报单预录入号"中转填报"车厢编号"＋"@"＋"进出境日期（8位数字）"
汽车运输	填报"@"+16位转关申报单预录入号（或13位载货清单号）

　　2）填报规范

　　（1）一份报关单只允许填写一个提运单号，一票货物对应多个提运单时，应分单填报。

　　（2）实际进出境不同运输方式的提运单号填报规定（部分）见表 8-11。

表 8-11 　　　　　　实际进出境不同运输方式的提运单号填报规定（部分）

运输方式	提运单号
航空运输	填报"总运单号"＋"–"（下划线）＋"分运单号"如无分运单的，填报总运单号
江海运输	填报进出口提运单号如有分提单，填报"进出口提运单号"＋"*"＋"分提运单号"
汽车运输	进出境汽车载货清单编号
铁路运输	填报铁路运单号

（3）进出境转关运输货物不同运输方式的提运单号填报规定（部分）见表8-12。

表8-12　　　　　　进出境转关运输货物不同运输方式的提运单号填报规定（部分）

转关运输	提运单号
航空运输	直转、中转货物填报"总运单号"+"-"（下划线）+"分运单号" 提前报关免予填报
江海运输	直转、中转填报提运单号，提前报关免予填报
汽车运输	广东省内提前报关的转关货物填报车牌号，其他地区免予填报
铁路运输	直转、中转填报铁路运单号，提前报关免予填报

9.收货单位/发货单位

1）含义

收货单位是指已知的进口货物在境内的最终消费或使用的单位，包括自行从境外进口货物的单位、委托有进出口经营权的企业代理进口货物的单位等。

发货单位是指出口货物在境内的生产或销售单位，包括自行出口货物的单位、委托有进出口经营权的企业代理出口货物的单位等。

2）填报规范

（1）备有海关注册编码或加工生产企业编号的收、发货单位，进口货物报关单的"收货单位"栏和出口货物报关单的"发货单位"栏应当填报其经营单位编码或加工生产企业编号；没有编码或编号的，填报其中文名称。

（2）加工贸易货物报关单的收、发货单位应与"加工贸易手册"中的"货主单位"一致。

（3）减免税货物报关单的收、发货单位应与"征免税证明"中的"申请单位"一致。

10.贸易方式（海关监管方式）

1）含义

进出口货物报关单上所列的贸易方式（海关监管方式）专指以国际贸易中进出口货物的交易方式为基础，结合海关对进出口货物监管综合设定和管理的方式。

海关按照不同监管要求和计算机管理需要，采用四位数字代码代表贸易方式，其中前两位为监管的分类代码，后两位为海关统计代码。

2）填报规范

（1）贸易方式是报关单填制时最为重要的栏目之一。根据实际情况，按海关规定的"贸易方式代码表"选择填报相应的贸易（监管）方式的简称或代码。

（2）一份报关单只允许填报一种贸易（监管）方式。

（3）出口加工区内企业填制的出口加工区进（出）境货物备案清单应选择填报适用于出口加工区货物的贸易（监管）方式简称或代码。

（4）注意贸易方式、征免性质、用途、征免四个栏目的协调见表8-13。

11.征免性质

1）含义

征免性质是指海关根据《中华人民共和国海关法》《中华人民共和国进出口关税条例》及国家有关政策对进出口货物实施的征税、减税、免税管理的性质类别。征免税性质共有39种，分为五大类：法定征税、法定减免税、特定减免税、其他减免税和暂定税率。

表 8-13　　　　　**贸易方式、征免性质、用途、征免四个栏目的协调（部分）**

贸易方式	征免性质	用途	征免	备案凭证首位
一般贸易	一般征税	外贸自营内销	照章征税	
来料加工	来料加工	加工返销	全免	B
进料加工	进料加工	加工返销	全免	C
进料非对口	进料加工	加工返销	征免性质	C

2）填报规范

（1）一份报关单只允许填报一种征免性质。

（2）按照海关核发的"征免税证明"中批注的征免性质填报，或根据进出口货物的实际情况，参照"征免性质代码表"选择填报征免性质的简称或代码。

（3）加工贸易货物应按照海关核发的"登记手册"中批注的征免性质填报相应的征免性质的简称或代码。

12.结汇方式/征税比例

1）含义

结汇方式是指出口货物的发货人或其代理人收结外汇的方式。

征税比例原用于"进料非对口"贸易方式下进口料件征税比例的填报。现已取消填报。

2）填报规范

出口报关单"结汇方式"栏应按照海关规定的"结汇方式代码表"选择填报相应的结汇方式名称或英文缩写或代码。

13.许可证号

1）含义

进出口货物许可证是指国家根据管制法令由商务主管部门签发的允许管制商品进出口的证件。许可证号是指由商务部及其授权发证机关签发的进出口货物许可证的编号。

2）填报规范

（1）应申领进出口许可证的货物，此栏必须填报有关机关签发的进出口货物许可证编号。

（2）非许可证管理的商品，本栏为空。

（3）一份报关单只允许填报一个许可证号，多个许可证时必须分单填报。

14.运抵国（地区）/起运国（地区）

1）含义

运抵国（地区）是指在未发生任何商业性交易或其他改变货物法律地位的活动情况下，货物被出口国（地区）所发往的或最后交付的国家（地区）。

起运国（地区）是指在未发生任何商业性交易或其他改变货物法律地位的活动情况下，把货物发出并运往进口国（地区）的国家（地区）。

如果是发生运输中转的货物，如中转地发生商业性交易，则以中转地作为起运国/运抵国。

2）填报规范

（1）进口货物报关单中的"起运国（地区）"栏和"原产国（地区）"栏、出口货物报关单中的"运抵国（地区）"栏和"最终目的国（地区）"栏，应按照海关规定的"国别代码表"选择填报相应的中文名称或代码。

（2）无实际进出境的货物，本栏填报"中国境内"。

（3）对于运输中转的货物，在中转地未发生任何商业性交易，则运抵国或起运国不变。

（4）对于国际多式联运的货物在中转国仅换装运输工具而未发生买卖交易时，运抵国（地区）、起运国（地区）不受影响。

（5）一份原产地证书只能对应一份报关单。在一票进口货物中，对于实行原产地证书联网管理的，如涉及多份原产地证书，应分单填报。

（6）进口货物的原产国无法确定时，报关单"原产国（地区）"栏应填报"国别不详"或"701"。

15.装运港/指运港

1）含义

报关单上的装运港专指进口货物在运抵我国关境前的最后一个装运港；指运港专指出口货物运往境外的最终目的港。

2）填报规范

（1）本栏应根据海关规定的"港口航线代码表"选择填报相应的港口中文名称或代码，如香港/1039；新加坡/0132；墨尔本/3257等。

（2）对于无实际进出境的货物，本栏填报"中国境内"或"0142"。

（3）目的港后的"自由区"不能省略。因为货物不卸在自由区无法享受各种减免税待遇。

（4）有些港口名称相同，但所属国家不同，要注意港口代码不同或加注港口所在国家。

（5）对于发生中转的货物，最后一个中转港就是装运港，指运港不受中转影响。

16.境内货源地/境内目的地

1）含义

境内货源地是指出口货物在我国关境内的生产地或原始发货地（包括供货地点）。

境内目的地是指已知的进口货物在我国关境内的消费地、使用地或最终运抵的地点。

2）填报规范

（1）本栏根据实际情况，参照海关规定的"国内地区代码表"选择填报相应的国内地区名称或代码。代码含义与经营单位代码的前5位定义相同。

（2）境内目的地以进口货物在境内消费、使用地或最终运抵地为准。如果进口货物未知消费或使用单位，应以预知的进口货物最终运抵地区为准。

（3）境内货源地以出口货物的生产地为准。如出口货物在境内多次周转，不能确定生产地的，应以最早起运地为准。

17.批准文号

1）含义

本栏仅填报"出口收汇核销单"上的编号；进口货物报关单免予填报。

2）填报规范

（1）出口货物报关单本栏填报"出口收汇核销单"编号，无长度要求。

（2）对于不需要使用出口收汇核销单的监管方式，如修理物品等，本栏为空白。

18. 成交方式

1）含义

报关单中的成交方式专指海关规定的 CIF、CFR、FOB 三种和其他成交方式，仅表示成交价格的构成因素，如 FOB 仅表示出口货物离岸价格，不包括离岸后的运费、保险费等。

2）填报规范

（1）本栏应根据实际成交价格条款，按海关规定的"成交方式代码表"选择填报相应的成交方式名称或代码，如填报：CIF/1；CFR/2；FOB/3 等。

（2）无实际进出境的，进口成交方式填报 CIF/1；出口成交方式填报 FOB/3。

（3）出口成交方式为 CIF 的，按实际填报"运费"和"保费"；出口成交方式为 CNF 的，按实际填报"运费"。

（4）进口成交方式为 FOB 的，按实际填报"运费"和"保费"；进口成交方式为 CFR 的，按实际填报"保费"。

19. 运费

1）含义

运费是指进出口货物从始发地至目的地的国际运输所需要的各种费用。

2）填报规范

（1）本栏用于填报该份报关单所包含全部货物的国际运输费用，包括成交价格中不包含运费的进口货物的运费和成交价格中含有运费的出口货物的运费。

（2）本栏应根据海关规定的"币制代码表"及具体情况选择运费单价（rate）、运费总价（freight）和运费率（percent）三种方式之一填报。同时，注明运费标记："1"表示运费率；"2"表示运费单价；"3"表示运费总价。其中，运费率标记"1"可以省略。常见币制代码如：港元/110；日本元/116；人民币/142；欧元/300；美元/502；英镑/303 等。

举例：6 000 港元的运费总价，填报：110/6 000.00/3

24 美元/立方米的运费，填报：502/24.00/2

（3）运保费合并计算的，运保费填报在本栏。

20. 保费

1）含义

进出口货物报关单所列的保费专指进出口货物在国际运输过程中，由被保险人付给保险人对货物进出口所保险别的费用。

2）填报规范

（1）本栏用于填报该份报关单所包含全部国际运输的保险费用，包括成交价格中不含保险费的进口货物的保险费和成交价格中含有保险费的出口货物的保险费。

（2）填报方式根据海关规定的"币制代码表"选择保险费总价或保险费率两种方式之一填报，同时注明保险费标记："1"表示保险费率；"3"表示保险费总价。

保费总价：填报"保险费币制代码" + "/" + "保险费总价" + "保险费标记"。

举例："110/6500/3"表示货物保险费总价为港币6 500元。

（3）货物保险费率标记"1"可以省略。

（4）实际货物保险费一般为全部货物保险，无部分货物保险，故没有保险费单价的标记。

（5）货物运费和保险费合并计算的，本栏免报。

21. 杂费

1）含义

杂费是指成交价格以外的、应计入货物完税价格或应从货物价格中扣除的费用，如手续费、佣金、折扣等。

2）填报规范

（1）本栏目应根据具体情况选择杂费总价或杂费率两种方式之一填报，同时注明杂费标记并按海关规定的"币制代码表"选择相应的币种代码。规定"1"表示杂费率（可以省略）；"3"表示杂费总价。

（2）计入完税价格的杂费为正值（率），从完税价格中扣除的杂费为负值（率）。

（3）报关单中显示"502/–550/3"，表示从完税价中扣除杂费550美元。EDI系统中，计算机自动接受累计加算负值的海关统计价格。

（4）无杂费时，本栏免填。

22. 合同协议号

1）含义

合同协议号是指买卖双方或多方当事人根据国际贸易惯例或国家法律、法规，自愿按照一定的条件买卖某种商品所签订的合同协议的编号。

2）填报规范

（1）本栏填报进出口合同的全部字头和号码。

（2）无长度要求。

23. 件数

1）含义

进出口货物报关单中件数专指有外包装的单件进出口货物的实际件数。件是可数货物的一个计量单位，件数与"包装种类"必须统一填报，不能自相矛盾。

2）填报规范

（1）本栏填报有外包装的进出口货物实际件数，不得填报为零。

（2）裸装与散装货物的件数填报为"1"；相应的包装种类填报"裸装"或"散装"。

（3）若单据既列明托盘件数，又列明托盘单件上包装件数时，报关单中本栏填报"托盘件数"，相应的"包装种类"填报"托盘"。

（4）若单据既列明集装箱个数，又列明托盘件数，还列明托盘单件上包装件数时，报关单本栏填报"托盘件数"，相应的"包装种类"填报"托盘"。

（5）若单据仅列明集装箱个数，未列明托盘件数或者单件包装件数的，报关单本栏填报"集装箱个数"，相应的"包装种类"填报"集装箱"。

24. 包装种类

1）含义

商品的包装是指包裹和捆扎货物用的内部或外部包装和捆扎物的总称。一般以装箱单或提运单上所反映货物处于运输状态时的最外层运输包装种类向海关申报，并与件数相一致。

2）填报规范

（1）本栏按照海关规定的"包装种类代码表"选择填报相应的包装种类名称或代码。如木箱/W/CASE；纸箱/CTNS；托盘/PLTS；散装/BUIK；包/BALE等。

（2）如果实际包装种类有多种，则可以用件数统称填报"件"（PKGS）。

（3）裸装、散装货物的包装种类填报为"裸装"或"散装"。

25. 毛重（公斤）

1）含义

毛重是指商品重量加上包装材料的重量之和。

2）填报规范

（1）本栏填报进出口货物的实际毛重，以公斤（千克）为计量单位，不足1公斤的填报为"1"。

（2）填报的毛重应与装箱单上相应内容一致。

（3）进口报关单填报此栏时，还应与舱单记录的相应内容一致。欧美地区进口货物，经常在运单上显示重量为"磅"，应换算为"公斤"后填报。（1Kgs=2.2046 Lbs）

26. 净重（公斤）

净重为进出口货物的毛重减去外包装材料后的纯商品的重量。

27. 集装箱号

1）含义

进出口货物报关单中集装箱号专指海运集装箱，不包括空运集装箱、铁路集装箱号。

海运集装箱号组成规则是：箱主代号（3位字母）+集装箱识别号（U）+顺序号（6位数字）+检测号（1位数字）。

举例：箱号MSCU1922213表示地中海航运公司的海运集装箱，顺序号192221，检测号3。

2）填报规范

（1）本栏填报规则为："一个集装箱号"+"/"+"集装箱规格"+"/"+"自重"。

举例：报关单显示集装箱号COSU4241320/20/2275，表示这是一个20英尺海运集装箱，箱号为COSU4241320，自重2 275公斤。

（2）本栏不得为空，非集装箱货物填报"0"。

（3）若所申报货物有多个集装箱号，规定其中任意一个集装箱号填报在"集装箱号"栏中，其余集装箱号依次填报在"标记唛码及备注"栏中。

28. 随附单据

1）含义

进出口货物报关单中"随附单据"仅填报除海关备案和进出口许可证以外的监管单证代码及编号。

一般不包括必备的随附单据，如发票、箱单等。

2）填报规范

（1）本栏应按海关规定的"监管证件名称及代码"填报监管证件代码及编号。格式为

"监管证件代码"+":"+"监管证件编号"。

（2）所申报货物涉及多个监管证件的，第一个监管证件代码和编号填报在"随附单据"中，其余监管证件代码和编号填报在"标记唛码及备注"栏中。

（3）发票、装箱单、提运单等报关必备单证，形式上是随附单据，但不应填报在本栏内。

（4）实行原产地证书联网管理的，原产地证书编号填报在"备案号"栏，格式为："Y"+"原产地证书编号"。在本栏中，仅填报："Y"（优惠贸易协定代码）。

（5）未实行原产地证书联网管理的，本栏填报："Y"。

（6）一份原产地证书只能对应一份报关单，同一份报关单上的商品不能同时享受协定税率和减免税。

29.用途/生产厂家

1）含义

用途是指进口货物在境内应用的范围。

生产厂家是指出口货物的境内生产企业名称。

2）填报规范

（1）根据进口货物实际用途和海关规定的"用途代码表"，在进口报关单中填报相应的用途名称或代码。例如，外贸自营内销/01；特区内销/02；其他内销/03；企业自用/04；加工返销/05；借用/06；收保证金/07；免费提供/08；作价提供/09；货样广告/10等。

（2）出口报关单本栏填写货物境内生产企业的名称，必要时填报。

30.标记唛码及备注

1）含义

进出口货物报关单上标记唛码专指货物的运输标志。

2）填报规范

（1）本栏涉及填报货物标记唛码中除图形以外的所有字母和数字。

（2）关联备案号。关联备案号是指与本报关有关联关系的，同时在海关业务管理规范方面又有要求填报的备案号。格式为："转至（自）*************手册"。

（3）关联报关单号。关联报关单号是指与本报关单有关联关系的，同时在海关业务管理规范方面又要求填报报关单的海关编号，应填报在此栏内。

（4）所申报货物涉及多个监管证件的，除第一个监管证件以外的其余监管证件的代码和编号。格式为："监管证件的代码"+":"+"监管证件编号"。

（5）所申报货物涉及多个集装箱的，在此填列除第一个集装箱号以外的其余集装箱号。格式为："集装箱号"+"/"+"规格"+"/"+"自重"。

（6）受外商投资企业委托代理进口投资设备、物品的进出口企业名称，格式为："委托×××公司进口"。

（7）其他申报时必须说明的事项。

31.项号

1）含义

项号是指申报货物在报关单中的商品排列序号和在登记手册上的商品序号。

一张纸质报关单最多可打印5项商品，纸质报关单表体共5栏，可另外附带3张纸质报关单，合计一份报关单最多可以打印20项商品。

一张电子报关单表体共有20栏，一项商品占据表体一栏，超过20项商品时，另单申报。

2）填报规范

（1）每项商品的"项号"栏分两行填报。第一行填报货物在报关单中的商品排列序号；第二行专门填报加工贸易和实行原产地证书联网管理已备案的货物在登记手册中或对应原产地证上商品的项号。

（2）深加工结转货物，分别按照加工贸易手册中的进口料件的项号和出口成品的项号填报。

（3）料件结转货物，出口报关单按转出加工贸易手册中进口料件的项号填报；进口报关单按转入加工贸易手册中进口料件的项号填报。

32. 商品编号

1）含义

商品编号亦称商品编码，是指《中华人民共和国进出口税则》中确定的进出口货物的编号。

2）填报规范

（1）根据实际进出口商品名称，核查《中华人民共和国进出口税则》中确定的8位税则号，并填报在进出口货物报关单本栏内。有附加编号的，还应填报附加的第9位、第10位附加编号。

（2）若加工贸易登记手册中商品编号与实际商品编号不符时，应按照实际商品编号变更登记手册的编号后，据实填报。

（3）不同的商品编号分栏填报。一张纸质报关单最多允许填报5项商品；一份电子报关单最多允许填报20项商品。

（4）不同的商品编号，其征税税率、退税税率、海关监管条件等均不同。

33. 商品名称、规格型号

1）含义

进出口货物报关单中的商品名称专指进出口货物规范的中文名称。商品的规格型号是指反映商品性能、品质和规格的一系列指标，如品牌、等级、成分、含量、纯度、大小等。

2）填报规范

（1）商品名称及规格应据实填报，并与所提供的商业发票中的商品名称及规格相符。

（2）商品名称应规范，规格型号应详细，以满足海关监管要求为准。

（3）对已备案的进出口商品，本栏填报内容须与已备案的货物名称和规格型号一致。

（4）报关单中商品名称的英文名须与提运单显示一致，若不一致须更改后海关才予以放行。

34. 数量及单位

1）含义

报关单中"数量及单位"专指进出口商品的实际数量及计量单位。其中，计量单位包括海关法定计量单位和买卖双方成交计量单位。

2）填报规范

本栏按规范要求分三行填报。第一行：按海关第一法定计量单位及数量填报；第二行：按海关第二法定计量单位及数量填报；第三行：填报实际成交计量单位及数量。

35. 原产国/最终目的国（地区）

1）含义

原产国（地区）是指进出口货物的生产、开采或加工的国家（地区）。

最终目的国（地区）是指已知出口货物最后交付的国家（地区），即最终消费、使用或进一步加工制造的国家（地区）。

2）填报规范

参见"运抵国（地区）/起运国（地区）"填报规范。

36. 单价

1）含义

进出口货物报关单中的单价专指进出口商品的一个计量单位以某一种货币表示的价格。

2）填报规范

填报同一项号下进出口货物实际成交的商品单位价格的金额。

37. 总价

1）含义

进出口货物报关单中的总价专指一份报关单项下全部进出口货物实际成交的商品总价。

2）填报规范

填报同一项号下进出口货物实际成交的商品总价。

38. 币制

1）含义

进出口货物报关单中的币制专指进出口货物实际成交价格的计价货币，与相应的单价、总价币种一致。

2）填报规范

本栏应根据实际成交币种和海关规定的"货币代码表"填报相应的货币名称或代码或符号，如港元/HKD/11O；人民币/CNY/142；欧元/EUR/300；英镑/GBP/303；美元/USD/502；韩国元/KRW/133；日元/JPY/116等。

39. 征免

1）含义

征免是指海关依据《中华人民共和国海关法》、《中华人民共和国进出口关税条例》及其他法律和行政法规，对进出口货物进行征税、减税、免税或特案处理的实际操作方式。

同一份报关单可以有不同的征减免税方式。主要的征免方式有照章征税、折半征税、全免、特案减免、保证金和保函等。

2）填报规范

（1）按海关核发的征免税证明或有关政策规定，对报关单所列每项商品选择填报海关规定的"征免税方式代码表"中相应的征减免税方式，如照章征税/1；折半征税/2；全免/3；特案减免/4；保证金/6；保函/7等。

（2）加工贸易相关报关单应根据"登记手册"中备案的征免规定填报。

（3）加工贸易手册中备案的征免规定为"保证金"或"保函"的，应填报"全免"。

（4）对法定零税率的一般贸易进出口货物，填报"照章征税"而非"全免"。

（5）"租赁不满一年"和"租赁征税"下的进口货物，本栏填报"照章征税"。

（6）货物运费和保险费合并计算的，本栏免报。

40. 录入员

本栏目用于预录入和EDI报关单，打印录入人员的姓名。

41. 录入单位

本栏目用于预录入和EDI报关单，打印录入单位名称。

42. 申报单位

本栏目用于填报申报单位的有关情况，包括报关单位地址、邮编、电话等，由申报单位的报关员填报。

43. 填制日期

它是指报关单的填制日期。预录入和EDI报关单由计算机自动打印。

44. 税费征收情况

本栏目用于海关批注进出口货物税费征收及减免情况。

45. 海关审单批注及放行日期签字

本栏目供海关内部作业时签注的总栏目。

46. 预录入编号

预录入编号是指预录入单位录入报关单的编号，用于申报单位与海关之间引用其申报后尚未批准放行的报关单。报关单预录入凭单编号由接受申报的海关决定编号规则，由计算机自动打印。

47. 海关编号

海关编号是指海关接受申报时给予报关单的18位顺序编号。海关编号由各直属海关在接受申报时确定，并标识在报关单的每一联上。一般海关编号就是预录入编号，由计算机自动打印，不需填写。

进出口货物报关单填制的一般要求：

进出口货物报关单由海关统一印制，共有47个栏目，除"税费征收情况"及"海关审单批注及放行日期签字"两项栏目外，其余45个栏目均由收发货人或其代理人填写。

出口货物报关单样单，见表8-14。

进口货物报关单样单，见表8-15。

三、实训演示

登录"商务单证教学系统"，点击进入老师分配的课程，按照以下步骤进行出口货物报关单的缮制。

第一步：进入课程后在题目列表界面，选择"进出口货物通关单据"（如图8-8所示）。

第二步：在"进出口货物通关单据"菜单中，选择老师布置的"出口货物报关单"题目（如图8-9所示），点击右边箭头进入题目界面（如图8-10所示）。

第三步：根据题目要求及参考单据，点击出口货物报关单右上角的按钮，打开进行填写（如图8-11所示）。

表8-14　　　　　　　　　　　　出口货物报关单样单

出口货物报关单

预录入编号：　XX2013000014　　　　　　　　　海关编号：　XX2013014

出口口岸　釜山海关		备案号		出口日期 2013-10-30	申报日期 2013-10-30
经营单位　六之系贸易有限公司 2200011100		运输方式 水路运输	运输工具名称 BLUE PEAK/12048E		提运单号
发货单位　六之系贸易有限公司 2200011100		贸易方式 一般贸易	征免性质 一般征税		结汇方式 T/T
许可证号	运抵国（地区） 中国		指运港 上海		境内货源地
批准文号	成交方式 FOB	运费 /　　　/	保费 /　　　/		杂费 /　　　/
合同协议号　CT0000208	件数 300	包装种类 箱		毛重(公斤) 3 660.00	净重(公斤) 3 150.00
集装箱号　0	随附单据			生产厂家	

标记唛码及备注

N/M

项号	商品编号	商品名称、规格型号	数量及单位	最终目的国(地区)	单价	总价	币制	征免
1	6104490010	韩式连衣裙　面料：府绸，流行元素：镂空，颜色：藏青色	6 000 件	中国	33.00	198 000.00	美元(502)	照章征税

税费征收情况

录入员　录入单位	兹声明以上申报无讹并承担法律责任	海关审单批注及放行日期(签章)	
报关员　南宫远		审单	审价
单位地址　韩国釜山市金鼎花园	申报单位（签章） 六之系贸易有限公司	征税	统计
邮编　110-210　电话　0082-513	填制日期　2013-10-30	查验	放行

表 8-15　进口货物报关单样单

进口货物报关单

预录入编号：XX2013000002　　　　　海关编号：XX2013002

进口口岸 汉堡海关		备案号	进口日期 2013-10-28	申报日期 2013-10-28
经营单位 德国拜尔贸易公司 1052206369		运输方式 水路运输	运输工具名称 MATSUKO/1248E	提运单号 COBL0000077
收货单位 德国拜尔贸易公司 1052206369		贸易方式 一般贸易	征免性质 一般征税	征税比例
许可证号	起运国（地区） 美国	装货港 纽约		境内目的地
批准文号	成交方式 FOB	运费 502 /1 616.00 /3	保费 502 /2 309.16 /3	杂费 / /
合同协议号 CT0000209	件数 1 222	包装种类 箱	毛重（公斤） 7 087.6	净重（公斤） 5 865.6
集装箱号 Container: 20' CONTAINER X 1	随附单据		用途	

标记唛码及备注
N/M

项号	商品编号	商品名称、规格型号	数量及单位	原产国(地区)	单价	总价	币制	征免
1	9506621000	篮球 规格：7号 正规篮球，材质：橡胶，颜色：琥珀色	14 664 个	美国	16.00	234 624.00	美元(502)	照章征税

税费征收情况

录入员 录入单位	兹声明以上申报无讹并承担法律责任	海关审单批注及放行日期(签章)	
报关员 比尔		审单	审价
单位地址 德国巴伐利亚州科堡图林根大街3080号	申报单位（签章） 德国拜尔贸易公司	征税	统计
邮编 89444　电话 0049-7123669930　填制日期 2013-10-28		查验	放行

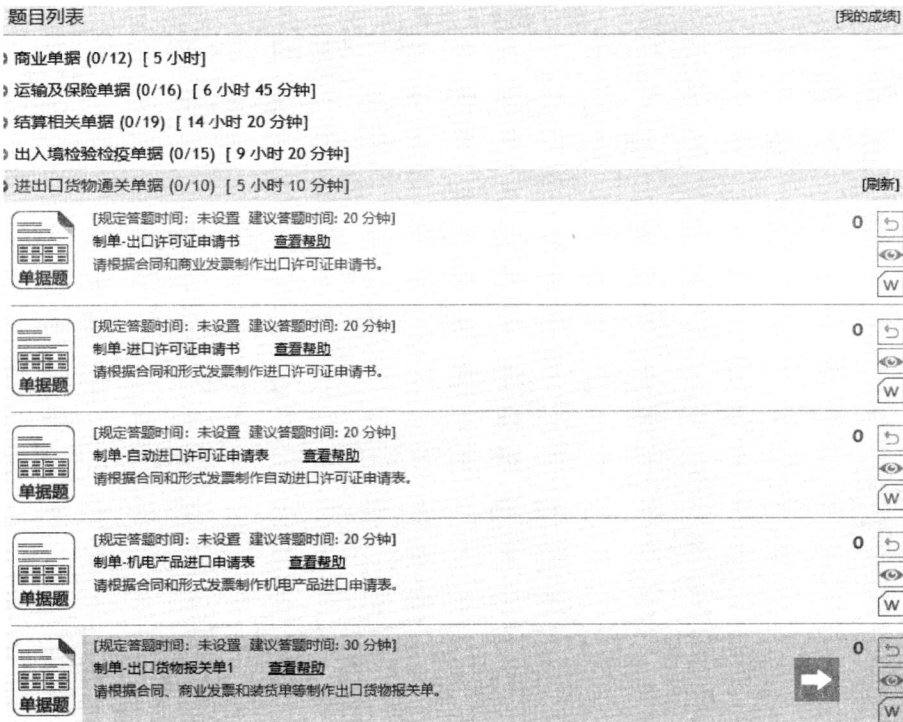

图 8-8　题目列表

图 8-9　选择练习题目

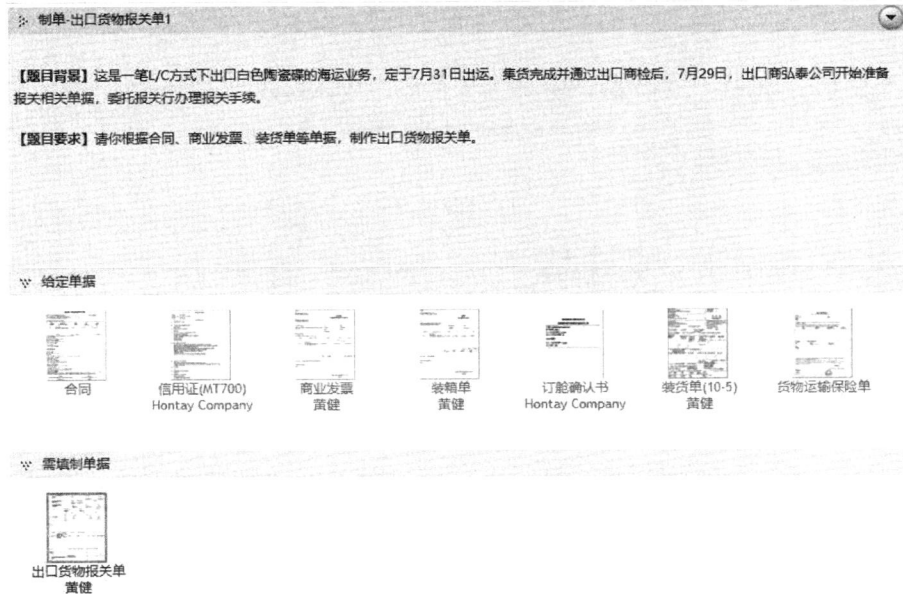

图 8-10　制单题目

出口货物报关单

预录入编号: XX2017000008		海关编号: XX2017008		
收发货人 南京弘泰进出口贸易公司 1032560150	出口口岸 上海海关(2200)	出口日期 20150731		申报日期 20150729
生产销售单位 中国海缘实业公司 3600064282	运输方式 水路运输	运输工具名称 FREEDOM/230E		提运单号 COBL0000047
申报单位 上海正达报关行 2200065001	监管方式 一般贸易(0110)	征免性质 一般征税(101)		备案号
贸易国(地区) 印度尼西亚(112)	运抵国(地区) 印度尼西亚(112)	指运港 雅加达(1099)		境内货源地
许可证号	成交方式 CIF	运费 502 /345.00 /3	保费 502 /935.67 /3	杂费 / /
合同协议号 CT0000057	件数 6 444	包装种类 纸箱	毛重(千克) 57 996.00	净重(千克) 46 396.80
集装箱号 BJYU0010112/20/2275; BJYU0020812/20/2275; BJYU0030529/20/2275	随附单据			

标记唛码及备注
N/M

项号	商品编号	商品名称、规格型号	数量及单位	最终目的国(地区)	单价	总价	币制	征免
○1	6911101900	白色陶瓷碟 材质：陶瓷，尺寸：8*8cm	46 396.80 千克 96 660.00 只	印度尼西亚(112)	1.00	96 660.00	美元(502)	照章征税

[添加]　[修改]　[删除]

特殊关系确认: 否	价格影响确认: 否	支付特许权使用费确认: 否
录入员 录入单位	兹声明对以上内容承担如实申报、依法纳税之法律责任	海关批注及签章
报关人员 张正达	申报单位 (签章) 上海正达报关行	

图 8-11　制单填写

第九章 综合制单案例
Comprehensive Practice：CIF+L/C

第一节 案例背景
（Case Background）

一、建立业务关系

上海永鑫贸易有限公司（Shanghai Yongxin Trading Co., Ltd., 以下简称永鑫公司），成立于2002年，是经原国家外经贸局、海关总署批注的有进出口权的公司。该公司主要经营食品饮料等产品的进出口业务，与国内多家供货厂商有稳定的合作关系，产品主要销往欧洲、美国、加拿大及日本等国家和地区。

2014年9月，永鑫公司的业务员小张在浏览 iTrade 电子商务网站时，看到了 Japan Maner Group International Co., Ltd.（以下简称 Maner Group）发布的求购蔬菜汁的信息。小张随即通过电子邮件与 Maner Group 取得联系，介绍了自己公司及产品情况，以期与对方建立业务关系。

二、交易磋商

Maner Group 的业务员收到建交邮件后，很快做出了回复，希望永鑫公司能尽快提供商品蔬菜汁的 CIF Nagoya 报价。

小张收到询盘函后，首先向工厂询价，了解到蔬菜汁的订货价格；然后制作出口成本核算表，对商品价格进行核算。产品信息，如图9-1所示。

基本信息					
商品编号	DP-005	货物类型	一般货物		
商品名称	蔬菜汁				
	Vegetable Juice				
销售单位	罐(TIN)				
规格型号	规格：每罐340ml，每箱6罐				
	Specification: 340ml/tin, 6tins/carton				
包装信息					
包装种类	纸箱	包装单位	箱(CARTON)	每包装单位=6销售单位	
毛重	2.25KGS／箱	净重	2.04KGS／箱	体积	0.0150CBM／箱
运输说明	需冷藏运输				
监管信息					
CIQ代码	05100102	检验检疫类别	P.R/Q.S	检验检疫类目	饮料
HS编码	2009909000	海关监管条件	AB	法定单位一	千克
比例因子一	0.34	法定单位二		比例因子二	

图9-1　产品信息

核算出口价格时应注意以下几点：

（1）本例中贸易术语为 CIF，核算成本时要加上海运费和保险费；

（2）商品运输说明中标注"需冷藏运输"，因此核算海运费时要注意查询冻柜的费用，而非普柜；

（3）商品海关监管条件中含"B"，属于出口法定商检货物，因此核算成本时需考虑检验检疫费，另外如果进口商要求提供检验证书，还要考虑相应的检验证书费。

价格核算完成后，小张即向 Maner Group 发盘，双方对各项成交条件进行了反复商讨，最终达成一致，准备签订合同。

三、签订合同

永鑫公司与 Maner Group 经过多次交易磋商，最终确定交易条件，并正式签订合同（见表9-1）。

表9-1　　　　　　　　　　　　交易条件

出口公司	上海永鑫贸易有限公司 Shanghai Yongxin Trading Co., Ltd. 中国上海浦东外高桥保税区基隆路8号 8# Ji Long Road, WaiGaoqiao Free Trade Zone, Shanghai, China Tel: 86-21-88696868, Fax: 86-21-88696860
国外客户	Japan Maner Group International Co., Ltd. 1-1 Port-cho 3-chome Hakodate City Hokkaido, Japan Tel: 0081-80035502, Fax: 0081-80035500
交易商品	蔬菜汁（Vegetable Juice），商品编号：DP-005
成交价格	USD1.60/TIN CIF Nagoya, Japan
成交数量	52 800 TIN
保险	发票金额加一成，投保ICC（A）、战争险
单据	普惠制产地证、植物检疫证书及卫生证书
支付方式	100% 即期信用证（L/C at sight）
运输	中国上海—日本名古屋，收到信用证后30天装运
通知行	中国银行（Bank of China）
食品加工厂	中国海德实业公司
货运代理公司	国际进出口货运代理公司
报关行	上海正达报关行

四、履约

合同签订完毕后，进出口双方即按照合同的要求进行履约。

履约时应注意以下几点：

（1）由于双方是第一次业务往来，互相不太了解，缺乏信任基础，因此约定采用即期信用证方式支付。永鑫公司应尽早催促对方开立信用证，待收到信用证审核无误后再安排备货出运事宜，以免遭受不必要的损失。

（2）合同规定货物应于信用证到达后30日内出运，永鑫公司应提前与工厂确认货物生产周期，避免到期无法交货。

（3）商品运输说明中标注"需冷藏运输"，因此订舱时应注意选择冻柜，而非普柜。

（4）本例中采用CIF贸易术语，保险由卖方负责，为了避免漏保产生损失，永鑫公司应在订舱后及时向保险公司办理投保手续。

五、本案例全套单证

出口合同、信用证、商业发票、装箱单、原产地证明书申请书、普惠制原产地证明书（FORM A）、国际海运货物委托书、代理报检委托书、出境货物报检单、代理报关委托书、出口货物报关单、海运提单、装运通知、投保单、保险单、交单委托书、汇票。

第二节　缮制全套单证
Make A Full Set of Documents

1.出口合同

出口合同见表9-2。

表9-2　　　　　　　　　　　　　　出口合同

SALES CONFIRMATION

卖方：Shanghai Yongxin Trading Co., Ltd.
Seller: 8# Ji Long Road, WaiGaoqiao Free Trade Zone, Shanghai, China
买方：Japan Maner Group International Co., Ltd.
Buyer: 1-1 Port-cho 3-chome Hakodate City Hokkaido, Japan

NO.: CT0000053
DATE: 2016-08-09

经买卖双方同意成交下列商品，订立条款如下：
This contract is made by and agreed between the BUYER and SELLER, in accordance with the terms and conditions stipulated below.

商品编号 Product No.	名称及规格 Description of goods	数量 Quantity	单价 Unit Price	金额 Amount
			CIF ▼ Nagoya,Japan	▼
DP-005	Vegetable Juice Specification: 340ml/tin, 6tins/carton	52800 TINS	USD 1.60	USD 84480.00
总值TOTAL:		52800　TINS		USD ▼ 84480.00

Say Total(金额大写): USD EIGHTY FOUR THOUSAND FOUR HUNDRED AND EIGHTY ONLY

Transshipment (转运):
☐Allowed (允许)　☑Not allowed (不允许)

Partial shipments (分批装运):
☐Allowed (允许)　☑Not allowed (不允许)

Port of Shipment (装运港):
Shanghai,China ▼

Port of Destination (目的港):
Nagoya,Japan ▼

Shipment (装运条款):
Shipment within 30 days after receipt of L/C ▼　　　　　　By sea ▼

Marks and Numbers (唛头):
N/M

Insurance (保险):
☐To be covered by the Buyer.
由买方负责。
☑To be covered by the Seller FOR 110% ▼ of the invoice value covering ICC(A) additional WAR Risks.
由　按发票金额　投保。

Terms of payment (付款条件):
100 % by L/C at sight.
　% 以　预付, 其余　% 以　支付。

Documents required (单据):
The sellers shall present the following documents required.
卖方应提交下列单据。
☑Full set of clean on Board Ocean Bills of Lading.
　整套正本清洁提单。
☐Airway bill/cargo receipt/copy of railway bills.
　空运提单或承运收据或铁路联运单。
☑Signed commercial invoice in 3　copies.
　商业发票一式　份。
☑Packing list/weight memo in 3　copies.
　装箱单或重量单一式　份。
☐Certificate of Quantity/Weight in　copies issued by
　由　签发的数量/重量证明书一式　份。
☐Certificate of Quality in　copies issued by
　由　签发的品质证明书一式　份。
☐Health Certificate in　copies issued by

☐ Health Certificate in _____ copies issued by _____ .
由__签发的健康证明书一式__份。

☑ Certificate of phytosanitary in 1 copies issued by Inspection agency .
由__签发的植物检疫证明书一式__份。

☐ Veterinary (Health) Certificate in _____ copies issued by _____ .
由__签发的兽医（卫生）证书一式__份。

☑ Sanitary Certificate in 1 copies issued by Inspection agency .
由__签发的卫生证书一式__份。

☐ Fumigation/Disinfection Certificate in _____ copies issued by _____ .
由__签发的重蒸/消毒证书一式__份。

☐ Certificate for CCC in _____ copies.
CCC认证证书一式__份。

☑ Insurance policy in 1 copies.
保险单一式__份。

☐ Certificate of Origin in _____ copies issued by _____ .
由__签发的一般原产地证一式__份。

☑ Certificate of Origin Form A in 1 copies issued by Inspection agency .
由__签发的普惠制产地证一式__份。

☐ Certificate of Origin Form E in _____ copies issued by _____ .
由__签发的《中国-东盟自由贸易区》优惠原产地证明书一式__份。

☐ Certificate of Origin Form B in _____ copies issued by _____ .
由__签发的《亚太贸易协定》优惠原产地证明书一式__份。

Shipping advice (装运通知):
The sellers shall immediately, upon the completion of the loading of the goods, advise the buyers of the Contract No, names of commodity, loaded quantity, invoice values, gross weight, names of vessel and shipment date by TLX/FAX.
一旦装运完毕，卖方应即电告买方合同号、商品号、已装载数量、发票总金额、毛重、运输工具名称及启运日期等。

Inspection and Claims (检验与索赔)
1.   The buyers shall have the qualities, specifications, quantities of the goods carefully inspected by the Inspection Authority, which shall issue Inspection Certificate before shipment.
卖方在发货前由检验机构对货物的品质、规格和数量进行检验，并出具检验证明书。
2.   The buyers have right to have the goods inspected by the local commodity inspection authority after the arrival of the goods at the port of destination if the goods are found damaged/short/their specifications and quantities not in compliance with that specified in the contract, the buyers shall lodge claims against the sellers based on the Inspection Certificate issued by the Commodity Inspection Authority within _____ days after the goods arrival at the destination.
货物到达目的口岸后，买方可委托当地的商品检验机构对货物进行复检。如果发现货物有损坏、残缺或规格、数量与合同规定不符，买方须于发到目的口岸之日起__天内凭检验机构出具的检验证明书向卖方索赔。
3.   The claims, if any regarding to the quality of the goods, shall be lodged within _____ days after arrival of the goods at the destination, if any regarding to the quantities of the goods, shall be lodged within _____ days after arrival of the goods at the destination. The sellers shall not take any responsibility if any claims concerning the shipping goods is up to the responsibility of Insurance Company/Transportation Company/Post Office.
如买方提出索赔，凡属品质异议须于货到目的口岸之日起__天内提出；凡属数量异议须于货到目的口岸之日起__天内提出。对所货物所提任何异议应由保险公司、运输公司或邮递机构负责的，卖方不负任何责任。

Force Majeure (人力不可抗拒):
The sellers shall not hold any responsibility for partial or total non-performance of this contract due to Force Majeure. But the seller advise the buyers on time of such occurrence.
如因人力不可抗拒的原因造成本合同全部或部分不能履约，卖方概不负责但卖方应将上述发生的情况及时通知买方。

Disputes settlement (争议之解决方式):
All disputes in connection with this contract of the execution thereof shall be amicably settled through negotiation. In case no amicable settlement can be reached between the two parties, the case under dispute shall be submitted to arbitration, which shall be held in the country where the defendant resides, or in third country agreed by both parties. The decision of the arbitration shall be accepted as final and binding upon both parties. The Arbitration Fees shall be borne by the losing party.
凡执行本合约或有关本合约所发生的一切争执，双方应协商解决。如果协商不能得到解决，应提交仲裁。仲裁地点在被告方所在国内，或者在双方同意的第三国。仲裁裁决是终局的，对双方都有约束力，仲裁费用由败诉方承担。

Law application (法律适用):
It will be governed by the law of the People's Republic of China under the circumstances that the contract is signed or the goods while the disputes arising are in the People's Republic of China or the defendant is Chinese legal person, otherwise it is governed by Untied Nations Convention on Contract for the International Sale of Goods.
本合同之签订地，或发生争议时货物所在地在中华人民共和国境内或诉讼人为中国法人的，适用中华人民共和国法律，除此规定外，适用《联合国国际货物销售公约》。
The terms in the contract based on INCOTERMS 2010 of the International Chamber of Commerce. 本合同使用的价格术语系根据国际商会《INCOTERMS 2010》。

Versions (文字):
This contract is made out in both Chinese and English of which version is equally effective. Conflicts between these two languages arising therefrom, if any, shall be subject to Chinese version.
本合同中、英两种文字具有同等法律效力，在文字解释上，若有异议，以中文解释为准。
This contract is in 3 copies, effective since being singed/sealed by both parties.
本合同共__份，自双方代表签字（盖章）之日起生效。

The Buyer	The Seller
Japan Maner Group International Co., Ltd.	Shanghai Yongxin Trading Co., Ltd.
Martin	Guoxin Wang

2. 信用证

信用证见表9-3。

表9-3 信用证

```
--------------------------------------- MESSAGE HEADER ---------------------------------------
  Sender        :JABKJPNY113
  Message Type : 700 LETTER OF CREDIT
  Receiver      :ABOCCNBJ240
---------------------------------------- MESSAGE TEXT ----------------------------------------
:27:  SEQUENCE OF TOTAL
      1/1
:40A:  FORM OF DOCUMENTARY CREDIT
      IRREVOCABLE
:20:  DOCUMENTARY CREDIT NUMBER
      002/0000031
:31C: DATE OF ISSUE
      20150725
:40E: APPLICABLE RULES
      UCP LATEST VERSION
:31D: DATE AND PLACE OF EXPIRY
      20150930            in the beneficiary's country
:50:  APPLICANT
      Japan Maner Group International Co., Ltd.
      1-1 Port-cho 3-chome Hakodate City Hokkaido, Japan
:59:  BENEFICIARY
      Shanghai Yongxin Trading Co., Ltd.
      8# Ji Long Road, WaiGaoqiao Free Trade Zone, Shanghai, China
:32B:  CURRENCY CODE, AMOUNT
      USD    84 480,00
:41D: AVAILABLE WITH BY
      ANY BANK BY PAYMENT
:42C: DRAFTS AT
      AT SIGHT
:42A: DRAWEE
      ISSUE BANK
:43P: PARTIAL SHIPMENTS
      NOT ALLOWED
:43T: TRANSHIPMENT
      NOT ALLOWED
:44E: PORT OF LOADING/AIRPORT OF DEPARTURE
      Shanghai,China
:44F: PORT OF DISCHARGE/AIRPORT OF DESTINATION
      Nagoya,Japan
:44C: LATEST DATE OF SHIPMENT
      20150825
:45A: DESCRIPTION OF GOODS AND/OR SERVICES
      DP-005 Vegetable Juice
      Specification: 340ml/tin, 6tins/carton
      QUANTITY: 52800TINS
      PRICE:  USD1.60
      CIF Nagoya,Japan

:46A: DOCUMENTS REQUIRED
      Signed commercial invoice in 2 copies indicating L/C No. and Contract No. CT0000053
      Full set of clean on board Bills of Lading made out to order and blank endorsed, marked "freightprepaid "
      notifying Applicant
      Insurance Policy/Certificate in 2 copies for 110% of the invoice value showing claims payable in Japan in
      currency of the draft, blank endorsed, covering ICC(A) additional WAR Risks..
      Packing List/Weight Memo in 2 copies indicating quantity, gross and weights of each package.
      Other documents, if any
      Certificate of phytosanitary in 2 copies issued by Inspection agency.
      Certificate of Origin Form A in 2 copies issued by Inspection agency.


:47A: ADDITIONAL CONDITIONS
      All banking charges outside the opening bank are for beneficiar's account.
      Documents must be presented within 21 days after date of issuance of the transport documents but within
      the validity of this credit.
:71B: CHARGES
      All banking charges outside the opening bank are for beneficiary's account
:49: CONFIRMATION INSTRUCTIONS
      WITHOUT
:57D: ADVISE THROUGH BANK
      Agricultural Bank of China
      32 East Huancheng rd., Kunmin, China
```

3. 商业发票

商业发票见表9-4。

表9-4   商业发票

ISSUER Shanghai Yongxin Trading Co., Ltd. 8# Ji Long Road, WaiGaoqiao Free Trade Zone, Shanghai, China	**商业发票** **COMMERCIAL INVOICE**
TO Japan Maner Group International Co., Ltd. 1-1 Port-cho 3-chome Hakodate City Hokkaido, Japan	

TRANSPORT DETAILS	NO.	DATE
From Shanghai,China to Nagoya,Japan Shipment within 30 days after receipt of L/C By sea	IV0000042	2015-07-16
	S/C NO. CT0000053	L/C NO. 002/0000031

TERMS OF PAYMENT

100 % by L/C at sight

Product No.	Description of goods	Quantity	Unit Price	Amount
			CIF ▾ Nagoya,Japan ▾	
DP-005	Vegetable Juice Specification: 340ml/tin, 6tins/carton	52 800 TINS	USD 1.60	USD 84 480.00
	Total: [52 800][TINS]			[USD][84 480.00]

SAY TOTAL: SAY USD EIGHTY FOUR THOUSAND FOUR HUNDRED AND EIGHTY ONLY

MARKS AND NUMBERS:

N/M

Shanghai Yongxin Trading Co., Ltd.

Guoxin Wang

4.装箱单

装箱单见表9-5。

表9-5 装箱单

ISSUER	装箱单 PACKING LIST
Shanghai Yongxin Trading Co., Ltd. 8# Ji Long Road, WaiGaoqiao Free Trade Zone, Shanghai, China	

TO	
Japan Maner Group International Co., Ltd. 1-1 Port-cho 3-chome Hakodate City Hokkaido, Japan	

PACKING LIST NO.	
PL0000071	
INVOICE NO.	DATE
IV0000042	2015-07-16

Product No.	Description of goods	Package	G.W	N.W	Meas.
○ DP-005	Vegetable Juice Specification: 340ml/tin, 6tins/carton	8 800 CARTONS	19 800.00 KGS	17 952.00 KGS	132.0000 CBM

[Add] [Edit] [Delete]

Total:
[8 800]	[19 800.00]	[17 952.00]	[132.0000]
[CARTONS]	[KGS]	[KGS]	[CBM]

SAY TOTAL: SAY EIGHT THOUSAND EIGHT HUNDRED CARTONS ONLY

MARKS AND NUMBERS:

N/M

Shanghai Yongxin Trading Co., Ltd.

Guoxin Wang

5.原产地证明书申请书

原产地证明书申请书见表9-6。

表9-6　　　　　　　　　　　　　　　原产地证明书申请书

原产地证明书申请书

申请单位及注册号码(盖章)：上海永鑫贸易有限公司310000202100101　　　　　证书号码：G132075501040035

申请人郑重声明：

本人是被正式授权代表申请单位申请办理原产地证明书和签署本申请书的。

本人所提供原产地证明书及所附单据内容正确无误，如发现弄虚作假，冒充证书所列货物，擅改证书，自愿按照有关规定接受处罚并负法律责任。现将有关情况申报如下：

申请单位	上海永鑫贸易有限公司				联系人	王国新	电话	86-21-88696868
序号	HS编码	货物名称	进口成份	生产企业		数/重量	单位	FOB值（美元）
1	2009909000	蔬菜汁		中国海德实业公司		52 800.00	TINS	
发票号码	IV0000042			商品FOB总值（美元）				

贸易方式（请在相应的"口"内处打"√"）

☑一般贸易	□加工贸易	□零售	□展卖	□其他

中转国/地区		最终销售国	日本	出口日期	2016-08-09

申请证书类型：（请在相应的"口"内处打"√"）

1. □ 出口货物一般原产地证明书；
2. □ 加工装配证明书；
3. ☑ 普惠制原产地证明书；
4. □ 《亚太贸易协定》优惠原产地证明书；
5. □ 《中国-东盟自由贸易区》优惠原产地证明书；
6. □ 《中国-巴基斯坦自由贸易区》优惠原产地证明书；
7. □ 《中国-智利自由贸易区》优惠原产地证明书；
8. □ 烟草真实性证明书；
9. □ 转口证明书；
10. □ 其他原产地证明书（请列明＿＿＿＿＿＿＿＿＿＿＿＿＿＿＿＿＿＿＿）

备注：

申报员（签名）：王国新

电话：86-21-88696868

日期：2016年8月9日

现提交出口商业发票副本一份，原产地证明书一套，以及其他附件　　　份，请予审核签证。

*注："进口成分"指产品含进口成分的情况，如不含进口成分，则填0，若含进口成分，则填进口成分占产品出厂价的百分比。

6. 普惠制原产地证明书（FORM A）

普惠制原产地证明书见表9-7。

表9-7　　　　　　　　　　　　普惠制原产地证明书

ORIGINAL

1. Good consigned from (Exporter's business name,address,country) Shanghai Yongxin Trading Co., Ltd. 8# Ji Long Road, WaiGaoqiao Free Trade Zone, Shanghai, China China	Reference No. GP/000/0019 **GENERALIZED SYSTEM OF PREFERENCES** **CERTIFICATE OF ORIGIN** (Combined declaration and certificate) **FORM A**
2. Goods consigned to(Consignee's name,address,country) Japan Maner Group International Co., Ltd. 1-1 Port-cho 3-chome Hakodate City Hokkaido, Japan Japan	
3. Means of transport and route(as far as Known) FROM Shanghai TO Nagoya By sea	4. For official use

Item number	6. Marks and numbers of packages	7. Number and kind of packages;description of goods	8. Origin criterion (see Notes overleaf)	9. Gross weight or other quantity	10. Number and date of invoices
1	N/M	eight thousand eight hundred(8800)carton of Vegetable Juice Specification: 340ml/tin, 6tins/carton	"P"	52 800 TINS	IV0000042 July 16,2015

11. Certification It is hereby certified,on the basis of control carried out,that the declaration by the exporter is correct .... Place and date, signature and stamp of certifying authority	12. Declaration by the exporter The undersigned herby declares that the above details and statements are correct,that all the goods were produced in ____China____ (country) and that they comply with the origin requirements specified for those goods in the Generalized System of Preferences for goods exported to ____Japan____ (importing country) 2016-08-09　Shanghai Yongxin Trading Co., Ltd. Place and date, signature and stamp of certifying authority

7. 国际海运货物委托书

国际海运货物委托书见表9-8。

表9-8　　　　　　　　　　　　国际海运货物委托书

INSTRUCTION FOR CARGO BY SEA
国际海运货物委托书

To:	International Logistics Co., Ltd.		☑ 委托代理报关 Customs Agent
SHIPPER(发货人)	Shanghai Yongxin Trading Co., Ltd.	TEL 86-21-88696868	☑ 委托我司拖货 Transport Agent
ADDRESS(地址)	8# Ji Long Road, WaiGaoqiao Free Trade Zone, Shanghai, China		☐ 委托办理保险 Insurance Agent

DATE(日期)	2015-08-20	
CONSIGNEE(收货人)	TO ORDER	TEL
ADDRESS(地址)		

ALSO NOTIFY(并通知)	Japan Maner Group International Co., Ltd.	TEL 0081-80035502
ADDRESS(地址)	1-1 Port-cho 3-chome Hakodate City Hokkaido, Japan	
PLACE OF SHIPMENT(起运地)	Shanghai,China ▼	
PLACE OF DELIVERY(目的地)	Nagoya,Japan ▼	
PORT OF DISCHARGE(卸货港)	Nagoya,Japan ▼	
OCEAN VESSELNOYAGE(船名航次)		

DESCRIPTION OF GOODS 货物名称及描述	MARKS & NUMBERS 唛头	NO.OF PACKAGE 件数	GROSS WEIGHT/KG 毛重	NET WEIGHT/KG 净重	MEAS/CBM 体积
Vegetable Juice ○ Specification: 340ml/tin, 6tins/carton	N/M	8 800 CARTONS	19 800.00 KGS	17 952.00 KGS	132.0000 CBM
				[Add] [Edit] [Delete]	
TOTAL:	8 800 CARTONS	19 800.00 KGS	17 952.00 KGS	132.0000 CBM	

RATE AGREED运费议定	SPECIAL INSTRUCTIONS 特别附注
☑ 货柜 FCL　☐ 拼箱 LCL	

柜型及数量 Container Type and Quantity	☐ 20' GP (普柜) X	☐ 40' GP (普柜) X	☐ 40' HC (普高柜) X
	☐ 20' RF (冻柜) X	☐ 40' RF (冻柜) X	☑ 40' RH (冻高柜) X 2
	☐ 20' Platform X	☐ 40' Platform X	
	☐ 20' Car X	☐ 40' Car X	

IMPORTANT-Please indicate freight payment by WHOM.

FREIGHT(运费) ☑ PREPAID ☐ COLLECT	LOCAL CHARGES (本地运费) ☐ PREPAID ☐ COLLECT

OTHRE CHARGE(其他费用)

DOCUMENT 文件单据	INVOICE发票#:	IV0000042	OTHER DOCUMENT 1#& NO:
	PACKING LIST装箱单#:	PL0000071	OTHER DOCUMENT 2#& NO:

DECLARED VALUE 价值	INSURANCE AMOUNT 保险额		Service Mode	For Customs 报关金额	USD 84 480.00
				For Carriage 运输金额	USD 84 480.00

注意事项
委托前请仔细阅读

1.由于收货人拒绝收货或延迟收货,所产生的所有费用包括货物退回的费用,由委托人承担,委托人应在受到通知7日内支付,并承担相关法律责任;

2.委托人交付的货物,其申报价值如果在USD600以上,请自行购买保险,并由我司通知我公司相关人员;对于虚报所产生责任由委托人承担;

3.货物应具有符合海运运输要求的完整包装,若收货人对货物有任何异议,应在提货前提出,并得到放货单书面认可;否则将被视为自动放弃;

4.托运人按船公司要求的付款时间内缴清全部费用,若收货人逾期不按时支付运费,将按5%缴纳滞纳金,并且承运人有权采取必要的措施收回滞纳费;

5.客户应及时,准确提供有关单证。如无特殊要求,一律按可拼箱、可分批处理。运费到,预付不填,按预付处理,托运人承担由此引起的一切损失。

CONSIGNOR'S DETAIL委托人资料

CONSIGNOR'S NAME &ADDERSS (公司名称及地址)	Shanghai Yongxin Trading Co., Ltd. 8# Ji Long Road, WaiGaoqiao Free Trade Zone, Shanghai, China	INSTRUCTION BY: (经手人) SIGNED & CHOPPED: 签字及盖章	委托人声明:1.已经阅读以上注意事项并同意。 2.所委托的货物及包装不涉及违反起运国和目的国相关法律及国际海运运输安全规定,并对此承担相应责任。 Guoxin Wang

8. 代理报检委托书

代理报检委托书见表9-9。

表9-9　　　　　　　　　　　代理报检委托书

代 理 报 检 委 托 书

编号：IL00522015

出入境检验检疫局：

　　本委托人（备案号/组织机构代码 _____ 201100101 _____ ）保证遵守国家有关检验检疫法律、法规的规定，保证所提供的委托报检事项真实、单货相符；否则，愿承担相关法律责任。具体委托情况如下：

本委托人将于 2015 年 8 月间进口/出口 如下货物：

品名	蔬菜汁	HS 编码	2009909000
数（重）量	52 800罐	包装情况	8 800箱
信用证/合同号	002/0000031/CT0000053	许可文件号	***
进口货物收货单位及地址	***	进口货物提/运单号	***
其他特殊要求	***		

　　特委托 _____ 中国永利报检行 _____ …（代理报检注册登记号 ___ 3005600101 ___ ）代表本委托人办理上述货物的下列出入境检验检疫事宜：

☑ 1. 代理报检手续；
☑ 2. 代缴纳检验检疫费；
☑ 3. 联系和配合检验检疫机构实施检验检疫；
☑ 4. 领取检验检疫证单。
☐ 5. 其他与报检有关的相关事宜：***

联 系 人：王国新

联系电话：86-21-88696868

本委托书有效期至：2015 年 9 月 15 日

委托人（加盖公章）

2015 年 8 月 16 日

受托人确认声明

本企业完全接受本委托书。保证履行以下职责：

1. 对委托人提供的货物情况和单证的真实性、完整性进行核实；

2. 根据检验检疫有关法律、法规规定办理上述货物的检验检疫事宜；

3. 及时将办结检验检疫手续的有关委托内容的单证、文件移交委托人或其指定的人员；

4. 如实告知委托人检验检疫部门对货物的后续检验检疫及监管要求。

如在委托事项中发生违法或违规行为，愿承担相关法律和行政责任。

联系人：

联系电话：

受托人（加盖公章）

年　　月　　日

9. 出境货物报检单

出境货物报检单见表9-10。

表9-10   出境货物报检单

出 境 货 物 报 检 单

报检单位（加盖公章）：中国永利报检行   编号：330120211000032

报检单位登记号：3005600101   联系人：欧娴雅   电话：86-21-63591364   报检日期：2015 年 8 月 16 日

发货人	（中文）上海永鑫贸易有限公司
	（英文）Shanghai Yongxin Trading Co., Ltd.
收货人	（中文）日本曼尼尔国际集团有限公司
	（英文）Japan Maner Group International Co., Ltd.

货物名称(中/外文)	H.S.编码	产地	数/重量	货物总值	包装种类及数量
蔬菜汁 Vegetable Juice	2009909000	上海	17 952 千克	USD 84 480.00	8 800 纸箱

运输工具名称号码	PAPHOS/A034N	贸易方式	一般贸易	货物存放地点	码头
合同号	CT0000053	信用证号	002/0000031	用途	其他
发货日期	2015-08-20	输往国家(地区)	日本	许可证/审批号	***
启运地	上海	到达口岸	名古屋	生产单位注册号	5200004282

| 集装箱规格、数量及号码 | *** |

合同、信用证订立的检验检疫条款或特殊要求	标 记 及 号 码	随附单据（画"√"或补填）	
***	N/M	☑合同	☐包装性能结果单
		☑信用证	☐许可/审批文件
		☑发票	
		☐换证凭单	
		☑装箱单	
		☐厂检单	

需要证单名称（画"√"或补填）			*检验检疫费	
☐品质证书	_正 _副	☑植物检疫证书 1正 2副	总金额（人民币元）	
☐数量/重量证书	_正 _副	☐熏蒸/消毒证书 _正 _副		
☐兽医卫生证书	_正 _副	☐出境货物换证凭单 _正 _副	计费人	
☐健康证书	_正 _副			
☑卫生证书	1正 2副		收费人	
☐动物卫生证书	_正 _副			

报检人郑重声明：	领 取 证 单	
1. 本人被授权报检。 2. 上列填写内容正确属实，货物无伪造或冒用他人的厂名、标志、认证标志，并承担货物质量责任。　　　　　签名：欧娴雅	日期	
	签名	

注：有"*"号栏由出入境检验检疫机关填写   ◆国家出入境检验检疫局制

[1-2（2000.1.1)]

10.代理报关委托书

代理报关委托书见表9-11。

表9-11　　　　　　　　　　　代理报关委托书

代 理 报 关 委 托 书

编号：　1220130000086

中国元通报关行　　　　　　　　　　□□：

我单位现　A　(A逐票、B长期)委托贵公司代理　ABCD　等通关事宜。（A、填单申报B、辅助查验C、垫缴税款D、办理海关证明联E、审批手册F、核销手册G、申办减免税手续H、其他）详见《委托报关协议》。

我单位保证遵守《海关法》和国家有关法规,保证所提供的情况真实、完整、单货相符；否则，愿承担相关法律责任。

本委托书有效期自签字之日起至　2015　年　9　月　18　日止。

委托方(盖章)：　上海永鑫贸易有限公司

法定代表人或其授权签署《代理报关委托书》的人（签字）　王国新

　　　　　　　　　　　　　　　　　　　　　2015　年　8　月　20　日

委 托 报 关 协 议

为明确委托报关具体事项和各自责任,双方平等协商签订协议如下：

委托方	上海永鑫贸易有限公司	被委托方	
主要货物名称	蔬菜汁	*报关单编码	No.
HS编码	2009909000	收到单证日期	年 月 日
货物总价	USD　84 480.00	收到单证情况	合同□　发票□
进出口日期	2015 年 8 月 20 日		装箱清单□　提（运）单□
提单号			加工贸易手册□　许可证件□
贸易方式	一般贸易		其他
原产地/货源地	中国	报关收费	人民币：　　元

其他要求：　　　　　　　　　　　　　承诺说明：

背面所列通用条款是本协议不可分割的一部分,对本协议的签署构成了对背面通用条款的同意。　　　　背面所列通用条款是本协议不可分割的一部分,对本协议的签署构成了对背面通用条款的同意。

委托方业务签章：　上海永鑫贸易有限公司　　被委托方业务签章：

经办人签章：　王国新　　　　　　　　　经办报关员签章：

联系电话：86-21-88696868　2015 年 8 月 20 日　联系电话：　　　　年 月 日

(白联:海关留存、黄联:被委托方留存、红联:委托方留存)　　　中国报关协会监制

11. 出口货物报关单

出口货物报关单见表9-12。

表9-12

出口货物报关单

预录入编号：XX2015000005			海关编号：XX2015005		

收发货人	上海永鑫贸易有限公司 1021060101	出口口岸 上海海关(2200)	出口日期 20150820	申报日期 20150818

生产销售单位	中国海德实业公司 3600064282	运输方式 水路运输	运输工具名称 PAPHOS/A034N	提运单号 COBL0000041

申报单位	中国元通报关行 2200061004	监管方式 一般贸易(0110)	征免性质 一般征税(101)	备案号

贸易国(地区) 日本(116)	运抵国(地区) 日本(116)	指运港 名古屋(1287)	境内货源地

许可证号	成交方式 CIF	运费 502/1020.00/3	保费 502/817.77/3	杂费 / /

合同协议号 CT0000053	件数 8800	包装种类 纸箱	毛重(千克) 19800.00	净重(千克) 17952.00

集装箱号 BJYU0010162/40/4560; BJYU0020127/40/4560	随附单据 BEP0000195

标记唛码及备注
N/M

项号	商品编号	商品名称、规格型号	数量及单位	最终目的国(地区)	单价	总价	币制	征免
○1	2009909000	蔬菜汁 规格：每罐340ml，每箱6罐	17952.00 千克 52800.00 罐	日本(116)	1.60	84480.00	美元(502)	照章征税

[添加] [修改] [删除]

特殊关系确认：否	价格影响确认：否	支付特许权使用费确认：否

录入员 录入单位	兹声明对以上内容承担如实申报、依法纳税之法律责任	海关批注及签章
报关人员 何林	申报单位(签章) 中国元通报关行	

12. 海运提单

海运提单见表9-13。

表9-13　　　　　　　　　　　　　海运提单

1. Shipper Insert Name, Address and Phone Shanghai Yongxin Trading Co., Ltd. 8# Ji Long Road, WaiGaoqiao Free Trade Zone, Shanghai, China Tel:86-21-88696868	B/L No. COBL0000041

正利航运有限公司

Cheng Li Shipping Company, Ltd.

TEL:001 213 210 7721
FAX:001 213 210 7721
ORIGINAL
Port-to-Port or Combined Transport

BILL OF LADING

2. Consignee Insert Name, Address and Phone TO ORDER	

3. Notify Party Insert Name, Address and Phone (It is agreed that no responsibility shall attach to the Carrier or his agents for failure to notify) Japan Maner Group International Co., Ltd. 1-1 Port-cho 3-chome Hakodate City Hokkaido, Japan Tel:0081-80035502	

RECEIVED in external apparent good order and condition except as other-Wise noted. The toTAL number of packages or unites stuffed in the container,The description of the goods and the weights shown in this Bill of Lading are Furnished by the Merchants, and which the carrier has no reasonable means Of checking and is not a part of this Bill of Lading contract. The carrier has Issued the number of Bills of Lading stated below, all of this tenor and date, One of the original Bills of Lading must be surrendered and endorsed or sig-Ned against the delivery of the shipment and whereupon any other original Bills of Lading shall be void. The Merchants agree to be bound by the terms And conditions of this Bill of Lading as if each had personally signed this Bill of Lading.
SEE clause 4 on the back of this Bill of Lading (Terms continued on the back Hereof, please read carefully).
*Applicable Only When Document Used as a Combined Transport Bill of Lading.

4. Combined Transport* Pre - carriage by	5. Combined Transport* Place of Receipt
6. Ocean Vessel Voy. No. PAPHOS　　　A034N	7. Port of Loading Shanghai,China
8. Port of Discharge Nagoya,Japan	9. Combined Transport* Place of Delivery

Marks & Nos. Container / Seal No.	No. of Containers or Packages	Description of Goods (If Dangerous Goods, See Clause 20)	Gross Weight Kgs	Measurement
N/M BJYU0010162/FTD010162/40'RH; BJYU0020127/FTD020127/40'RH	2 X 40'RH	Vegetable Juice 8800CARTONS; FREIGHT PREPAID	19 800.00　KGS	132.0000　CBM

Description of Contents for Shipper's Use Only (Not part of This B/L Contract)

10. ToTAL Number of containers and/or packages (in words) Subject to Clause 7 Limitation	EIGHT THOUSAND EIGHT HUNDRED CARTONS

11. Freight & Charges	Revenue Tons	Rate	Per	Prepaid	Collect
Declared Value Charge					

Ex. Rate:	Prepaid at	Payable at	Place and date of issue China 2015-08-20
	Total Prepaid	No. of Original B(s)/L 3/3	Signed for the Carrier, Cheng Li Shipping Company, Ltd.

LADEN ON BOARD THE VESSEL

DATE 2015-08-20　　BY

13. 装运通知

装运通知见表9-14。

表9-14　　　　　　　　　　　装运通知

SHIPPING ADVICE

To: Japan Maner Group International Co., Ltd.
1-1 Port-cho 3-chome Hakodate City Hokkaido, Japan

Invoice No.: IV0000042

Date: 2015-08-24

Dear Sir or Madam:

We are pleased to advice you that the following mentioned goods has been shipped out, full details were shown as follows:

L/C No.: 002/0000031

Contract No.: CT0000053

B/L No./AWB No.: COBL0000041

Vessel/Flight: PAPHOS

Voy. No. A034N

Port of Shipment: Shanghai,China

Port of Destination: Nagoya,Japan

Date of shipment: 2015-08-20

Estimated date of arrival: 2015-09-04

Description of goods: Vegetable Juice

Packing & Quantity: 8 800　　CARTONS

Total Value: USD　84 480.00

Thank you for your patronage. We look forward to the pleasure of receiving your valuable repeat orders.

Sincerely yours,

Shanghai Yongxin Trading Co., Ltd.

14. 投保单

投保单见表9–15。

表9–15　　　　　　　　　　　　投保单

货 物 运 输 险 投 保 单

APPLICATION FOR CARGO TRANSPORTATION INSURANCE

投保单号：TI0000038

注意：请您在保险人明确说明本投保单及适用保险条款后，如实填写本投保单，您所填写的材料将构成签订保险合同的要约，成为保险人核保并签发保险单的依据。除双方另有约定外，保险人签发保险单且投保人向保险人缴清保险费后，保险人开始按约定的险种承保货物运输保险。

投保人 Applicant	Shanghai Yongxin Trading Co., Ltd.				
投保人地址 Applicant's Add	8# Ji Long Road, WaiGaoqiao Free Trade Zone, Shanghai, China		邮编 Code		200130
联系人 Contact	Guoxin Wang	电话 Tel.	86-21-88696868	电子邮箱 E-mail	
被保险人 Insured	Shanghai Yongxin Trading Co., Ltd.			电话 Tel.	86-21-88696868
贸易合同号 Contract No.	CT0000053	信用证号 L/C No.	002/0000031	发票号 Invoice No.	IV0000042

标记 Marks & Nos.	包装及数量 Packing & quantity		保险货物项目 Description of goods
N/M	8 800	CARTONS	Vegetable Juice

装载运输工具：Name of the Carrier　PAPHOS

起运日期：Departure Date　As Per B/L　　赔付地点：Claims Payable At　Nagoya,Japan

航行路线：自 Route From　Shanghai,China　经 Via　　到达（目的地）To(destination)　Nagoya,Japan

包装方式：_____
运输方式：_____

承保条件 投保人可根据投保意向选择投保险别及条款，并画"√"确认，但保险人承保的险别及适用条款以保险人最终确定并在保险单上列明的险种、条款为准。
Conditions:

进出口海洋运输：□一切险　□水渍险　□平安险　（《海洋运输货物保险条款》）
　　　　　　　　☑ICC(A)　□ICC(B)　□ICC(C)　（《伦敦协会条款》）
进出口航空运输：□航空运输险　□航空运输一切险　（《航空运输货物保险条款》）
进出口陆上运输：□陆运险　□陆运一切险　（《陆上运输货物保险条款》）

特殊附加险：☑战争险　□罢工险

特别约定Special Conditions:
1. 加成 Value Plus About 110 %
2. CIF金额 CIF value　　　　　3. 保险金额 Insured Value
4. 费率（‰）Rate　　　　　　5. 保险费 Premium

投保人声明：
1. 本人填写本投保单之前，保险人已经就本投保单及适用的保险条款的内容，尤其是关于保险人免除责任的条款及投保人和被保险人义务条款向本人作了明确说明，本人对该保险条款及保险条件已完全了解，并同意接受保险条款的约束。
2. 本投保单所填写各项内容均属事实，同意以本投保单作为保险人签发保险单的依据。
3. 保险合同自保险单签发之日起成立。

投保人签字（盖章）　Shanghai Yongxin Trading Co., Ltd.　　　日期　2016-08-09

15. 保险单

保险单见表9-16。

表9-16　　　　　　　　　　　　　保险单

货物运输保险单
CARGO TRANSPORTATION INSURANCE POLICY

发票号(INVOICE NO.) IV0000042

合同号(CONTRACT NO.) CT0000053　　　　　　　　　　保单号次

信用证号(L/C NO.) 002/0000031　　　　　　　　　　POLICY NO. PI0000093

被保险人

Insured　Shanghai Yongxin Trading Co., Ltd.

本公司根据被保险人的要求，由被保险人向本公司缴付约定的保险费，按照本保险单承保险别和背面所载条款与下列特款承保下述货物运输保险，特立本保险单。

THE COMPANY IN ACCORDANCE WITH THE REQUIREMENTS OF THE INSURED BY THE INSURED TO THE COMPANY AGREED TO PAY THE PREMIUMS, IN ACCORDANCE WITH THE INSURANCE COVERAGE AND ON THE BACK OF THE FOLLOWING TERMS AND CONDITIONS CONTAINED IN THE SPECIAL SECTION COVER THE CARRIAGE OF GOODS BY INSURANCE, OF THE INSURANCE TRINIDAD SINGLE.

标记 MARKS&NOS	包装及数量 QUANTITY	保险货物项目 DESCRIPTION OF GOODS	保险金额 AMOUNT INSURED
○N/M	8 800 CARTONS	Vegetable Juice	USD 92 928.00

[添 加] [修 改] [删 除]

SAY USD NINETY TWO THOUSAND NINE HUNDRED AND TWENTY EIGHT ONLY

总保险金额
TOTAL AMOUNT INSURED:

保费　　　　　　　启运日期　　　　　　　　装载运输工具
PERMIUM: USD 817.77　DATE OF COMMENCEMENT: As Per B/L　PER CONVEYANCE: PAPHOS

自　　　　　　　经　　　　　　　　至
FROM: Shanghai,China　VIA:　　　　　TO: Nagoya,Japan

承保险别
CONDITIONS:

ICC(A) additional WAR Risks.

所保货物，如发生保险单项下可能引起索赔的损失或损坏，应立即通知本公司下述代理人查勘。如有索赔，应向本公司提交保单正本(本保险单共有3份正本)及有关文件。如一份正本已用于索赔，其余正本自动失效。

IN THE EVENT OF LOSS OR DAMAGE WHICH MAY RESULT IN A CLAIM UNDER THIS POLICY, IMMEDIATE NOTICE MUST BE GIVEN TO THE COMPANY'S AGENT AS MENTIONED HEREUNDER. CLAIMS,IF ANY,ONE OF THE ORIGINAL POLICY WHICH HAS BEEN ISSUED IN 3 ORIGINAL(S) TOGETHER WITH THE RELEVENT DOCUMENTS SHALL BE SURRENDERED TO THE COMPANY . IF ONE OF THE ORIGINAL POLICY HAS BEEN ACCOMPLISHED. THE OTHERS TO BE VOID.

赔款偿付地点
CLAIM PAYABLE AT　Nagoya,Japan

出单日期
ISSUING DATE　2015-07-22　　　　　　　Authorized Signature

16. 交单委托书

交单委托书见表9-17。

表9-17　　　　　　　　　　　　　交单委托书

交单委托书

致：中国农业银行

本公司向贵行递交下列出口单据（见后附单据清单），信用证业务请贵行依照信用证中规定的《跟单信用证统一惯例》办理，跟单托收业务请按照现行《托收统一规则》办理。

公司中文名称：	上海永鑫贸易有限公司	公司英文名称：	Shanghai Yongxin Trading Co., Ltd.
公司联系人：	王国新	电话：	86-21-88696868
发票号码：	IV0000042	发票币种金额：	USD　84 480.00
索汇币种金额：	USD　84 480.00	核销单编号：	

** 请贵行收妥款项后，划入我司下列账号（如出单时未确定，请在账号处填写未确定）：

账号：200100000000001001　币种 USD　开户银行：交通银行

** 贵行费用请直接从我司下列账号中收取：

账号：200100000000001001　币种 USD　开户银行：交通银行

国际收支交易编码 101010 ▼　交易附言（出口商品中文名称）蔬菜汁

单据邮递费用：币种　　金额　　（银行填写，二次寄单需将费用加总）

收费时机：出单时收□　　收汇时收□　（银行填写）

信用证	信用证号码：002/0000031　我行通知号：AL000034	开证行（Issuing Bank）：Bank of Japan P.O.Box100 Nagoya, Japan
	寄单指示： ☒请贵行按信用证要求寄单索汇，收妥结汇 □若单据存在不符点。请通知我司改单 ☒若单据存在不符点，我司担保出单，并承担由此产生的不能收汇风险 □其他指示	

跟单托收	代收行指示： □代收行（Collecting Bank）（全称、地址） □请贵行代为选择代收行，风险由我司承担	付款人（Drawee）全称： 交单方式： □付款交单 (D/P) □承兑交单 (D/A)　期限：　▼ □其他交单方式：
	寄单指示： □贵行托收费用由　□我司承担　□付款人承担 □代收行费用由　□我司承担　□付款人承担 □若付款人拒绝付款/承兑，不必做绝拒付证书。 □其他指示	

单据清单

单据名称	份数	单据名称	份数
DRAFT	1	HEALTH CERTIFICATE	
COMMERCIAL INVOICE	2	CERTIFICATE OF PHYTOSANITARY	2
PROFORMA INVOICE		CERTIFICATE OF ORIGIN	
BILL OF LADING	3	GSP FORM A	2
AIR WAYBILL		FORM E	
RAIL WAYBILL		FORM B	
CARGO RECEIPT		BENE'S CERTIFICATE	
INSURANCE POLICY/CERTIFICATE	2	ACCEPTANCE CERTIFICATE	
PACKING LIST	2	NON-WOOD PACKING CERTIFICATE	
CERTIFICATE OF QUALITY		FUMIGATION/DISINFECTION CERTIFICATE	
CERTIFICATE OF QUANTITY/WEIGHT		CERTIFICATE FOR CCC	
VETERINARY (HEALTH) CERTIFICATE		OTHER(需在下面注明单据具体名称)	
SANITARY CERTIFICATE	2		

交单人签字：王国新

公司印鉴：

交单日期：2018 年 8 月 22 日

银行签收人：　　　　签收日期：

17. 汇票

汇票见表9-18。

表9-18   汇票

BILL OF EXCHANGE

No. S0000042   Date 2015-08-22

Exchange for USD   84 480.00

At —   Sight of this FIRST of Exchange

(Second of exchange being unpaid)

Pay to the Order of Agricultural Bank of China

the sum of SAY USD EIGHTY FOUR THOUSAND FOUR HUNDRED AND EIGHTY ONLY

Drawn under L/C No. 002/0000031   Date 20150725

To Bank of Japan
    P.O.Box100 Nagoya, Japan

Shanghai Yongxin Trading Co., Ltd.

(Authorized Signature)

第三篇　外贸函电与单证综合实训操作指南

Operation Guide for Comprehensive Training
of International Business Correspondence and Documents

第十章　商务函电操作系统

Business English Correspondence System

第一节　教师操作
Teachers Operation

函电教学系统的登录，如图10-1所示。

图10-1　登录函电教学系统

首先由系统管理员进行账号注册，教师凭账号登录步惊云商务函电教学系统进行教学。教师的工作主要包含3个部分：准备教学环境、组织教学与教学考核。

（1）准备教学环境：创建教师账号、班级与学生账号。创建成功后学生即可使用相应账号登录系统，开始实训。

（2）组织教学：教师根据教学需要，创建课程。课程内容可参考系统模板，也可自定义（在系统题库中挑选），可调节难度。

（3）教学考核：课程设置成功后学生开始实训，所有实训内容由系统自动评分，教师可在教学考核页面查看学生的实训情况与最终成绩。

一、准备教学环境

该画面中主要有四部分内容：系统、教师、班级与学生，如图10-2所示。

1. 系统

在此处可以查看所有教师（学生）账号在系统中的操作日志，如创建课程、删除课程的记录等。

2. 教师管理

点击"教师管理"，可进入"管理教师资料"界面（如图10-3所示）。

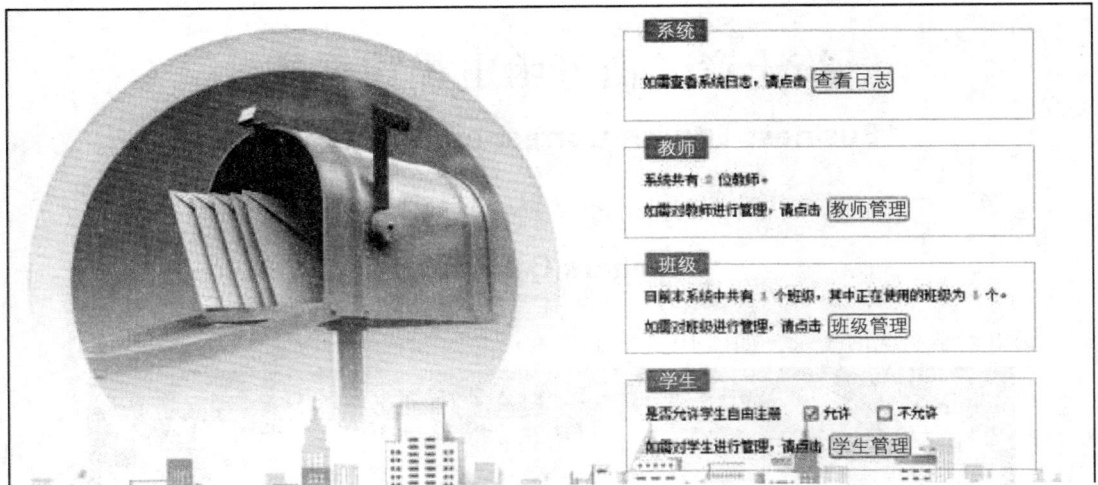

图 10-2   准备教学环境

共有2位老师。   新加教师

姓名	账号	密码	课程	最近课程时间	修改	删除
BJYTeacher01	dt01	dt01	13	2014-09-04	✎	✖
BJYTeacher02	dt02	dt02	0		✎	✖

|◁ ◁   1/1   ▷ ▷| 跳转到 ___ GO

图 10-3   管理教师资料

（1）增加教师。

点击"新加教师"按钮，输入教师姓名、账号（由英文字母、数字或下划线组成）、密码，分配其权限，再点击下方的"保存"按钮，增加完成（如图10-4所示）。如果有多位教师，请重复前述的增加操作。

（2）修改教师资料。

点击要修改的教师用户所对应的"修改"按钮，可对教师的姓名、密码进行修改，修改完成后，点击下方的"保存"按钮即可。

账号不可修改，如果需要修改教师账号，则须删除后再重新增加。

（3）删除教师。

点击要删除的教师用户所对应的"删除"按钮，则所选的教师用户将被删除。

3. 班级管理

点击"班级管理"按钮，可进入"管理班级资料"界面（如图10-5所示）。

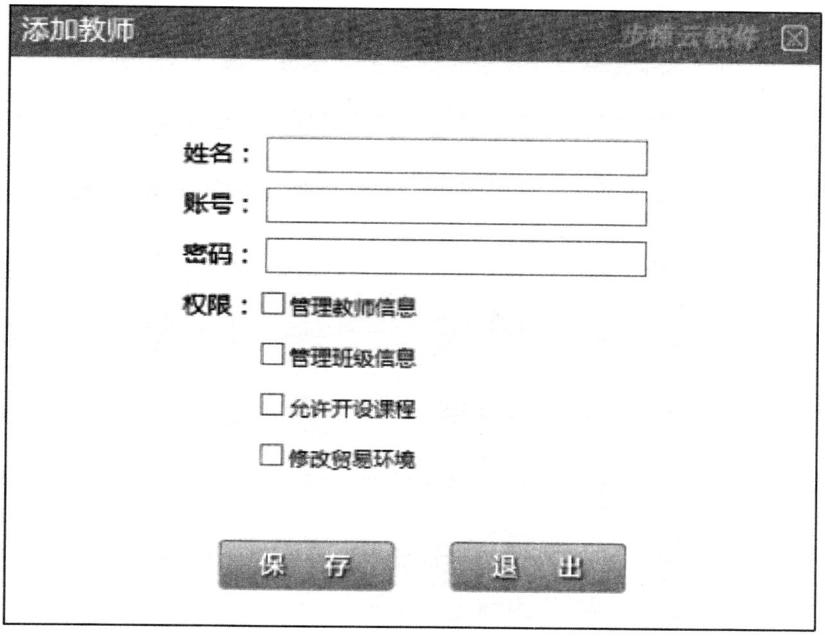

图 10-4　增加教师

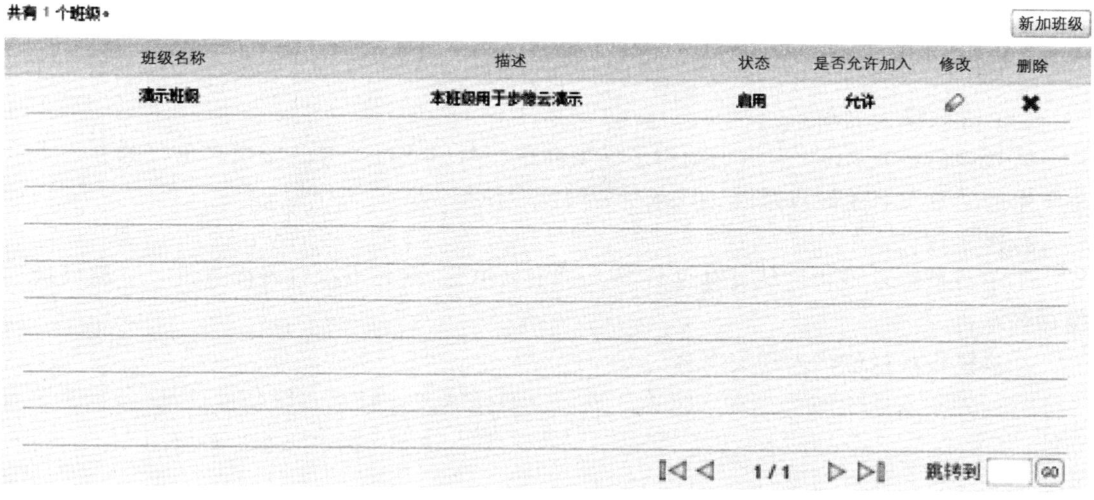

图 10-5　班级管理

　　点击"新加班级"，输入班级名称、描述，选择状态、是否允许加入（如果选择允许加入，那么学生自行注册时就可以加入该班级，否则不允许），再点击下方的"保存"按钮，增加完成。

　　如果要修改或者删除班级，点击该班级所对应的"修改"或"删除"按钮即可。

　　4.学生管理

　　"注册"功能如果选择"不允许"，学生账号必须由教师分配；如果教师选择了"允许"，那么学生可以自行注册账号并使用系统，教师无须再添加学生账号。

　　点击"学生管理"，可进入"学生管理"界面。在添加学生之前，必须先在左边的下拉框中选择一个班级，再行添加。学生的增加主要有三种方法：

（1）增加单个学生。

点击"新加学生"，输入学号、登录号（由英文字母、数字或下划线组成）、姓名、密码，证件编号，再点击下方的"保存"按钮，增加完成。

（2）批量增加学生。

点击"添加一批学生"，即可使用批量增加。例如：国贸03班有学生50名，学号为1629101—1629150，要给这50名学生每人分配的登录号为S1629101—S1629150，采用批量增加方法，如图10-6所示。

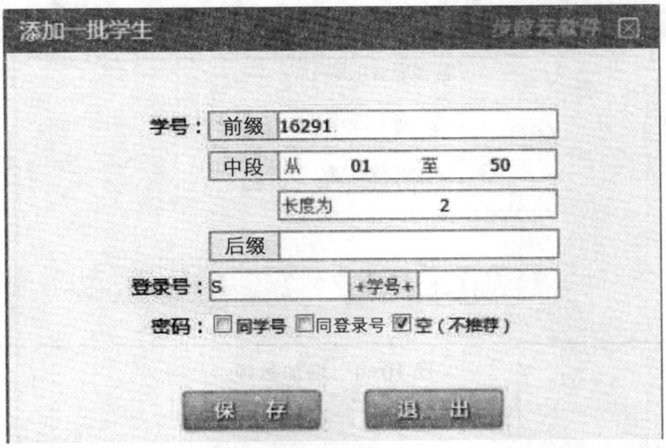

图10-6　批量增加学生

（3）导入学生名单。

若教师已经在Excel表格中制作了学生名单，可以通过"导入学生名单"的方式直接将学生的学号及名单导入系统，以减少教师逐个添加学生的工作量。

操作步骤：

①下载模板：点击"从其他文件导入学生名单"，在弹出窗口画面点击"下载模板"，保存到本机。

②按模板各栏位输入相关内容。

③回到导入名单画面，点"浏览"按钮，选择该文件后点"保存"，该份名单即导入系统。

（4）学生的修改与删除。

如果要修改或者删除学生，点击该学生所对应的"修改"或"删除"按钮即可（如图10-7所示）。

二、组织教学

组织教学页面的主要功能是创建课程，只有当课程设置完成后，学生才能进入该课程并开始练习。

按创建人分类，课程可分为自己创建的和其他教师创建的课程。教师除了管理自己创建的课程以外，还可以加入其他教师的课程，查看课程详细内容；除了自己创建的课程以外，其他课程都只能查看，不能够删除。

学生可以进入所有教师创建的课程（必须在老师设置的"开始时间"和"结束时间"范围内）。

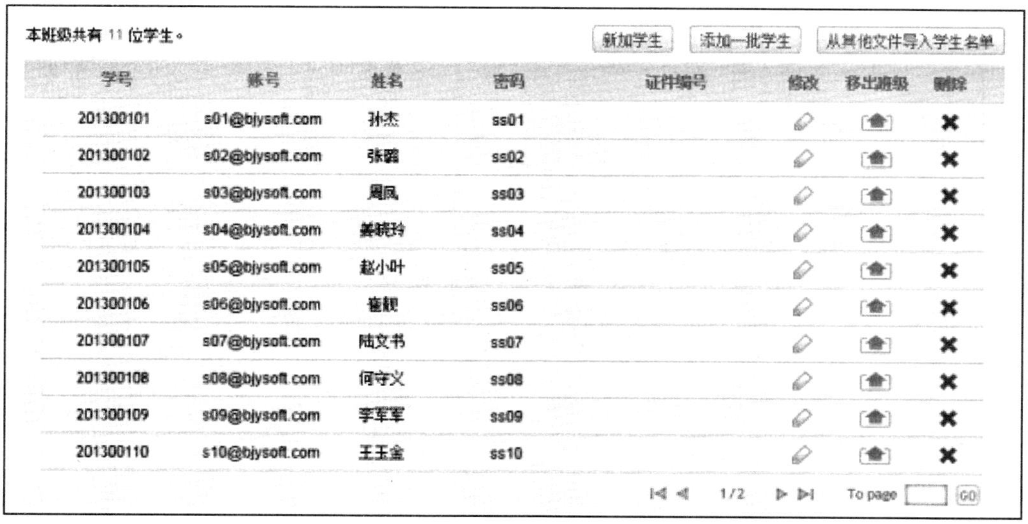

图10-7　学生的修改与删除

1. 创建课程

点击"创建新课程"按钮，输入相关内容：

课程类别：进入什么软件，系统默认已设置好的课程类别。

复制模板课程：点击▣就可以看到相应模板课程的下拉列表，选中即表示复制该模板课程中的题目（选择某一模板课程，再点击"查看详细"按钮，可以查看该课程中的详细题目内容）。如果此处没有选择模板课程复制题目，那么在课程创建完成后，还可以再次进入"题目设置"界面进行操作。

课程名称：必须填写。

课程简介：根据需要填写。

课程密码：设置密码以后，学生必须输入密码后才可以进入该课程，也可以不设置。

开始、结束时间：教师需根据教学安排的需要设置时间，如果不设置或时间已过，学生无法进入该课程。

内容输入完毕，点击下方的"确定"按钮，课程创建完成（如图10-8所示）。

2. 管理课程

每门课程创建完成后，包括基本信息、题目设置、难度设置、管理学生、管理教师等几个功能，分别点击对应的小按钮即可（如图10-9所示）。

（1）基本信息。

可以在此处修改课程名称、简介、密码、开始时间、结束时间等信息。

（2）题目设置。

如果老师创建课程时没有选择从模板课程中复制题目，可在本页面自由增减章节与题目。设置完成后，老师可以针对每个章节或题目设定对学生开放或隐藏。

自由增减题目的操作方法为：

①编辑章节：如果没有章节，必须先添加章节。具体操作为：点击"添加章节"按钮，输入章节序号、中英文名称即可。添加后，也可以随时点击与章节对应的"修改""删除"等按钮进行编辑。

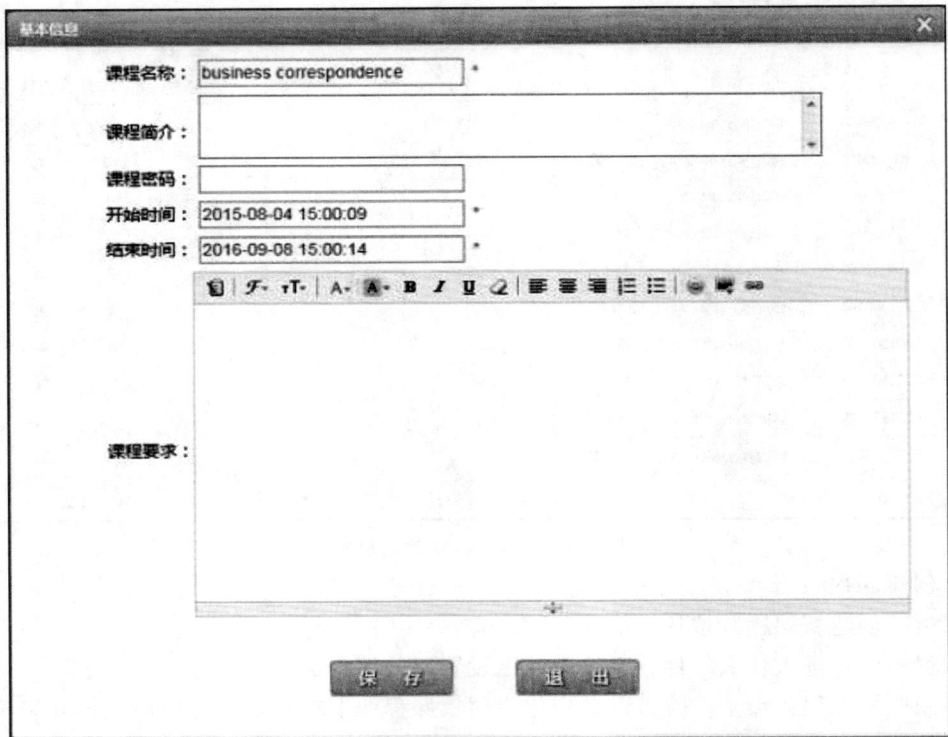

图 10-8　创建课程

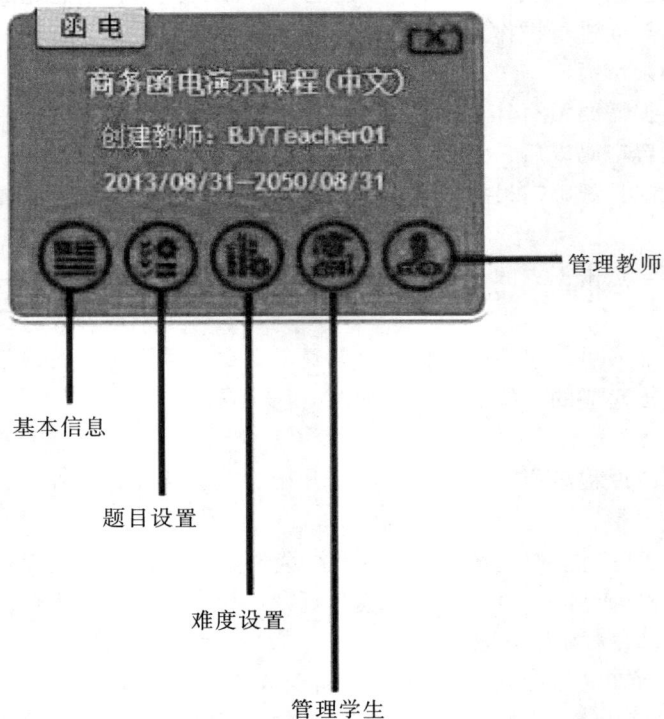

图 10-9　管理课程

②编辑题目：点击与某章节对应的"添加题目"按钮，弹出"添加题目"界面（如图10-10所示）。

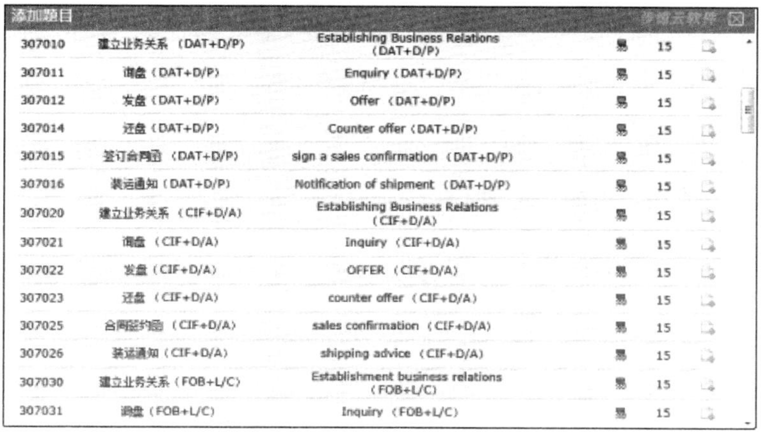

307010	建立业务关系（DAT+D/P）	Establishing Business Relations（DAT+D/P）	易	15	
307011	询盘（DAT+D/P）	Enquiry（DAT+D/P）	易	15	
307012	发盘（DAT+D/P）	Offer（DAT+D/P）	易	15	
307014	还盘（DAT+D/P）	Counter offer（DAT+D/P）	易	15	
307015	签订合同书（DAT+D/P）	sign a sales confirmation（DAT+D/P）	易	15	
307016	装运通知（DAT+D/P）	Notification of shipment（DAT+D/P）	易	15	
307020	建立业务关系（CIF+D/A）	Establishing Business Relations（CIF+D/A）	易	15	
307021	询盘（CIF+D/A）	Inquiry（CIF+D/A）	易	15	
307022	发盘（CIF+D/A）	OFFER（CIF+D/A）	易	15	
307023	还盘（CIF+D/A）	counter offer（CIF+D/A）	易	15	
307025	合同签约书（CIF+D/A）	sales confirmation（CIF+D/A）	易	15	
307026	装运通知（CIF+D/A）	shipping advice（CIF+D/A）	易	15	
307030	建立业务关系（FOB+L/C）	Establishment business relations（FOB+L/C）	易	15	
307031	询盘（FOB+L/C）	Inquiry（FOB+L/C）	易	15	

图 10-10　添加题目

添加方法：选择题目类型（共分函电题、试卷、训练题、操作题4种），点击"搜索"按钮；然后在题目列表中点击与要添加的题目对应的"加入"按钮，即完成添加该题目到相应章节中。

（3）难度设置。

难度设置分为基本设置、制单设置和实验报告：

①基本设置：可以选择中文、英文或韩文，如果选择英文，则学生的操作界面、所有提示信息等都将显示为英文。

是否允许学生重做：默认允许，如果老师想提高实习难度，可以将其设置为不允许。

是否允许查看分数：默认允许，学生答题结束，系统实时显示成绩。

②制单设置：是否允许学生查看单据填写帮助、使用检查功能、查看正确答案、单据对照及自动生成功能（如图10-11所示）。

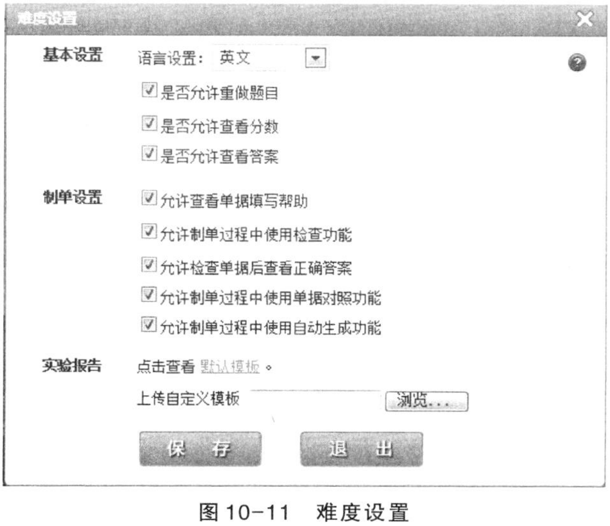

图 10-11　难度设置

③实验报告：系统提供实习报告模板，学生在页面点击"我的成绩"按统一格式书写

实习报告。教师也可自定义实习报告模板并上传。学生端下载，如图10-12所示。

图10-12　学生端下载

3. 管理学生

本界面用于查看已加入本课程的学生列表。老师可以指定学生加入课程或对已经加入小组的学生做移出课程等操作（如图10-13所示）。

图10-13　管理学生列表

4. 管理教师

在本界面可以看到本课程的创建人和已经加入的其他教师的信息，创建人可以移除其他教师（如图10-14所示）。

图10-14　管理教师列表

5. 加入、退出课程

"加入课程""退出课程"功能其实都是针对其他教师创建的课程而言的，而不能用于自己创建的课程。如果一门课程需要多位教师管理，那么只需要其中一位教师创建好课程，其他教师直接加入（点击对应课程右上角的"加入课程"按钮），即可查看该课程的各项设置、评分等。

6. 删除课程

点击对应课程右上角的"删除课程"按钮（只能删除自己创建的课程），则与该课程有关的所有题目及练习记录都将被删除。

三、教学考核

在实习过程中或实习结束后，教师可随时到教学考核页面查看学生的实习状况。在这里，教师能看到所有自己创建的和已加入的其他课程的考核结果。

除分数外，老师还可以看到每名学生的完成进度，所有成绩均可以导出到 Excel 表格中。

1. 学生成绩列表

首先，需在下拉列表中选择要查看的课程，然后即能直接看到所有学生的成绩列表。可按学号、班级或得分排序，可调整分数（如图 10-15 所示）。

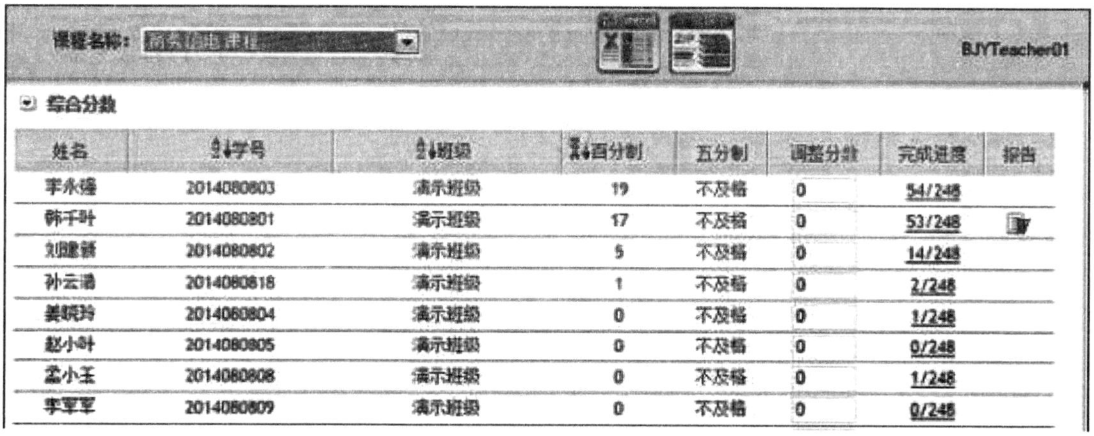

图 10-15　学生成绩列表

2. 完成进度

点击"完成进度"按钮，可看到学生的答题列表（如图 10-16 所示），老师可查看学生具体的操作过程，包括学生的函电书写情况、制单情况、业务办理情况以及财务状况等（如图 10-17 所示）。

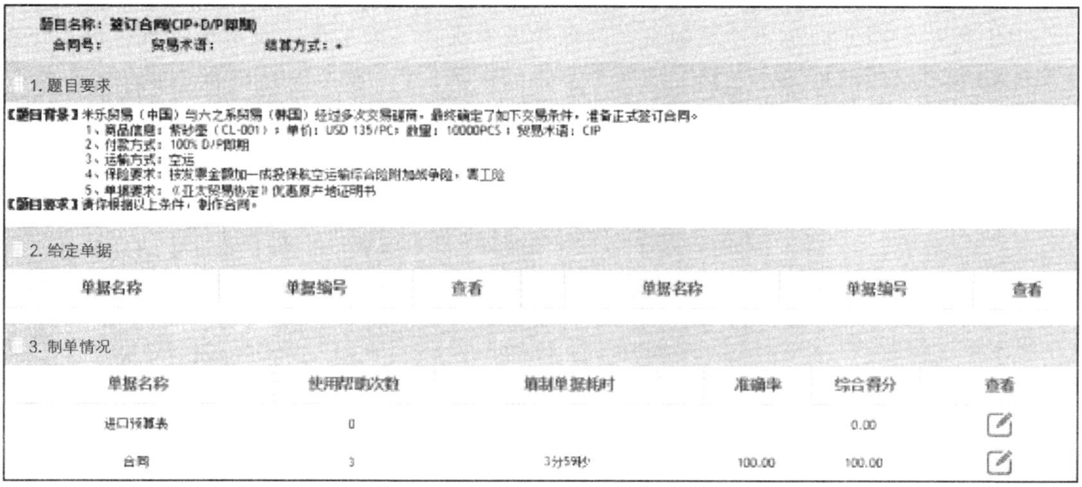

图 10-16　学生答题列表

3. 导出分数

本页面查看的是学生在课程（包括试卷、单据题与操作题等）中的总成绩。点击图标　可将分数导出到 Excel 表格中（如图 10-18 所示）。

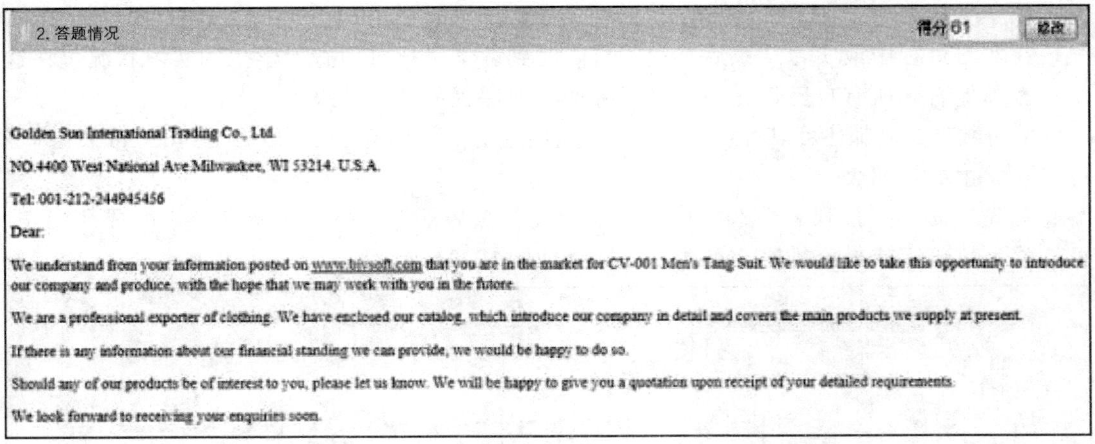
2. 答题情况

Golden Sun International Trading Co., Ltd.

NO.4400 West National Ave Milwaukee, WI 53214. U.S.A.

Tel: 001-212-244945456

Dear:

We understand from your information posted on www.bjysoft.com that you are in the market for CV-001 Men's Tang Suit. We would like to take this opportunity to introduce our company and produce, with the hope that we may werk with you in the futore.

We are a professional exporter of clothing. We have enclosed our catalog, which introduce our company in detail and covers the main products we supply at present.

If there is any information about our financial standing we can provide, we would be happy to do so.

Should any of our products be of interest to you, please let us know. We will be happy to give you a quotation upon receipt of your detailed requirements.

We look forward to receiving your enquiries soon.

图 10-17 学生答题情况

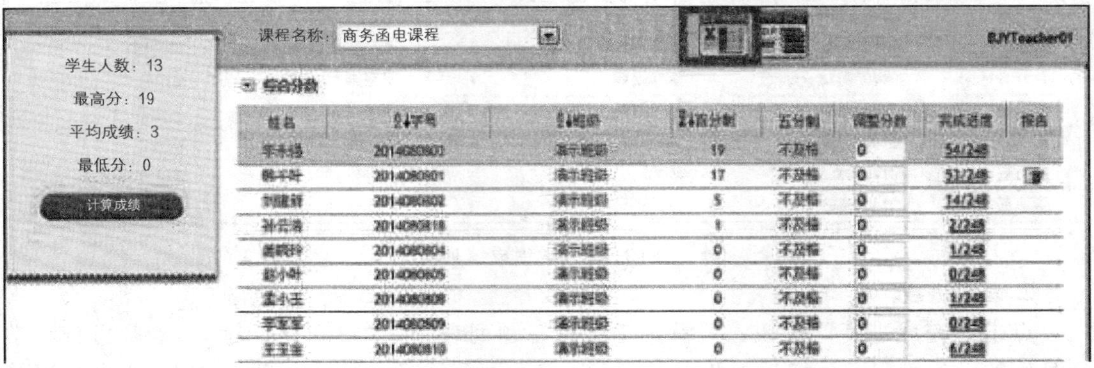

图 10-18 导出分数

4. 导出实验报告

已上传实验报告的学生，教师可在其名单后看到该实验报告，点击可下载。也可点击导出实验成绩后面的报告，一键下载所有学生的实验报告（如图 10-19 所示）。

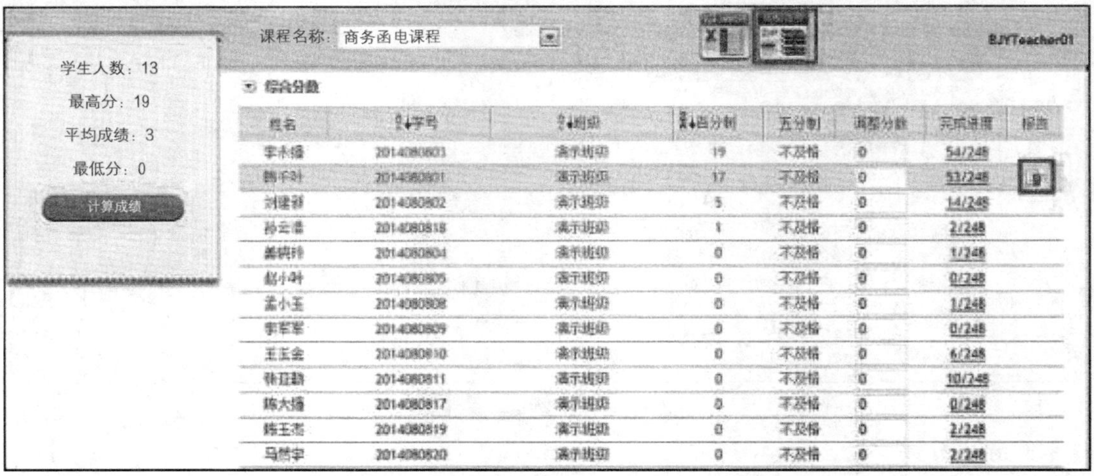

图 10-19 导出实验报告

四、教学助手

方便实用的教学助手，包括：贸易过程中商品包装的计算、报价过程的计算、汇率换算等（如图10-20所示）。

商品计算

金额大写

集装箱计算

汇率换算

海运费计算

空运费计算

保险费计算

单据提交

图10-20　教学助手

1. 商品计算

输入商品编号、数量，可快速计算商品的包装数量、毛净重、体积（如图10-21所示）。

商品计算

请输入：

| 商品编号 | CM-002 |
| 商品销售数量 | 2000 |

开始计算　　重　置

计算结果：

包装数量	2000 BOXES
总毛重	2400.00 KGS
总净重	1900.00 KGS
总体积	30.0000 CBM

图10-21　商品计算

2. 金额大写

输入小写金额，可快速换算成中外文大写金额（如图10-22所示）。

3. 集装箱计算

输入商品编号、集装箱数量，可快速计算所需商品的数量（如图10-23所示）。

4. 汇率换算

输入需换算的币别及金额，可快速计算出换算结果（如图10-24所示）。

5. 海运费计算

输入商品编号、数量、柜型、港口，可快速计算海运费（如图10-25所示）。

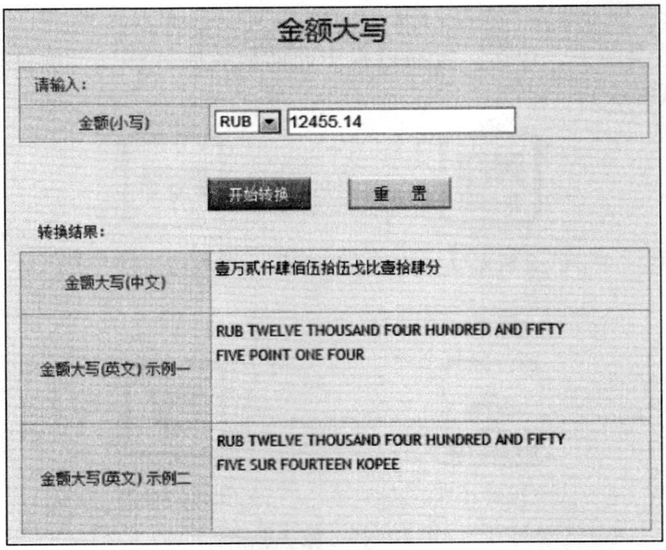

金额大写

请输入：

金额(小写)　RUB　12455.14

　　　开始转换　　重置

转换结果：

金额大写(中文)	壹万贰仟肆佰伍拾伍戈壹比肆拾肆分
金额大写(英文) 示例一	RUB TWELVE THOUSAND FOUR HUNDRED AND FIFTY FIVE POINT ONE FOUR
金额大写(英文) 示例二	RUB TWELVE THOUSAND FOUR HUNDRED AND FIFTY FIVE SUR FOURTEEN KOPEE

图 10-22　金额大写

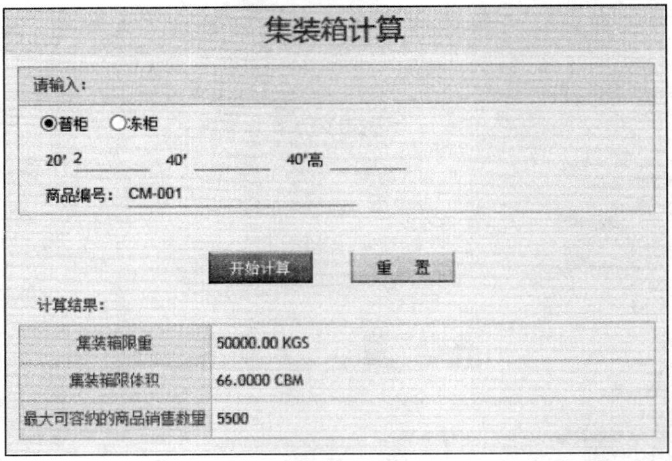

集装箱计算

请输入：

◉普柜　○冻柜

20' 2 _____　40' _____　40'高 _____

商品编号： CM-001 _____

　　　开始计算　　重置

计算结果：

集装箱限重	50000.00 KGS
集装箱限体积	66.0000 CBM
最大可容纳的商品销售数量	5500

图 10-23　集装箱计算

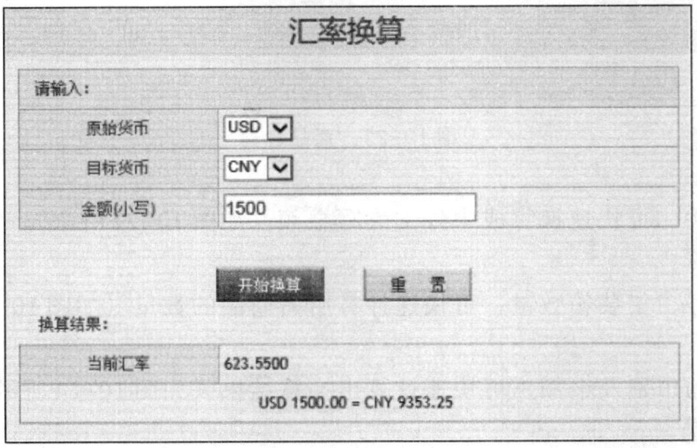

汇率换算

请输入：

原始货币	USD ▼
目标货币	CNY ▼
金额(小写)	1500

　　　开始换算　　重置

换算结果：

当前汇率	623.5500
	USD 1500.00 = CNY 9353.25

图 10-24　汇率换算

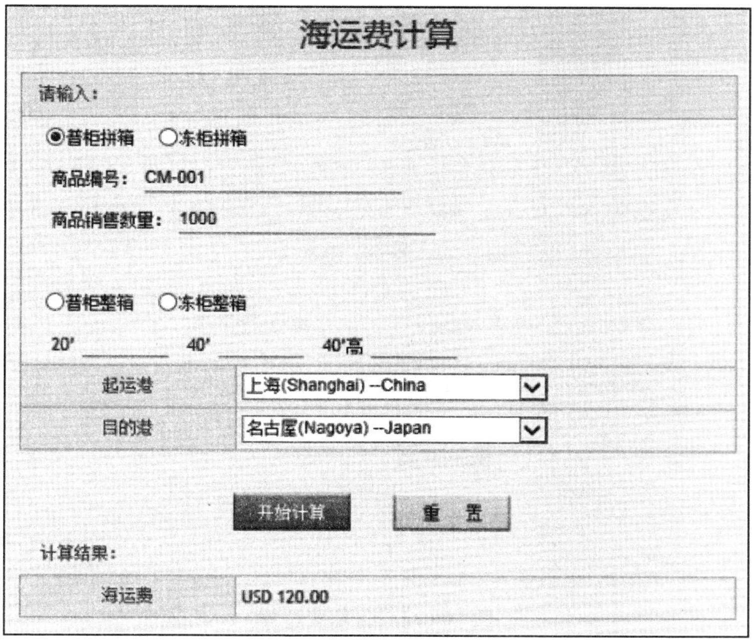

图10-25　海运费计算

6. 空运费计算

输入商品编号、数量、机场，可快速计算空运费（如图10-26所示）。

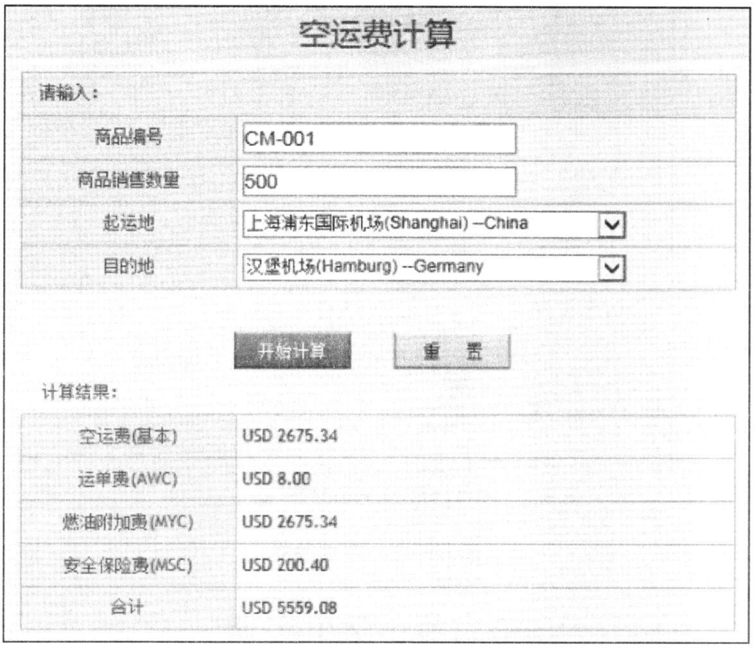

图10-26　空运费计算

7. 保险费计算

输入交易金额、贸易术语、保险加成、保险险别，可快速计算保险金额、保险费（如图10-27所示）。

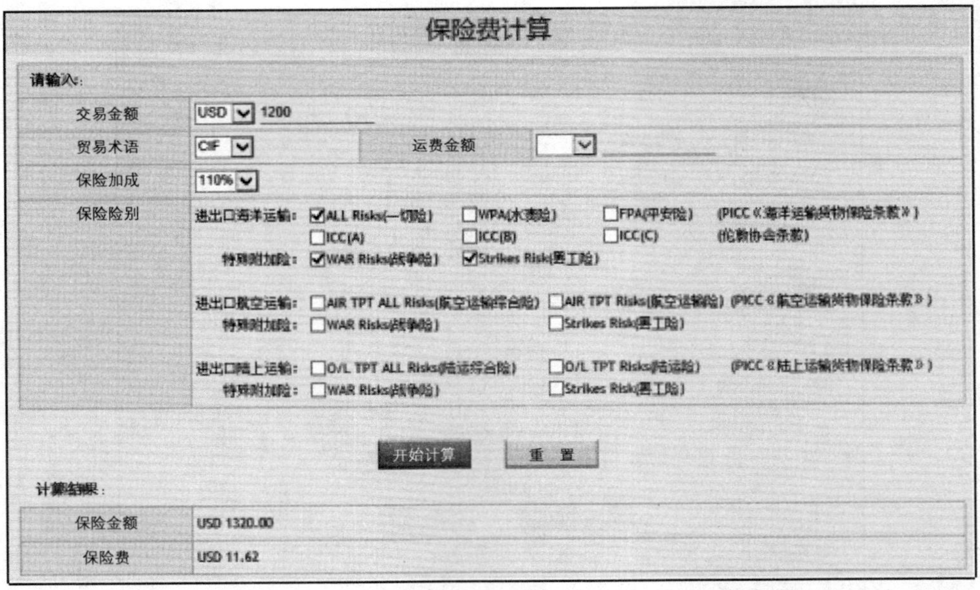

图10-27　保险费计算

8. 单据提交

输入业务类型、结算方式、融资方式、查询步骤等，可快速查询所需提交的单据明细（如图10-28所示）。

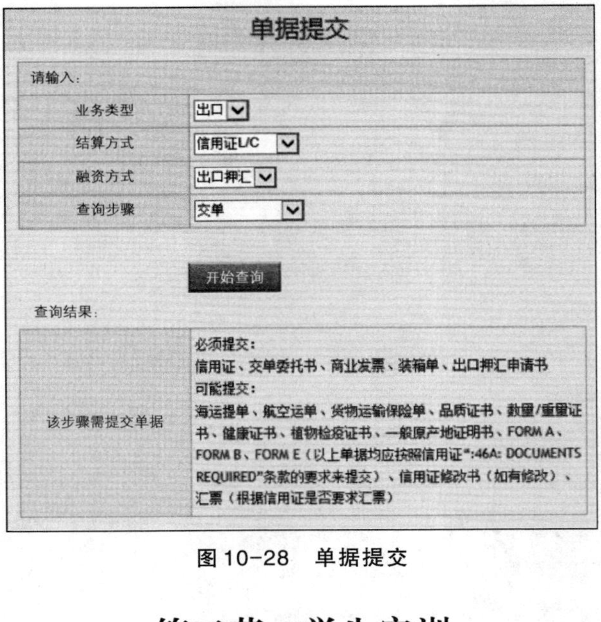

图10-28　单据提交

第二节　学生实训
Students Practice

一、登录系统

根据老师分配的用户名、密码登录课程。登录时可选择语言，包含：中文、英文和韩文。已经成功注册学生账号的用户，请输入账号及密码，点击"登录"按钮即可进入系统（如图10-29所示）。

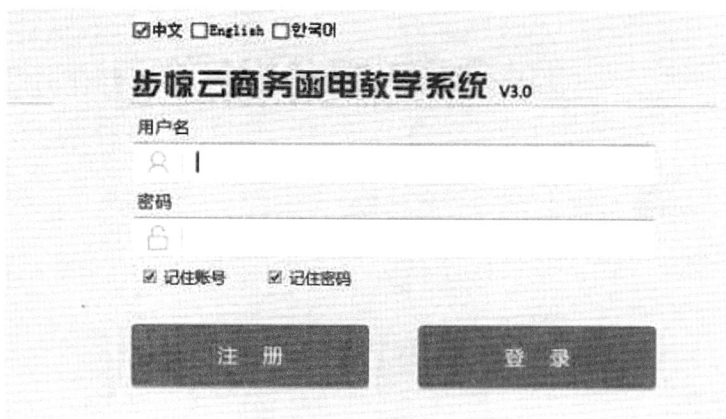

图10-29　登录系统

尚未注册学生账号的用户，请点击界面左边的"注册"按钮。在如下界面输入信息后，点击"确认注册"按钮。注册成功后即可登录（如图10-30所示）。

图10-30　学生注册账号

二、进入课程

学生登录后，选择老师分配的课程，点击"上课"按钮。

若为第一次登录，课程呈灰色（如图10-31所示）。点击"选课"按钮，在弹出的提示框中输入密码（该密码由老师设置），如没有密码，直接点击加入课程。课程变成蓝色，点击"上课"按钮即可（如图10-32所示）。

三、实训首页

进入课程后，可看到"题目列表"界面。界面分为上下两个部分：上半部分包含课程要求、教学内容、我的成绩、我的笔记、百科知识、帮助及退出；下半部分为课程主要教学内容（如图10-33所示）。

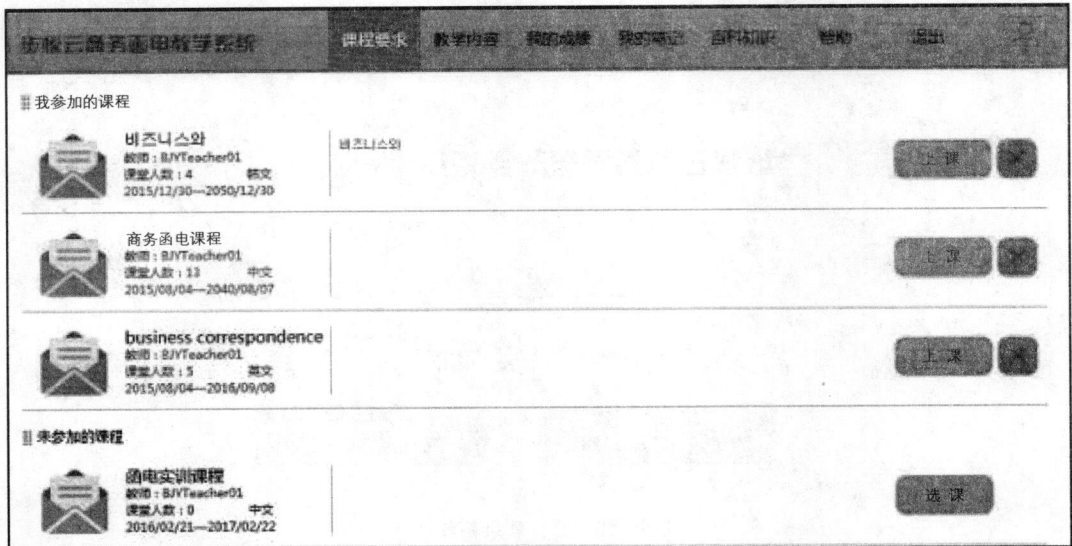

图 10-31　学生登录课程

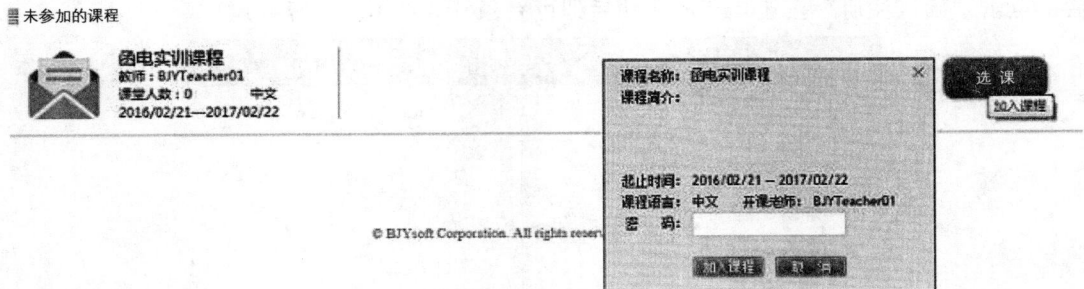

图 10-32　学生进入课程

图 10-33　教学内容

四、商务函电综合练习

商务函电教学系统提供了多套案例，每套案例均包含完整的业务流程，学生通过角色扮演掌握国际贸易各环节的知识，包括磋商、预算、单据、流程等。

五、我的成绩

答题完成后系统自动评分。学生可在页面上看到自己的得分，同时系统会生成实训总结，可下载打印（如图10-34所示）。

图10-34　"我的成绩"

点击图10-34中的"我的成绩"，学生可查看详细的实训统计结果（如图10-35所示），包括：业务明细（如图10-36所示）和实验报告（如图10-37所示）。

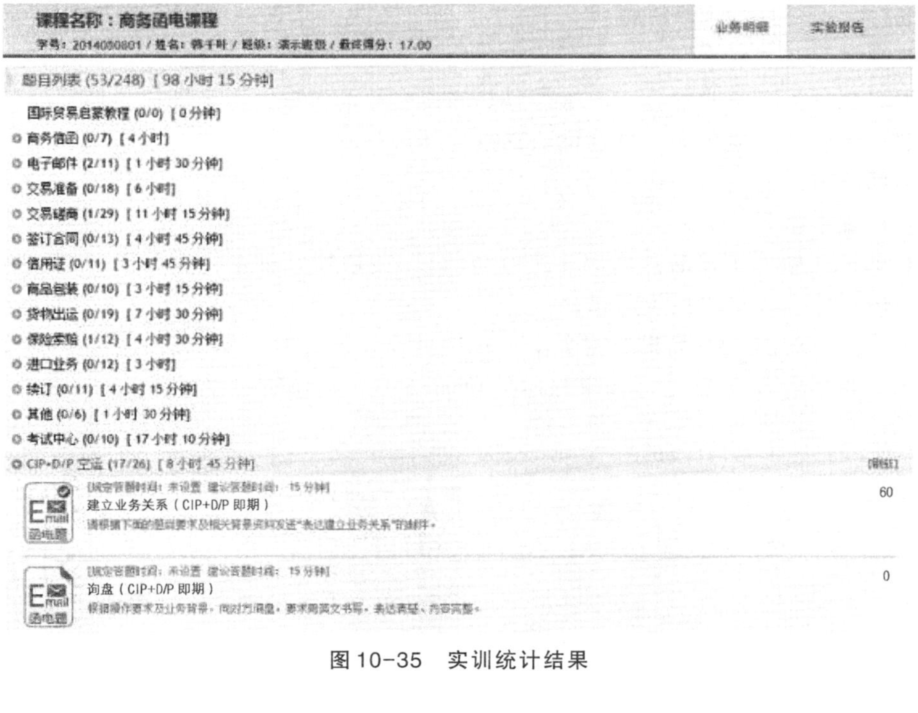

图10-35　实训统计结果

1.题目描述

请根据下面的题目要求及相关背景资料发送"表达建立业务关系"的邮件。

一、题目要求

青岛米乐贸易有限公司是一家专门从事陶器出口的公司，2015年6月13日，青岛米乐贸易有限公司从 www.worldoftrade.com 得知韩国六之系贸易有限公司需求紫砂壶（Purple Clay Teapots）的信息。

于是，2015年6月13日当天，青岛米乐贸易有限公司向韩国六之系贸易有限公司发出建立业务关系的邮件，希望成为贸易伙伴。

该信函至少应包含以下内容：

1、信息的来源
2、写作的目的
3、公司概况、经营产品等
4、表达合作的愿望

二、背景资料

出口商公司
青岛米乐贸易有限公司（中国）【详细信息到贸易公司查看】
进口商公司
六之系贸易有限公司（韩国）【详细信息到贸易公司查看】
商品资料
CL-001《紫砂壶》【商品详细资料可以查看商品列表】

2.答题情况　　　　　　　　　　　　得分60　　修改

Dear Les,　I have received your sample and memo, production is good for us. However, the price is a little high.　　We can only accept USD52.50/pc, thanks to check and reply us.　Thanks.　Fast --------------- original email content --------------- Dear Fast,　Are you interested in Bath Towel? We can offer you USD$3.00/SET BASED ON moq 10000sets.　This kinda bath towel is best seller in our country, hope you can like it. In the meantime, I will send you the memo for it.　　Thanks.　Les　--------------- original email content --------------- Dear Sir,　Well noted and glad to know you.　Looking forward to build business relationship with you.　　T

图 10-36　业务明细

课程名称：报关实务课程　　　　　　　　　　　技能点分析　业务明细　实验报告
学号：2014080803 / 姓名：李永锡 / 班级：演示班级 / 最终得分：36.00

实验完成后，可下载实验总结。　　下载实验总结
实验完成后，须上交报告。　　下载实验报告模板　上传实验报告

图 10-37　实验报告

六、帮助

1. 单据填制及其样本

单据界面分为上下两部分，上半部分是当前打开的单据，下半部分是填写时可供参考的单据填写帮助及其他单据，分别说明其操作方法如下：

上半部分窗口使用方法：

（1）检查单据。

在制单过程中，可随时点击第 1 个红色"！"按钮检查单据，在单据中对应栏位上会显示红色惊叹号，表示该栏填写错误。

同时，点击检查后，如果单据最上方标题处显示绿色的"√"，说明单据填写达到正确率要求，可以使用；反之，如果显示红色的"×"，则说明单据填写未通过，需要继续修改。

（2）提示单据帮助。

点击左边小菜单中的第 2 个箭头按钮，再点击要查看填写帮助的任意栏位，界面下半部分中的帮助即可自动切换到相应位置，据此进行填写即可。

（3）保存。

点击左边小菜单中的第 3 个按钮，即可保存单据。

（4）查看答案。

点击左边小菜单中的第 4 个按钮，可自动填写单据。

（5）导出。

点击左边小菜单中的第 5 个按钮，将单据自动在新窗口中以图片的形式打开。如果需要保存该单据图片，可直接在图片上点击右键，选择"图片另存为"，将图片保存到自己的电脑上。

下半部分窗口使用方法：

（1）调整窗口大小：菜单左边 4 个按钮，代表不同的上下窗口大小比例，可根据需要点击调整；

（2）点击最右边一个小按钮，可将菜单收起。

2. 商品包装计算

要计算商品的毛净重和体积，首先需以贸易公司角色登录，进入"业务部（Business）–业务中心（Business Center）"界面，在流程图上点击"向工厂订货"按钮，进入"工厂"界面；然后点击"订货"按钮，根据合同中的商品编号和数量，选择对应的商品，查看其详细资料（如图 10-38 所示）。

基本信息					
商品编号	AQ-003				
商品名称	时尚太阳镜 Fashion Sunglasses				
销售单位	副(PAIR)				
规格型号	镜架材料：金属；镜片材料：树脂；可见光透视率：85% Frame Material: Metal; Lens Material: Resin; Visible light clairvoyant rate: 85%				
包装信息					
包装种类	纸箱	包装单位	箱(CARTON)	每包装单位=180销售单位	
毛重	7.00KGS / 箱	净重	5.00KGS / 箱	体积	0.0216CBM / 箱
运输说明	适合空运				
监管信息					
CIQ代码	11280111	检验检疫类别		检验检疫类目	
HS编码	9004100000	海关监管条件		法定单位一	副
比例因子一	1	法定单位二		比例因子二	

图 10-38　商品详细资料

（1）计算包装数量。

对销售单位与包装单位相同的产品（每包装单位=1 销售单位），包装数量=合同中的销售数量；

对销售单位与包装单位不同的产品，包装数量=销售数量÷每包装单位数量

（2）计算毛（净）重。

在计算重量时，对销售单位与包装单位相同的产品（每包装单位=1 销售单位），可直接用合同中的销售数量×每箱的毛（净）重；

对销售单位与包装单位不同的产品，须先根据单位换算出单件的毛（净）重，再根据销售数量计算总毛（净）重。

（3）计算体积。

总体积=包装数量×每箱的体积

3. 费用计算说明

（1）海运集装箱数量核算。

目前海运大多采用集装箱运输，根据运输货量的不同，又分整箱货与拼箱货。出口商在委托货代订舱时，需要计算集装箱可容纳的最大包装数量，以核算该选用整箱还是拼箱，以节省海运费。常用集装箱的规格，见表10-1。

表10-1　　　　　　　　　　　　　　常用集装箱的规格

箱型	普通集装箱			冷冻集装箱		
尺寸	20'	40'	40'高	20'	40'	40'高
代码	GP	GP	HC	RF	RF	RH
最大体积（CBM）	33	67	76	27	58	66
最大重量（KGS）	25 000	29 000	29 000	21 000	26 000	26 000

根据产品的总毛重和总体积，结合航线海运费，计算需要装多少个集装箱（毛重、体积的计算方法可参考商品包装计算）。

以下计算都以中国上海到德国汉堡航线为例。在【课程首页】左侧的"资料查询—费用—海运费"中查得该航线的海运费，见表10-2。

表10-2　　　　　　　　　　　　　　上海-汉堡航线的海运费

银行费用	海运费	空运费	保险费	其他费用

| 起运港：上海(Shanghai) | 目的港：汉堡(Hamburg) | 搜索 |

港口信息			
起运港	上海(Shanghai)	目的港	汉堡(Hamburg)
起运国	中国(China)	目的国	德国(Germany)

详细费用（USD）					
	LCL M(MTQ)	LCL W(TNE)	20'	40'	40'高
普柜	65.00	93.00	1250.00	2400.00	2500.00
冻柜	70.00	101.00	1408.00	2277.00	2475.00

【例1】商品CH-007速冻草莓，计算得知总体积=26.18 CBM，总毛重=14 560 kgs，应该如何装箱？

解：从商品资料的包装描述中可知，该商品需冷藏运输，因此适用冷冻集装箱。参考上面的集装箱规格表，由于其体积和重量均未超过1个20′冻柜的最大值，因此该商品可以用拼箱，也可以用1个20′冻柜装。

如果用拼箱：按体积计算基本运费=26.18×70=1 832.60（美元）

按重量计算基本运费=14 560/1 000×101=1 470.56（美元）

两者比较，体积运费较大，船公司收取较大者，因此拼箱海运费=1 832.60（美元）。

如果用整箱：1个20′冻柜的运费为1 408（美元）<1 832.60（美元）。

因此，本例中用1个20′冻柜装最为划算。

【例2】商品AQ-003时尚太阳镜，计算得知总体积=2.4192 CBM，总毛重=779.56 KGS，应该如何装箱？

解：从商品资料里得知，该商品无须冷冻，使用普通集装箱即可。参考上面的集装箱规格表，由于其体积和重量均未超过1个20′普柜的最大值，因此该商品可以用拼箱，也可以用1个20′普柜装。

如果用拼箱：按体积计算基本运费=2.4192×65=157.25（美元）（保留两位小数）

按重量计算基本运费=779.56/1 000×93=72.50（美元）（保留两位小数）

两者比较，体积运费较大，船公司收取较大者，因此拼箱海运费=157.25美元。

如果用整箱：1个20′普柜的运费为1 250美元>157.25美元。

因此，本例中用拼箱装最为划算。

【例3】商品CI-001黄桃罐头，计算得知总体积=48 CBM，总毛重=44 880 KGS，应该如何装箱？

解：从商品资料里得知，该商品无须冷冻，使用普通集装箱即可。参考上面的集装箱规格表，用2个20′普通集装箱装是最划算的。

（2）海运费。

采用C、D字母开头的贸易术语（如CFR、CIF）成交时，海运费由出口商负担；采用E、F字母开头的贸易术语成交时，则由进口商负担。海运费计算方法如下：

①运费计算的基础。

运费单位（Freight Unit），是指船公司用以计算运费的基本单位。由于货物种类繁多，打包情况不同，装运方式有别，计算运费标准不一。

A.整箱装：以集装箱为运费的单位。

B.拼箱装：由船方以能收取较高运价为准，运价表上常注记M/W或R/T，表示船公司将在货品的重量吨或体积吨两者中择其运费较高者计算。

拼箱装时计算运费的单位为：

A.重量吨（Weight Ton）：按货物总毛重，以一公吨（1 TNE=1 000KGM）为一个运费吨；

B.体积吨（Measurement Ton）：按货物总毛体积，以一立方公尺（1 Cubic Meter；简称1MTQ或1CBM或1CUM；又称一体积吨）为一个运费吨。

②运费分类计算方法。

A.整箱装：运费=单位每箱运费×整箱数

B.拼箱装：分按体积与重量计算两种方式。

a.按体积计算，X1=单位基本运费（MTQ）×总体积。

b.按重量计算，X2=单位基本运费（TNE）×总毛重。

取 X1、X2 中较大的一个值。

【例4】商品 CH-007（速冻草莓）从上海通过海运出口到澳大利亚，目的港是墨尔本。装货单（或提单）上显示为"20′ REEFER X1"，即1个20′冷冻集装箱，试计算海运费。

解：进入业务中心系统的"费用-海运费"页面，选择起运港为上海，目的港为墨尔本，查询运价，见表10-3。

表10-3　　　　　　　　　　　上海-墨尔本航线的海运费

港口信息

起运港	上海（Shanghai）	目的港	墨尔本（Melbourne）
起运国	中国（China）	目的国	澳大利亚（Australia）

详细费用（USD）

	LCL M（MTQ）	LCL W（TNE）	20'	40'	40'高
普柜	52.00	61.00	875.00	1 750.00	1 750.00
冻柜	63.00	70.00	901.00	1 600.00	1 600.00

因此，海运费=1×901=901（美元）。

【例5】商品 AQ-003（时尚太阳镜）从上海通过海运出口到日本名古屋，合同中交易数量是 20 000SETS，装货单（或提单）上显示为"LCL"，即拼箱，试计算海运费。

解：A.判断集装箱种类：查询商品 AQ-003 的基本资料，"运输说明"中没有特别提示，因此适用普通集装箱（如果运输说明中注明"需冷藏"，则应适用冷冻集装箱）

B.计算总体积与总毛重（计算方法可参考商品包装计算）：

得到：总体积=2.4192 CBM，总毛重=779.56 KGS=0.77956 TNE。

C.查运价：进入公司业务系统的"费用查询-海运费"页面，选择起运港为上海，目的港为名古屋，查询运价，见表10-4。

表10-4　　　　　　　　　　　上海-名古屋航线的海运费

港口信息

起运港	上海（Shanghai）	目的港	名古屋（Nagoya）
起运国	中国（China）	目的国	日本（Japan）

详细费用（USD）

	LCL M（MTQ）	LCL W（TNE）	20'	40'	40'高
普柜	10.00	17.00	220.00	440.00	440.00
冻柜	12.00	21.00	244.00	510.00	510.00

按体积计算基本运费=2.4192×10=24.192（美元）

按重量计算基本运费=0.77956×17=13.25252（美元）

两者比较，体积运费较大，船公司收取较大者，因此最终海运费为24.19美元。

（3）空运费。

采用C、D字母开头的贸易术语（如CPT、CIP）成交时，空运费由出口商负担；采用E、F字母开头的贸易术语成交时，则由进口商负担。在航空运单中可以直接查到空运费。空运费的计算方法如下：

①核算计费重量。

计算方法：先按照商品包装计算中的方法，计算出商品总毛重和总体积，假设总毛重为A，按1CBM=167KGS换算得B，再将A与B相比较，取较大者为计费重量。

【例6】空运1 500瓶商品编号为AU-007的女士香水，从上海出口至纽约，试计算计费重量。

解：查询商品资料可知：商品销售单位BOTTLE（瓶），包装单位CARTON（箱），单位换算为每箱装150瓶，每箱体积为0.066CBM，每箱毛重为10.50KGS，每箱净重为7.50KGS。

计算总体积和总重量为：

总体积=1 500÷150×0.066=0.66CBM

总重量=7.5÷150×1 500+（10.5-7.5）×1 500÷150=105KGS

把体积换算成重量得：167×0.66=110.22KGS

因为110.22>105，所以应该取110.22为计费重量。

②计算空运费。

根据计费重量，到公司业务系统的"费用查询-空运费"页面，查询对应航线的空运费率，进行计算。

计算方法：空运费=基本空运费+空运附加费

其中：空运附加费=AWC（操作费）+MYC（燃油费）+MSC（安全保险费）

基本空运费是按照等级运价收取的，按照货物计费重量不同，适用的费率也不同（注："45-100KGS"栏，包括45但不包括100，以此类推）；基本空运费有最低收费，MSC也有最低收费。

【例7】试计算【例6】中的空运费。

解：进入公司业务系统的"费用查询-空运费"页面，查到上海到纽约的空运运价，见表10-5。

页面中除两个"最低收费"和"AWC"为固定费用之外，其余价格均为费率，需乘以计费重量。

由于计费重量110.22KGS在100KGS-300KGS范围内，因此本例中基本空运费率应取对应的4.58，所以：

基本空运费=110.22×4.58=504.8076（美元）=504.81（美元），且大于最低收费75美元。

附加费：AWC=8美元

MYC（燃油费）=110.22×2.67=294.2874（美元）=294.29（美元）

MSC（安全保险费）=110.22×0.2=22.044（美元）=22.04（美元），且大于最低收费8美元。

最后可得：

空运费=504.81+8+294.29+22.04=829.14（美元）

表 10-5　　　　　　　　　　　　上海–纽约航线空运费

港口信息			
起运港	上海（Shanghai）	目的港	纽约（New York）
起运国	中国（China）	目的国	美国（America）

详细费用（USD）					
基本运价（最低：75.00）					
<45KGS	45–100KGS	100–300KGS	300–500KGS	500–1 000KGS	>1 000KGS
8.33	6.33	4.58	4.58	4.50	4.33

附加费		
AWC	MYC	MSC（最低：8.00）
8.00	2.67	0.20

（4）保险费。

如果贸易术语为 CIF、CIP、DAT、DAP 或 DDP，保险费应由出口商负责；否则，均由进口商负责。出口商在投保的情况下，需在合同中勾选要投保的险别；进口商在投保的情况下，系统默认按照预约保险合同，均按加成 110% 投保一切险+战争险+罢工险（海运空运都是）。具体计算方法为：

保险费=保险金额×保险费率

保险金额=CIF货价×（1＋保险加成率）

①贸易术语为 CIF、CIP、DAT、DAP、DDP。

【例8】合同总价为 USD 19 400，合同中规定"由卖方按发票金额 110% 投保海运一切险和战争险"，试计算保险费。

解：首先进入公司业务系统中的"费用查询–保险费"页面，查到海运一切险的保险费率为 8‰，战争险的保险费率为 0.8‰

保险金额=19 400×110%=21 340（美元）

保险费=21 340×（8‰+0.8‰）=187.78（美元）

②贸易术语为 CFR、CPT。

保险费=（CIF价×保险加成）×保险费率

令保险费为 I，保险费率为 r，保险加成率为 k，则：

I=（合同价+I）×k×r

I=合同价×k×r+I×k×r

I−I×k×r=合同价×k×r

I×（1−k×r）=合同价×k×r

I=合同价×[（k×r）/（1−k×r）]

因此得到：保险费=合同价×[（k×r）/（1−k×r）]

【例9】合同总价为 USD 9 980，系统默认按加成 110% 投保海运一切险、战争险和罢工险，试计算保险费。

解：首先进入公司业务系统中的"费用查询–保险费"页面，查到海运一切险的保险费率为 8‰，战争险和罢工险的保险费率为 0.8‰（按保险公司的规定，战争险和罢工险同时投保时，只按其中一种险的费率计算，也就是说战争险和罢工险加起来的费率仍然只有 0.8‰）。

保险费=9 980×1.1×（8‰+0.8‰）÷（1−1.1×（8‰+0.8‰））=97.55（美元）

③贸易术语为 FOB、FCA、FAS、EXW。

保险费=（合同价+海运费或空运费）×［（k×r）/（1−k×r）］

【例10】合同总价为 USD 11 100，空运费为 USD 312，系统默认按加成110%投保空运一切险、战争险和罢工险，试计算保险费。

解：首先进入公司业务系统中的"费用查询−保险费"页面，查到空运一切险的保险费率为3.5‰，战争险和罢工险的保险费率为0.8‰（同时投保只按其中一种险的费率计算）。

保险费=（11 100+312）×1.1×（3.5‰+0.8‰）÷（1−1.1×（3.5‰+0.8‰））

=53.97876÷0.99527

=54.24（美元）

注意：如果事先不知道运费，需要先计算，计算方法参考 "海运费"或"空运费"。

第三节　商务函电综合实训模拟操作
Simulation Training in Business English Correspondence

以 CFR+L/C（海运）进口业务为例，其业务流程如图10-39所示。

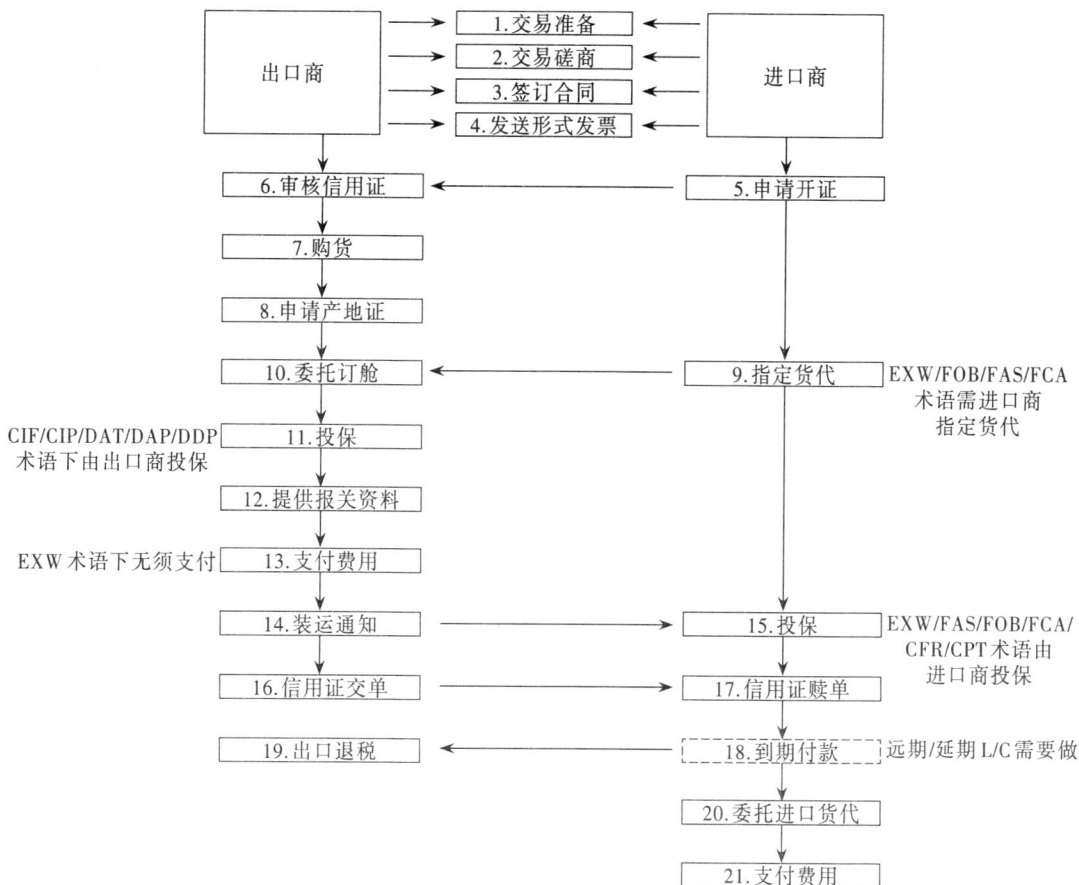

图 10-39　进口业务流程图（CFR+L/C）

一、建立业务关系函

建立业务关系函操作如图 10-40 所示。

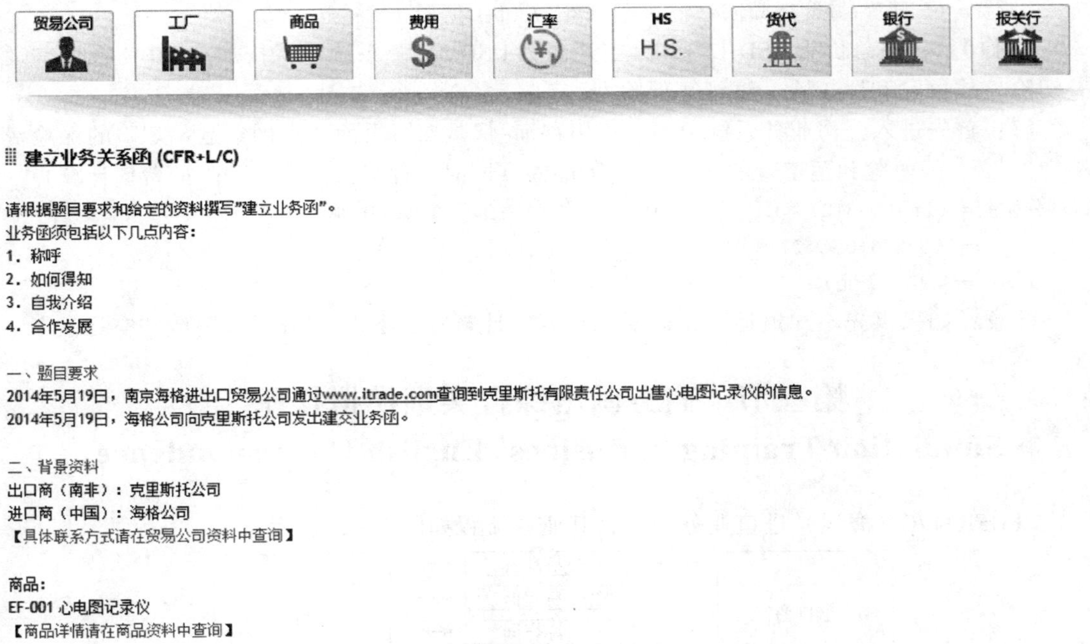

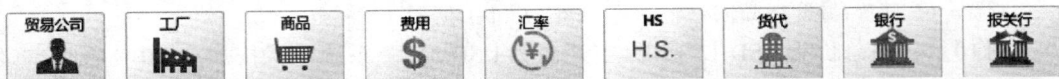

贸易公司
工厂
商品
费用
$
汇率
HS
H.S.
货代
银行
报关行
建立业务关系函 (CFR+L/C)
请根据题目要求和给定的资料撰写"建立业务函"。
业务函须包括以下几点内容：
1. 称呼
2. 如何得知
3. 自我介绍
4. 合作发展
一、题目要求
2014年5月19日，南京海格进出口贸易公司通过www.itrade.com查询到克里斯托有限责任公司出售心电图记录仪的信息。
2014年5月19日，海格公司向克里斯托公司发出建交业务函。
二、背景资料
出口商（南非）：克里斯托公司
进口商（中国）：海格公司
【具体联系方式请在贸易公司资料中查询】
商品：
EF-001 心电图记录仪
【商品详情请在商品资料中查询】

图 10-40　建立业务关系函

二、回复建交函

回复建交函操作如图 10-41 所示。

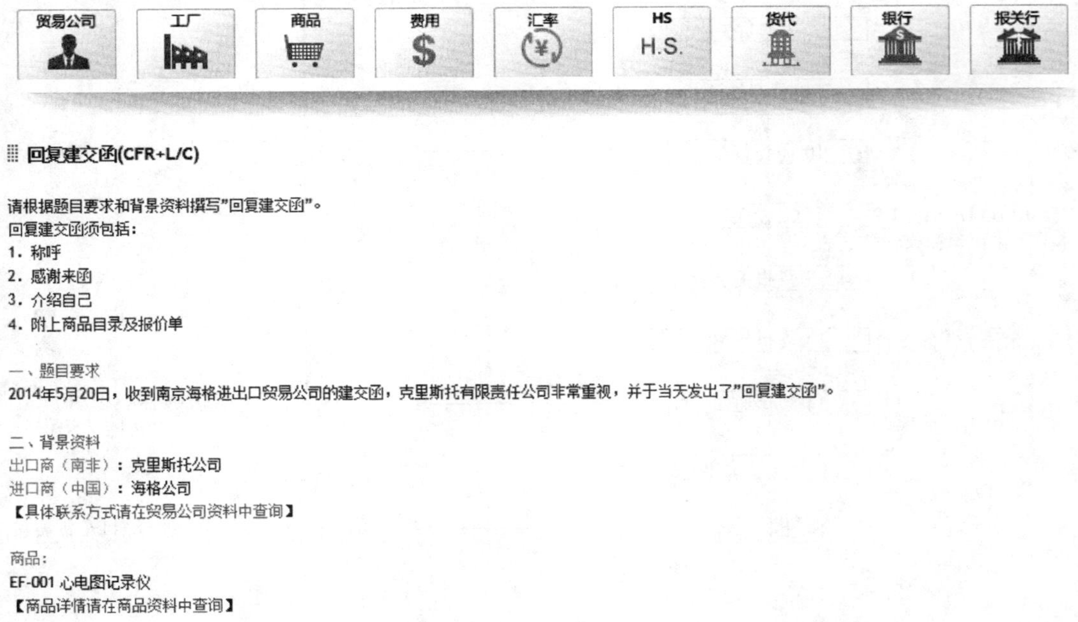

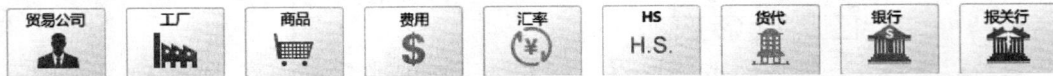

贸易公司
工厂
商品
费用
$
汇率
HS
H.S.
货代
银行
报关行
回复建交函(CFR+L/C)
请根据题目要求和背景资料撰写"回复建交函"。
回复建交函须包括：
1. 称呼
2. 感谢来函
3. 介绍自己
4. 附上商品目录及报价单
一、题目要求
2014年5月20日，收到南京海格进出口贸易公司的建交函，克里斯托有限责任公司非常重视，并于当天发出了"回复建交函"。
二、背景资料
出口商（南非）：克里斯托公司
进口商（中国）：海格公司
【具体联系方式请在贸易公司资料中查询】
商品：
EF-001 心电图记录仪
【商品详情请在商品资料中查询】

图 10-41　回复建交函

三、询盘

询盘操作如图 10-42 所示。

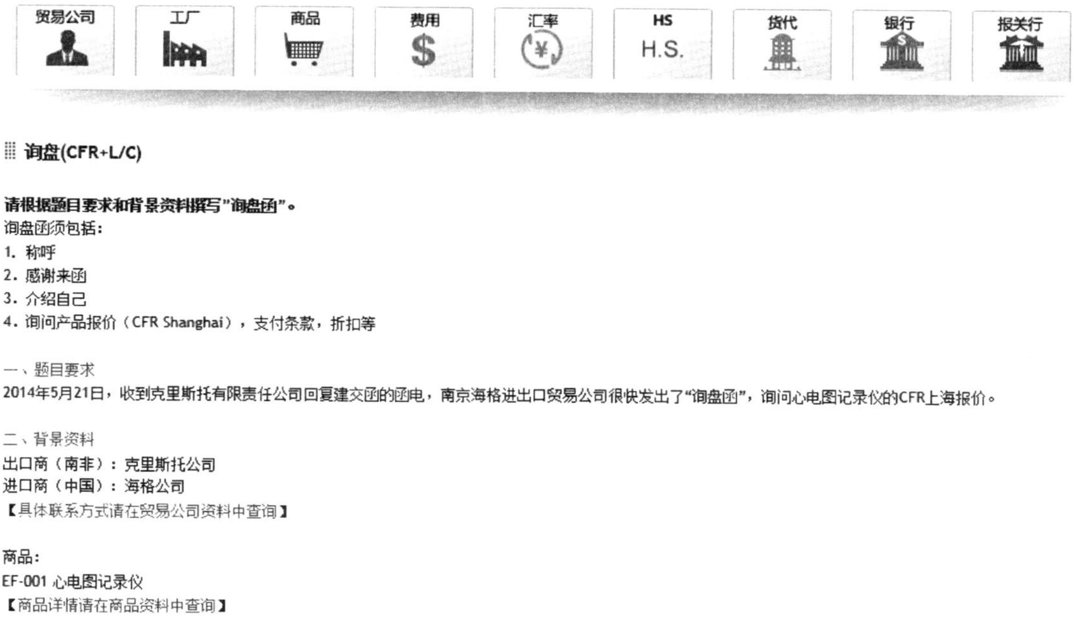

询盘(CFR+L/C)

请根据题目要求和背景资料撰写"询盘函"。
询盘函须包括：
1. 称呼
2. 感谢来函
3. 介绍自己
4. 询问产品报价（CFR Shanghai），支付条款，折扣等

一、题目要求
2014年5月21日，收到克里斯托有限责任公司回复建交函的函电，南京海格进出口贸易公司很快发出了"询盘函"，询问心电图记录仪的CFR上海报价。

二、背景资料
出口商（南非）：克里斯托公司
进口商（中国）：海格公司
【具体联系方式请在贸易公司资料中查询】

商品：
EF-001 心电图记录仪
【商品详情请在商品资料中查询】

图 10-42　询盘

四、发盘

发盘操作如图10-43所示。

发盘(CFR+L/C)

请根据下面的题目要求及相关背景资料发送"发盘函"。
发盘函须包括：
1. 称呼
2. 感谢询盘
3. 报价
4. 品名和数量
5. 运输方式
6. 支付方式
7. 报价有效期

一、题目要求
2014年5月21日，克里斯托有限责任公司收到南京海格进出口贸易公司关于心电图记录仪的询盘，仔细核算报价后，于2014年5月23日发出了"发盘函"。

二、背景资料
工厂采购价

图 10-43　发盘

五、还盘

还盘操作如图10-44所示。

还盘(CFR+L/C)

请根据下面的题目要求及相关背景资料发送"还盘函"。

还盘函须包括：
1. 称呼
2. 评价与反馈
3. 能接受的价格：USD 560/套 CFR上海
4. 期待签约

一、题目要求

2014年5月26日，南京海格进出口贸易公司经过几天的核算，对克里斯托有限责任公司的报价发出了"还盘函"。

二、背景资料

出口商： 克里斯托公司

进口商： 海格公司

【具体联系方式请在贸易公司资料中查询】

商品：

EF-001 心电图记录仪

【商品详情请在商品资料中查询】

图10-44　还盘

六、合同签约函

合同签约函操作如图10-45所示。

合同签约函(CFR+L/C)

请根据下面的题目要求及相关背景资料发送"合同签约函"。

合同签约函须包括：
1. 称呼
2. 贸易术语
3. 付款条件
4. 价格
5. 货物名称、规格、数量
6. 装运口岸、期限
7. 保险
8. 其他合同条款

一、题目要求

2014年8月9日，克里斯托有限责任公司同意了南京海格进出口贸易公司的还盘，并于当天发出了"合同签约函"。
同时寄出合同一式两份，进口商须签字盖章后再寄回一份。

二、背景资料

出口商： 克里斯托公司

进口商： 海格公司

【具体联系方式请在贸易公司资料中查询】

商品：

EF-001 心电图记录仪

【商品详情请在商品资料中查询】

图10-45　合同签约函

七、申请开证

1. 填制“开证申请书”

第一，进入“业务单证”界面。

传统界面：在【贸易公司】页面，点击左侧菜单中的“业务部-业务单证”。

游戏界面：在【城市地图】页面，点击“贸易公司”建筑，进入贸易公司业务部，然后点击桌面上的黄色文件夹，进入业务单证界面。

第二，添加“开证申请书”并进行填写（填写完成后点击左边“!”检查，如果单据标题处打上绿色的“√”，说明填写通过，可以使用）。

2. 申请开证

第一，进入“银行”界面。

传统界面：在【贸易公司】页面，点击左侧菜单中的“业务部-业务中心”，在流程图上点击“信用证开证”，进入其中的“银行”界面，点击“申请开证”按钮。

游戏界面：在【城市地图】页面，点击“银行建筑”小图标，进入银行大厅，再点击柜台，选择“申请开证”业务。

第二，选择提交“合同”“形式发票”“开证申请书”，完成申请开证。

申请提交后，需等待银行进行处理，处理完成后系统自动发送通知，进口商可到业务单证列表中查看签发的“信用证（MT700）”。

八、改证函

改证函操作如图10-46所示。

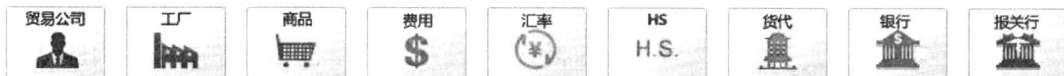

贸易公司
工厂
商品
费用
汇率
HS
H.S.
货代
银行
报关行
改证函(CFR+L/C即)
请根据下面的题目要求及相关背景资料发送修改信用证的要求函。
一、题目要求
2014年8月15日，克里斯托有限责任公司收到客户海格公司的信用证，提出几点修改意见：
1 受益人名称应该是“Crystal Co., Ltd.”
2 币别应该是“美元”
3 转运条款应该是“不允许”
4 有效期需要延长至“20141009”
二、背景资料
出口商（南非）：克里斯托公司
进口商（中国）：海格公司
【具体联系方式请在贸易公司资料中查询】

图10-46　改证函

九、申请改证

1. 填制“信用证修改申请书”

第一，进入“单据中心”页面。

第二，选择“信用证修改申请书”并进行填写。

2. 申请改证

第一，进入“银行”界面。

方法1：进入“流程图”页面，点击“信用证开证”按钮，进入其中的“银行”界面，点击"申请改证"按钮。

方法 2：进入"地图"页面，点击"银行建筑"小图标，进入银行大厅，再点击"柜台"，选择"申请改证"业务。

第二，选择提交"信用证""信用证修改申请书"，完成申请改证。

申请提交后，需等待银行进行处理，处理完成后系统自动发送通知，进口商可到"单据中心"页面查看签发的"信用证修改书（MT707）"。

十、装运通知函

装运通知函操作如图 10-47 所示。

装运通知（CFR+L/C）

请根据下面的题目要求及相关背景资料发送"装运通知"。

装运通知须包括：

1、合同号/信用证号
2、运输工具名称
3、开航日期

一、题目要求

2014年9月15日，海关放行，货物装船。

同日，克里斯托有限责任公司向南京海格进出口贸易公司发出了"装运通知"。

二、背景资料

出口商（南非）： 克里斯托公司

进口商（中国）： 海格公司

【具体联系方式请在贸易公司资料中查询】

商品：

EF-001 心电图记录仪

【商品详情请在商品资料中查询】

图 10-47 装运通知函

十一、预约投保

在国际贸易术语中，除 CIF 和 CIP 术语明确规定了卖方有投保义务之外，采用其他术语时保险并不是必要步骤，但是如果不投保，货物运输过程中一旦发生意外，造成损失，则无法向保险公司索赔。

投保又可分为逐笔投保和预约投保。预约投保的时限比逐笔投保宽松，在预约保险合同规定范围内的货物，一经启运，保险公司即开始承担保险责任。但预约保险仍然需要逐笔办理投保手续，只是较为简化。

在办理预约投保手续前，必须已完成签订预约保险合同步骤。

在采用 EXW、FAS、FCA、FOB、CPT、CFR 6 种贸易术语时，由进口商投保，应在收到出口商发送的装运通知之后办理。

1. 查收"装运通知"

第一，收到出口商发送的"装运通知"邮件后，进入【单据中心】页面。

第二，查看是否收到"装运通知"单据。

2. 预约投保

第一，进入"保险公司"界面。

方法 1：进入"流程图"页面，点击"投保/索赔"，进入保险公司界面，再点击"预约投保"按钮。

方法 2：进入"地图"页面，点击"保险公司建筑"小图标，进入保险公司界面，再点击"前台"，选择"预约投保"业务。

第二，选择提交"装运通知"，完成预约投保。

申请提交后，需等待保险公司进行处理，处理完成后系统自动发送通知，进口商可进入"单据中心"页面查看签发的"保险证明"。

十二、信用证赎单

进口商收到开证行的赎单通知，应及时进行赎单操作，拿到货运单据后方可进行提供报关资料办理通关提货事宜。

1. 填制相关单据

第一，收到银行发送的赎单通知消息后，进入【单据中心】页面。

第二，打开银行签发的"对外付款/承兑通知书"进行填写（该单据上半部分内容由银行填制，进口商只需填写其中下半部分）。

第三，如果需要做融资，添加"进口押汇业务申请书"进行填写。

2. 信用证赎单

第一，进入"银行"界面。

方法 1：进入"流程图"页面，点击"信用证付款"，进入其中的"银行"界面，点击"赎单"按钮。

方法 2：进入"地图"页面，点击"银行建筑"小图标，进入银行大厅，再点击"柜台"，选择"信用证赎单"业务。

第二，选择提交"对外付款/承兑通知书"、"形式发票"（只有即期 at sight 信用证需要提交）、"进口押汇业务申请书"（需要做进口押汇融资时提交，正常赎单无须提交），完成赎单。赎单完成后，进口商将收到商业发票等货运单据。

十三、委托货代

在实务流程操作中，当合同采用 EXW、FOB、FAS、FCA 这几种贸易术语时，货物运输由进口商负责，需要进口商先完成委托货代并指定货代给出口商，出口商才可以委托货代订舱；采用其他贸易术语时则无此限制。

1. 填制"海运/空运委托书"

第一，进入"单据中心"页面。

第二，添加"国际海运货物委托书"（合同规定的运输方式为海运"By sea"）或"国际空运货物委托书"（合同规定的运输方式为空运"By air"）进行填写（填写完成后点击左边"！"检查，如果单据标题处打上绿色的"√"，说明填写通过，可以使用）。

2. 委托货代

第一，进入"进口货代"界面。

方法 1：进入"流程图"页面，点击"进口货代"，进入"进口货代"界面，再点击"委托货代"按钮。

方法2：进入【地图】页面，点"货代公司建筑"小图标，进入货代公司界面，再点击"前台"，选择"委托货代"业务。

第二，选择提交"国际海运货物委托书"或"国际空运货物委托书"，完成委托货代。申请提交后，需等待货代公司处理，处理完成后系统自动发送通知。

十四、申请自动进口许可证

自动进口许可证（自动进口许可机电产品除外）监管证件代码为"7"；机电产品自动进口许可证监管证件代码为"O"；加工贸易自动进口许可证监管证件代码为"v"，管理的商品有原油、成品油。

1. 查询商品详细资料

查询方法：根据合同中的商品编号，在左侧资料查询工具栏的"商品"中查找。只有当商品资料中的"海关监管条件"栏包含"7"或"O"或"v"时才需要申请自动进口许可证，否则直接跳过，下面的步骤不用做。

2. 填制"进口许可证申请书"

第一，进入【单据中心】页面。

第二，添加相关单据并填写（填写完成后点击左边"!"检查，如果单据标题处打上绿色的"√"，说明填写通过，可以使用）。

当监管条件含"7"或"v"时：添加"自动进口许可证申请表"。

当监管条件含"O"时：添加"机电产品进口申请表"。

3. 申请自动进口许可证

第一，进入"发证机构"。

方法1：进入"流程图"页面，点击"进口许可证件"，进入发证机构界面，再点击"自动进口许可证"按钮。

方法2：进入"地图"页面，点击"发证机构建筑"小图标，进入办证大厅，再点击"柜台"，选择"自动进口许可证"业务。

第二，选择提交以下单据，完成申请自动进口许可证。

当监管条件含"7"或"v"时：提交"合同""自动进口许可证申请表"。

当监管条件含"O"时：提交"合同""机电产品进口申请表"。

申请提交后，需等待发证机构进行处理，处理完成后系统自动发送通知，进口商可进入"单据中心"页面查看签发的"自动进口许可证"。

十五、提供报关资料

进口商取得提单等货运单据后，应及时向进口货代提供报关资料。

如果收到货物在运输过程中发生意外的通知，则无须办理以下提供报关资料步骤，请直接去办理索赔（采用DAT/DAP/DDP术语时由出口商索赔）。

1. 填制相关单证

第一，进入【单据中心】页面。

第二，添加"代理报关委托书""代理报检委托书"（商品资料中海关监管条件含"A"的才需要填写，否则可不填），并填写。

2. 提供报关资料

第一，进入"进口货代"界面。

方法 1：进入【流程图】页面，点击"进口货代"，进入进口货代界面，再点击"提供报关资料"按钮。

方法 2：进入【地图】页面，点击"货代公司建筑"小图标，进入货代公司界面，再点击"前台"，选择进口业务中的"提供报关资料"业务。

第二，选择提交以下单据，见表 10-6。

表 10-6　　　　　　　　　　　　　　　　　报关提交单据

类型	需提交单据	备注
基本单证	《合同》 《商业发票》 《装箱单》 《代理报关委托书》	必须提交
	《代理报检委托书》	商品资料中海关监管条件含"A"的需提交
	《海运提单》	海运方式下提交
	《航空运单》	空运方式下提交
特殊单证	《进境动植物检疫许可证》	列入《进境动植物检疫审批名录》中的商品需先申请检疫许可证并提交
	《进出口电池产品备案书》	电池类商品需先申请备案并提交
	《自动进口许可证》	商品资料中海关监管条件含"7"或"O"或"v"的需先申请许可证并提交
	《CCC认证证书》 《兽医卫生证书》 《植物检疫证书》 《卫生证书》 《健康证书》 《熏蒸/消毒证书》 《品质证书》 《数量/重量证书》	单据列表中如有则提交
	《一般原产地证》 《普惠制原产地证明书》（Form A）》 《亚太产地书（Form B）》 《东盟产地证（Form E）》	
加工贸易单证	《进口料件申请备案清单》 《出口成品申请备案清单》 《成品对应料件单耗备案清单》 《加工贸易业务批准证》	加工原料进口时需先申请加工贸易业务批准证并提交，一般货物不需要
	《委托加工协议》 《加工贸易企业经营状况》 《加工贸易企业生产能力证明》 《合同》（加工成品）	加工原料进口时需提交，一般货物不需要

提交成功后，需等待进口货代和报关行进行处理，处理完成后系统自动发送通知，进口商可进入"单据中心"页面查看签发的相关单据。

第十一章　商务单证教学系统
Business Documents System

第一节　教师操作
Teachers Operation

教师的主要工作主要包含3个部分：准备教学环境、组织教学与教学考核。

（1）准备教学环境：创建教师账号、班级与学生账号。创建成功后学生即可使用相应账号登录系统，开始实训。

（2）组织教学：教师根据教学需要，创建课程。课程内容可参考系统模板，也可自定义（在系统题库中挑选），可调节难度。

（3）教学考核：课程设置成功后学生开始实训，所有实训内容由系统自动评分，教师可在教学考核页面查看学生的实训情况与最终成绩。

一、准备教学环境

该画面中主要有4部分内容：系统、教师、班级与学生（如图11-1所示）。

图11-1　准备教学环境

1. 系统

此处可以查看所有教师（学生）账号在系统中的操作日志，如创建课程、删除课程的记录等。

2. 教师管理

在此处点击"教师管理"，可进入"管理教师资料"界面（如图11-2所示）。

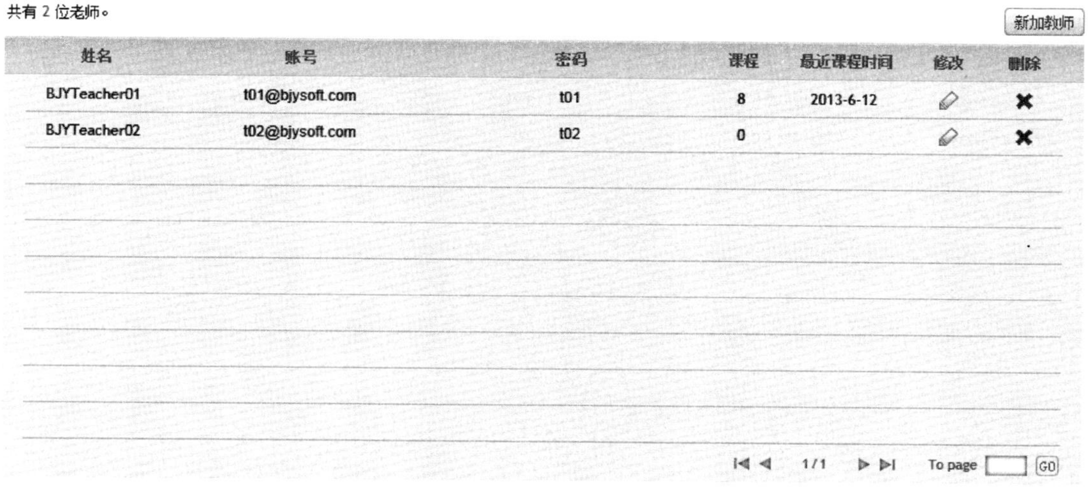
共有 2 位老师。
新加教师
姓名
账号
密码
课程
最近课程时间
修改
删除
BJYTeacher01
t01@bjysoft.com
t01
8
2013-6-12
BJYTeacher02
t02@bjysoft.com
t02
0
1/1
To page
GO

图 11-2　教师管理

（1）增加教师。

点击“新加教师”按钮，输入教师姓名、账号（由英文字母、数字或下划线组成）、密码，分配其权限，再点击下方的“保存”按钮，增加完成（如图 11-3 所示）。

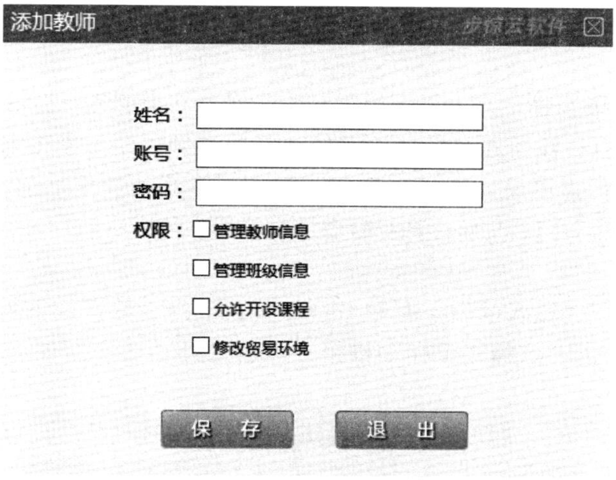
添加教师
姓名：
账号：
密码：
权限：
管理教师信息
管理班级信息
允许开设课程
修改贸易环境
保　存
退　出

图 11-3　增加教师

如果有多位教师，请重复前述的增加操作。

（2）修改教师资料。

点击要修改的教师用户所对应的“修改”按钮，可对教师的姓名、密码进行修改，修改完成后，点击下方的“保存”按钮即可。

账号不可修改，如果需要修改教师账号，则须删除后再重新增加。

（3）删除教师。

点击要删除的教师用户所对应的“删除”按钮，则所选的教师用户将被删除（如图 11-4 所示）。

3. 班级管理

点击“班级管理”按钮，可进入“班级管理”界面。

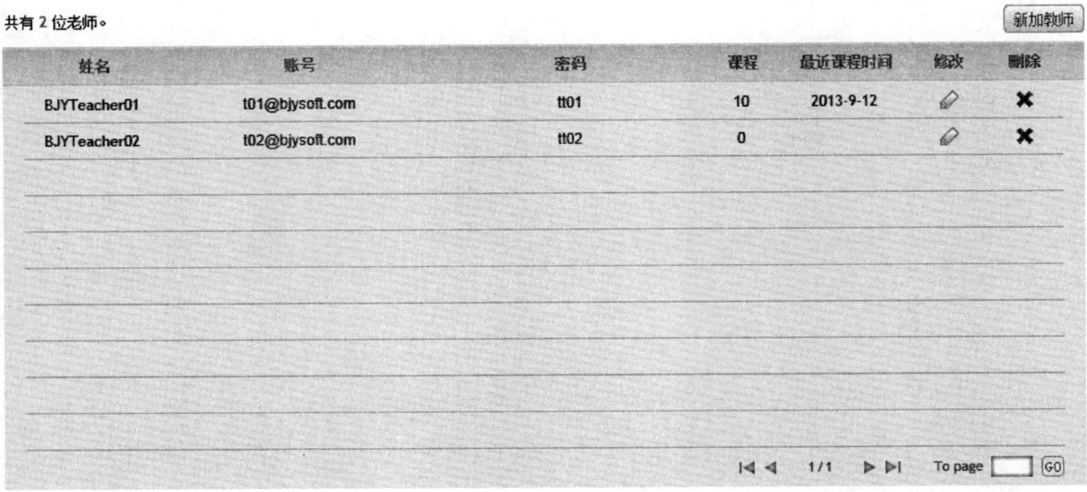

共有 2 位老师。　　　　　　　　　　　　　　　　　　　　　　　　　　　　　　新加教师

姓名	账号	密码	课程	最近课程时间	修改	删除
BJYTeacher01	t01@bjysoft.com	tt01	10	2013-9-12	✎	✘
BJYTeacher02	t02@bjysoft.com	tt02	0		✎	✘

　　　　　　　　　　　　　　　　　　　　　　　　　　　　　⊮ ◂　1/1　▸ ⊯　To page [　] GO

图 11-4　删除教师

　　点击"新加班级"，输入班级名称、描述，选择状态、是否允许加入（如果选择允许加入，那么学生自行注册时就可以加入该班级，否则为不允许），再点击下方的"保存"按钮，增加完成。

　　如果要修改或者删除班级，点击该班级所对应的"修改"或"删除"按钮即可。

　　4. 学生管理

　　"注册"功能如果选择"不允许"，学生账号必须由教师分配；如果教师选择了"允许"，那么学生可以自行注册账号并使用系统，教师无须再添加学生账号。

　　点击"学生管理"，可进入"学生管理"界面。在添加学生之前，必须先在左边的下拉框中选择一个班级，再行添加。学生的增加主要有 3 种方法：

　　（1）增加单个学生。

　　点击"新加学生"，输入学号、登录号（由英文字母、数字或下划线组成）、姓名、密码、证件编号，再点击下方的"保存"按钮，增加完成。

　　（2）批量增加学生。

　　点击"添加一批学生"，即可使用批量增加。采用批量增加的分配方法，如图 11-5 所示。

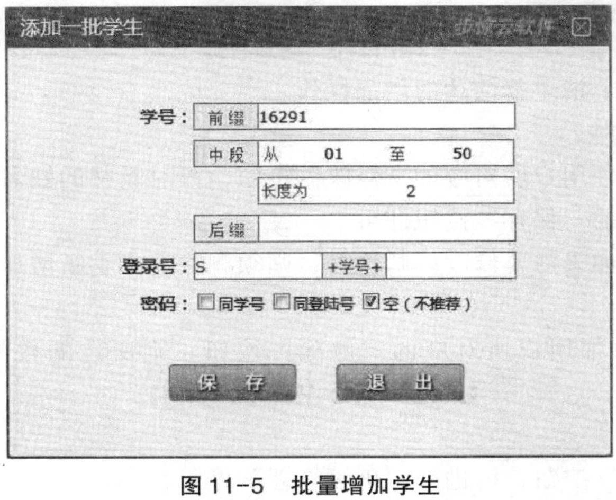

添加一批学生　　　　　　　　　　　　　　　　　步锐云软件 ☑

　　　　　　学号：　前缀　16291
　　　　　　　　　　中段　从　01　至　50
　　　　　　　　　　　　　长度为　　2
　　　　　　　　　　后缀
　　　　　登录号：S　　　　　　+学号+
　　　　　　密码：☐同学号　☐同登陆号　☑空（不推荐）

　　　　　　　　保　存　　　　退　出

图 11-5　批量增加学生

（3）导入学生名单。

若教师已经在Excel表格中制作了学生名单，可以通过"导入学生名单"的方式直接将学生的学号及名单导入到系统中，以减少教师逐个添加学生的工作量。

操作步骤：

①下载模板：点击"从其他文件导入学生名单"，在弹出的窗口中点击"下载模板"，保存到本机。

②按模板各栏输入相关内容。

③回到导入名单页面，点击"浏览"按钮，选择该文件再点击"保存"按钮，该份名单即导入系统。

（4）学生的修改与删除。

如果要修改或者删除学生，点击该学生所对应的"修改"或"删除"按钮即可，也可以将学生移出本班级（如图11-6所示）。

本班级共有 11 位学生。　　　　　　　　　　　　　　新加学生　添加一批学生　从其他文件导入学生名单

学号	账号	姓名	密码	证件编号	修改	移出班级	删除
201300101	s01@bjysoft.com	孙杰	ss01		✎	⌂	✖
201300102	s02@bjysoft.com	张璐	ss02		✎	⌂	✖
201300103	s03@bjysoft.com	周凤	ss03		✎	⌂	✖
201300104	s04@bjysoft.com	姜晓玲	ss04		✎	⌂	✖
201300105	s05@bjysoft.com	赵小叶	ss05		✎	⌂	✖
201300106	s06@bjysoft.com	崔靓	ss06		✎	⌂	✖
201300107	s07@bjysoft.com	陆文书	ss07		✎	⌂	✖
201300108	s08@bjysoft.com	何守义	ss08		✎	⌂	✖
201300109	s09@bjysoft.com	李军军	ss09		✎	⌂	✖
201300110	s10@bjysoft.com	王玉金	ss10		✎	⌂	✖

|◀ ◀　1/2　▶ ▶|　To page [　] GO

图11-6　学生的修改与删除

二、组织教学

组织教学页面的主要功能是创建课程，只有当课程设置完成后，学生才能进入该课程并开始练习。

按创建人分类，课程可分为自己创建的和其他教师创建的课程。教师除了管理自己创建的课程以外，还可以加入其他教师的课程，查看课程详细内容；除了自己创建的课程以外，其他课程都只能查看，不能够删除。

学生可以进入所有教师创建的课程。

1. 创建课程

点击"创建新课程"按钮，输入相关内容：

课程类别：根据相应课程显示类别，不可修改。

复制模板课程：须先选择课程类别，才能看到相应模板课程的下拉列表，选中即表示复制该模板课程中的题目（选择某一模板课程，再点击"查看详细"按钮，可以查看该课程中的详细题目内容）。如果此处没有选择模板课程复制题目，那么在课程创建完成后，还可以再次进入"题目设置"界面进行操作。

课程名称：必须填写。

课程简介：根据需要填写。

课程密码：设置密码以后，学生必须输入密码后才可以进入该课程，也可以不设置。

开始、结束时间：教师需根据教学安排的需要设置时间，如果不设置或时间已过，学生无法进入课程。

内容输入完毕，点击下方的"确定"按钮，创建完成（如图11-7所示）。

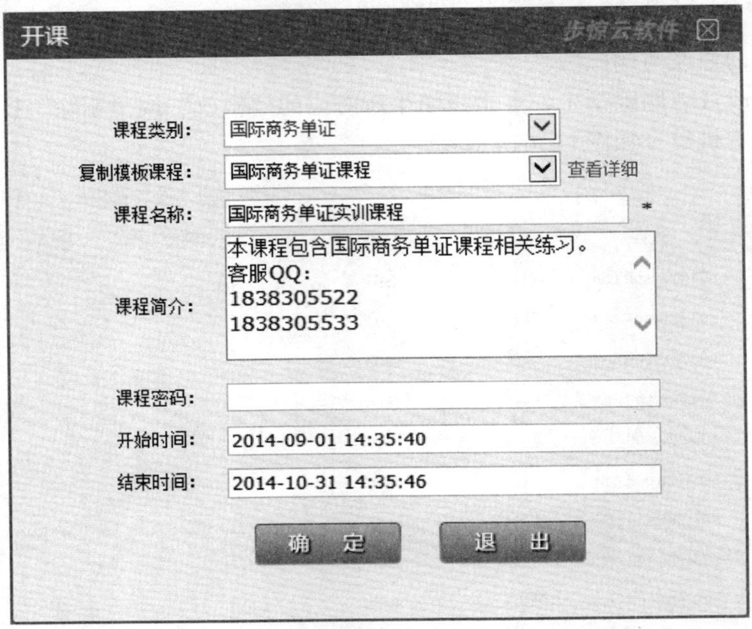

图11-7　创建课程

2.管理课程

每门课程创建完成后，包括基本信息、题目设置、难度设置、管理学生、管理教师等几个功能，分别点击对应的小按钮即可（如图11-8所示）。

图11-8　管理课程

（1）基本信息。

可以在此处修改课程名称、简介、密码、开始时间、结束时间等信息。

（2）题目设置。

如果老师创建课程时没有选择从模板课程中复制题目，可在本页面自由增减章节与题目。设置完成后，老师可以针对每个章节或题目设定对学生开放或隐藏。

自由增减题目的操作方法为：

①编辑章节：如果没有章节，必须先添加章节。具体操作为：点击"添加章节"按钮，输入章节序号、中英文名称即可。添加后，也可以随时点击与章节对应的"修改""删除"等按钮进行编辑。

②编辑题目：点击与某章节对应的"添加题目"按钮，弹出题目添加界面（如图11-9所示）。

题号	练习名称(中)	练习名称(英)	难度	训练时间	查看	加入
10001	制单-开证申请书（即期）	Document-Credit Application (sight)	易	40	查看	
10002	制单-开证申请书（远期）	Document-Credit Application (usance)	易	40	查看	
10003	制单-开证申请书（延期）	Document-Credit Application (defer)	易	40	查看	
10021	制单-银行汇票1	Document-Bank Draft 1	易	20	查看	
10022	制单-银行汇票2	Document-Bank Draft 2	易	20	查看	
10041	单元练习-制信用证全套海运单据	Practice--Full set of L/C documents by sea	中	120	查看	
10042	单元练习-制信用证全套空运单据	Practice--Full set of L/C documents by air	中	120	查看	
10051	制单-打包贷款申请书	Document-Application for Packing Loan	易	15	查看	
10052	制单-出口押汇申请书（信用证）	Document-Application for Outward Bills (L/C)	易	15	查看	
10053	制单-出口押汇申请书（托收）	Document-Application for Outward Bills (Collection)	易	15	查看	
10054	制单-出口保理业务申请书	Document-Application for Export Factoring	易	20	查看	
10055	制单-福费廷业务申请书	Document-Application for Fortaiting	易	15	查看	
10101	制单-境外汇款申请书（预付）	Document-Application for Funds Transfers (PIA)	易	30	查看	
10102	制单-境外汇款申请书（到付）	Document-Application for Funds Transfers (POD)	易	30	查看	
10103	制单-境外汇款申请书（混合支付）	Document-Application for Funds Transfers (Mixed payment)	易	30	查看	
10121	制单-交单委托书（D/P）	Document-Power of Attorney (D/P)	易	20	查看	
10122	制单-交单委托书（D/A）	Document-Power of Attorney (D/A)	易	20	查看	
10123	制单-交单委托书（信用证）	Document-Power of Attorney (L/C)	易	20	查看	
10131	制单-商业汇票1	Document-Commercial Draft 1	易	20	查看	

图11-9　题目设置

③添加方法：先选择题目类型（单据题），点击"搜索"按钮；然后在题目列表中点击与要添加的题目对应的"加入"按钮，即添加该道题到相应章节中。

（3）难度设置。

难度设置分为：基本设置、制单设置和实验报告（如图11-10所示）。

①设置语言：

可以选择中文、英文、韩文或登录时选定（如图11-11所示），如选择英文，则学生的制单界面、帮助信息等都显示英文；如选择登录时选定，则由学生登录时自由选择（如图11-12所示）。

②基本设置：

第一，是否允许学生重做。默认允许，重做时以前的分数将被清空，重新计算。如果老师想提高实习难度，可以将其设为不允许。

第二，是否允许查看分数。默认允许，学生答题完成后系统实时显示成绩。

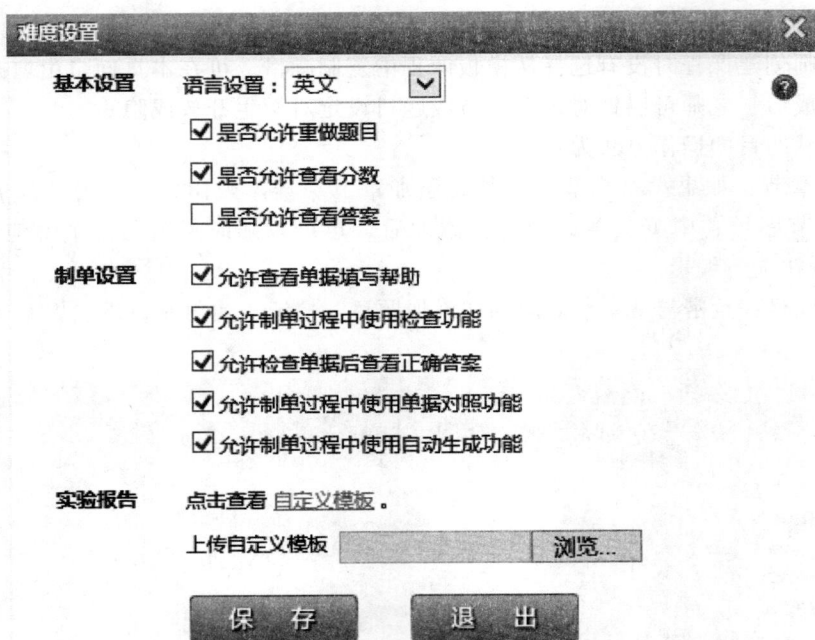

图 11-10　难度设置

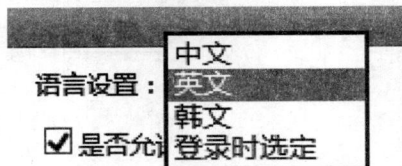

图 11-11　设置语言

图 11-12　选择设置语言

③制单设置：

是否允许学生使用检查、单据对照及自动填写单据和录入界面的功能。

第一，是否允许查看单据填写帮助。默认允许，学生在制单过程中可以查看单据填写帮助；否则不能查看。

第二，是否允许检查。默认允许，学生在制单过程中可以随时检查，查看哪些栏位填写有误（如图 11-13 所示）。

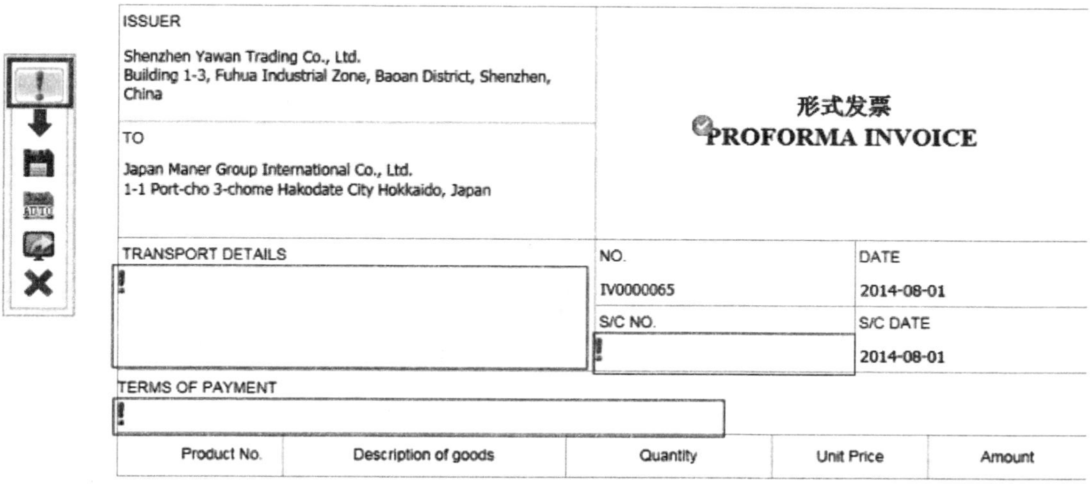

图 11-13　设置检查

第三，是否允许查看正确答案。默认不允许，学生在检查单据时，可以查看填写错误栏位的正确答案（如图 11-14 所示）。

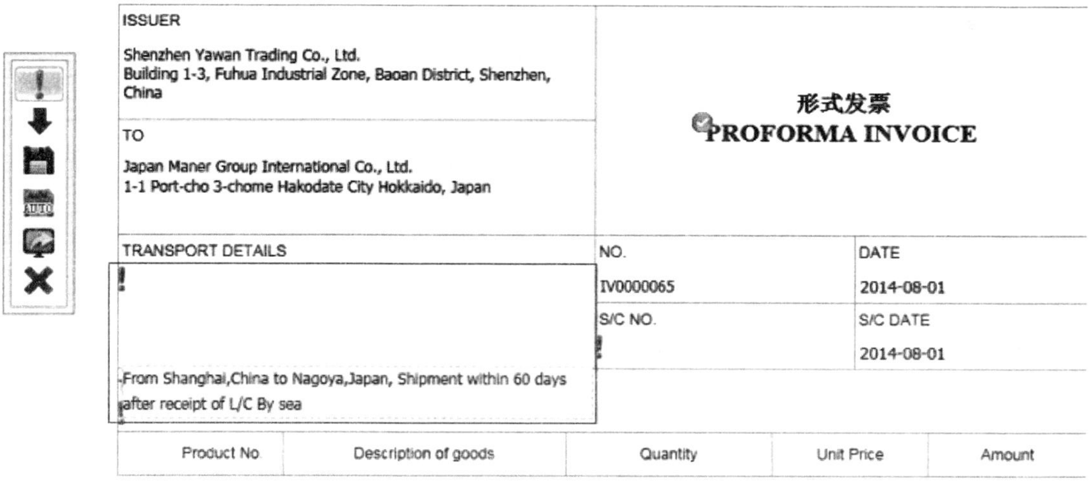

图 11-14　设置查看答案

第四，是否允许使用单据对照。默认允许，学生在制单过程中可以使用单据对照（提示）功能（如图 11-15 所示）。

第五，是否允许使用自动生成。默认不允许，如果开放此功能，学生在制单过程中可以使用自动生成功能，则单据中所有栏位将自动填写，无须手工输入。

④实验报告：

系统提供实习报告模板，学生按统一格式填写实习报告。教师也可自定义实习报告模板并上传。学生端下载，如图 11-16 所示。

3. 管理学生

本界面用于查看已加入本课程学生的列表。可以指定某个班级的学生加入本课程，也可将学生移出课程（如图 11-17 所示）。

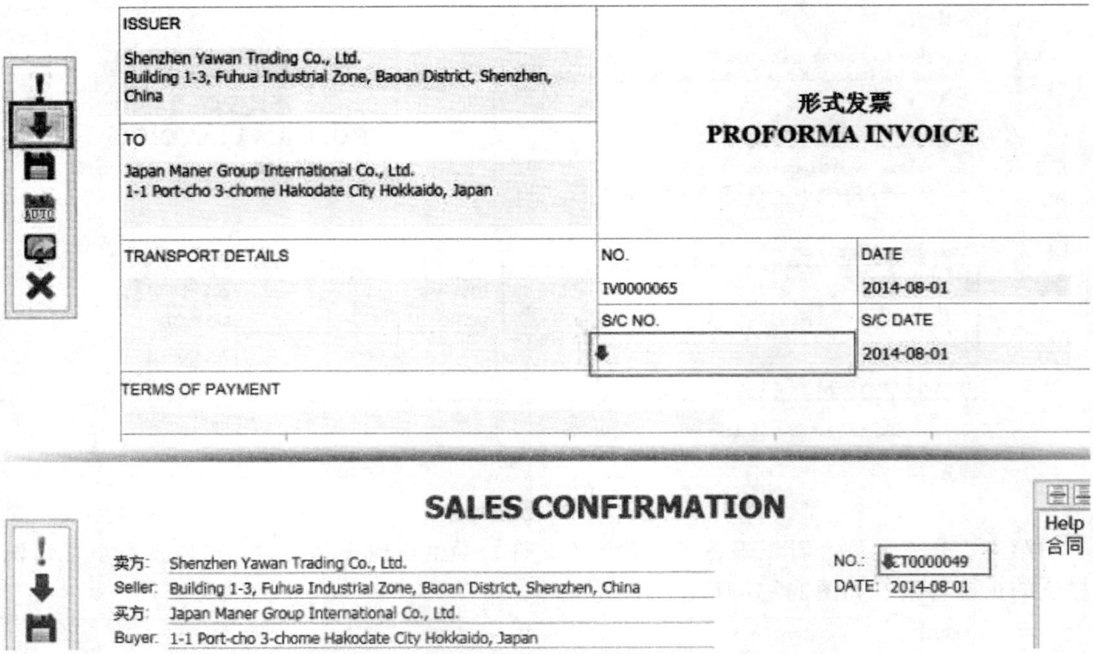

ISSUER	
Shenzhen Yawan Trading Co., Ltd. Building 1-3, Fuhua Industrial Zone, Baoan District, Shenzhen, China	**形式发票** **PROFORMA INVOICE**

TO	
Japan Maner Group International Co., Ltd. 1-1 Port-cho 3-chome Hakodate City Hokkaido, Japan	

TRANSPORT DETAILS	NO. IV0000065	DATE 2014-08-01
	S/C NO.	S/C DATE 2014-08-01

TERMS OF PAYMENT		

SALES CONFIRMATION

卖方：Shenzhen Yawan Trading Co., Ltd.　　　　　　　　　　　　　　　　NO.：CT0000049
Seller: Building 1-3, Fuhua Industrial Zone, Baoan District, Shenzhen, China　　DATE：2014-08-01
买方：Japan Maner Group International Co., Ltd.
Buyer: 1-1 Port-cho 3-chome Hakodate City Hokkaido, Japan

Help
合同

图 11-15　设置单据对照

实验完成后，可下载实验总结。　下载实验总结
实验完成后，须上交报告。　　　下载实验报告模板　　上传实验报告　　我的实验报告

图 11-16　学生端下载实验报告模板

管理学生　　　　　　　　　　　　　　　　　　　　　　　　　　　　　　　　✕

本课程目前共有 5 名学生。　　　　　　　　　　　　　　　　　　　　　指定学生参加本课程

学号	账号	姓名	密码	班级	移出课程
2014080801	ds01	韩千叶	ds01	演示班级	🏠
2014080802	ds02	刘建新	ds02	演示班级	🏠
2014080803	ds03	李永强	ds03	演示班级	🏠
2014080804	ds04	姜晓玲	ds04	演示班级	🏠
2014080805	ds05	赵小叶	ds05	演示班级	🏠

图 11-17　管理学生

4. 管理教师

可以看到本课程的创建人和已经加入的其他教师的信息，创建人可以移除其他教师（如图 11-18 所示）。

5. 加入、退出课程

"加入课程""退出课程"功能其实都是针对其他教师创建的课程而言，而不能用于自己创建的课程。如果一个课程需要多位教师管理，那么只需要其中一个教师创建好课程，其他教师直接加入（点击对应课程右上角的"加入课程"按钮），即可查看该课程的各项设置、评分等。

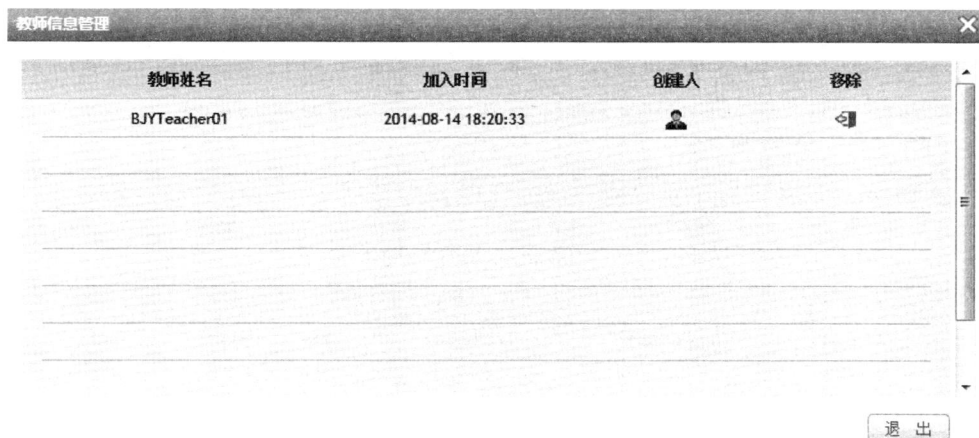

图 11-18　管理教师

6. 删除课程

点对应课程右上角的"删除课程"按钮（只能删除自己创建的课程），则与该课程有关的所有题目及练习记录都将被删除。

三、**教学考核**

在实习过程中或实习结束后，教师可随时到教学考核页面查看学生的实习状况。在这里，教师能看到所有自己创建的和已加入的其他课程的考核结果。

除去分数外，老师还可以看到每个学生的"完成进度"，所有成绩均可以导出到 Excel 表格中。

1. 成绩列表

首先需在下拉列表中选择要查看的课程，然后即能直接看到所有学生的成绩列表（如图 11-19 所示）。可按学号、班级或得分排序，可调整分数。

姓名	学号	班级	百分制	五分制	调整分数	完成进度	成绩分析	报告
孟小玉	2014080808	演示班级	91	优秀	0	130/160		
李永强	2014080803	演示班级	45	不及格	0	70/160		
张亚勤	2014080811	演示班级	28	不及格	0	0/160		
刘建新	2014080802	演示班级	8	不及格	0	57/160		
韩千叶	2014080801	演示班级	3	不及格	0	14/160		
王玉金	2014080810	演示班级	3	不及格	0	53/160		
赵小叶	2014080805	演示班级	2	不及格	0	0/160		

图 11-19　成绩列表

2. 完成进度

点击"完成进度"，可看到学生的题目列表，老师可查看学生具体的操作过程，包括学生的制单结果、检查次数、制单耗时、准确率等（如图 11-20 所示）。

3. 成绩分析

这个功能是系统细化到每张单据的技能统计，包含：练习次数、错误次数、制单耗时、平均成绩等。以此标准统计单据的最终技能等级（如图 11-21 和图 11-22 所示）。

题目名称：制单-形式发票1
合同号：CT0000078　　贸易术语：FOB　　结算方式：+L/C

1、题目要求

【题目背景】这是一笔L/C方式下的出口速冻草莓的业务。合同签订后，由于约定以信用证方式支付，为便于买方尽早开立信用证，需要提供《形式发票》给买方。

【题目要求】请你模拟合同各项详细内容缮制形式发票。

2、给定单据

单据名称	单据编号	查看	单据名称	单据编号	查看
合同	CT0000078	✎			

3、制单情况

单据名称	使用检查次数	填制单据耗时	准确率	综合得分	查看
形式发票	2	8分2秒	100.00	95.96	✎

图 11-20　完成进度

商业单据

考核技能点	等级	考核技能点	等级
熟练制作形式发票	A+	熟练制作商业发票	B-
熟练制作装箱单	C+		

运输单据

考核技能点	等级	考核技能点	等级
熟练制作海运提单	C+	熟练制作航空运单	C+
熟练制作国际海运委托书	B-	熟练制作国际空运委托书	C+

结算单据

考核技能点	等级	考核技能点	等级
熟练制作境外汇款申请书	C	熟练制作开证申请书	C
熟练制作交单委托书	C+	熟练制作汇票	C+

保险单据

考核技能点	等级	考核技能点	等级
熟练制作投保单	C+	熟练制作货物运输保险单	C
熟练制作进口货物运输预约保险合同	C	熟练制作保险证明	C

产地证书

考核技能点	等级	考核技能点	等级
熟练制作一般原产地证	C	熟练制作普惠制产地证	C+
熟练制作东盟产地证	/	熟练制作亚太产地证	/
熟练制作原产地证明书申请书	B-		

报检单据

考核技能点	等级	考核技能点	等级
熟练制作出境货物报检单	C+	熟练制作入境货物报检单	C
熟练制作代理报检委托书	C+		

报关单据

考核技能点	等级	考核技能点	等级
熟练制作出口货物报关单	C+	熟练制作进口货物报关单	C
熟练制作代理报关委托书	C		

许可证

考核技能点	等级	考核技能点	等级
熟练制作出口许可证	/	熟练制作进口许可证	/
熟练制作自动进口许可证	/		

图 11-21　成绩分析1

1. Shipper Insert Name, Address and Phone 1人，3.0次		B/L No.

2. Consignee Insert Name, Address and Phone
2人，1.5次

ORIGINAL
Port-to-Port or Combined Transport

单据总数 217
平均填写时间 298秒
检查次数 8.0
平均分数 97.82

RECEIVED in external appa... noted. The toTAL number of... description of the goods and... Furnished by the Merchants, and which the carrier has no reasonable means Of checking and is not a part of this Bill of Lading contract. The carrier has Issued the number of Bills of Lading stated below, all of this tenor and date,

One of the original Bills of Lading must be surrendered and endorsed or sig-Ned against the delivery of the shipment and whereupon any other original Bills of Lading shall be void. The Merchants agree to be bound by the terms And conditions of this Bill of Lading as if each had personally signed this Bill of Lading.

SEE clause 4 on the back of this Bill of Lading (Terms continued on the back Hereof, please read carefully).

*Applicable Only When Document Used as a Combined Transport Bill of Lading.

3. Notify Party Insert Name, Address and Phone
(It is agreed that no responsibility shall attach to the Carrier or his agents for failure to notify)
1人，2.0次

4. Combined Transport* Pre - carriage by　　5. Combined Transport* Place of Receipt

6. Ocean Vessel Voy. No.　7. Port of Loading
5人，8.0次　6人，6.0次　5人，2.0次

8. Port of Discharge　9. Combined Transport* Place of Delivery
6人，3.0次

Marks & Nos. Container / Seal No.	No. of Containers or Packages	Description of Goods (If Dangerous Goods, See Clause 20)	Gross Weight Kgs	Measurement
8人，9.0次	6人，5.0次	9人，5.0次	3人，6.0次　2人，3.0次	8人，5.0次　2人，5.0次

图11-22　成绩分析2

4.导出成绩

本页面查看的是学生在课程中的总成绩。点击图标█可将分数导出到Excel表格中。

5.导出实验报告

已上传实验报告的学生，教师可在其名单后看到该实验报告，点击可下载。也可点击导出成绩后面的实验报告，一键下载所有学生的实验报告（如图11-23所示）。

课程名称：国际商务单证实训课程　　　　　　　　　　　　　BJYTeacher01

综合分数

姓名	学号	班级	百分制	五分制	调整分数	完成进度	成绩分析	报告
孟小王	2014080808	演示班级	91	优秀	0	130/160		
李永强	2014080803	演示班级	45	不及格	0	70/160		
张亚勤	2014080811	演示班级	28	不及格	0	0/160		
刘建新	2014080802	演示班级	8	不及格	0	57/160		
韩千叶	2014080801	演示班级	3	不及格	0	14/160		█
王玉金	2014080810	演示班级	3	不及格	0	53/160		

图11-23　导出实验报告

第二节　学生实训
Students Practice

登录系统：

根据老师分配的用户名、密码登录课程。登录时可选择语言，包含：中文、英文和韩文（如图 11-24 所示）。

图 11-24　登录系统

一、进入课程

学生登录后，选择老师分配的课程，点击"上课"。

若第一次登录，课程呈灰色（如图 11-25 所示）。点击选课，在弹出的提示框中输入密码（该密码由老师设置），如没有密码，直接点击加入课程（如图 11-26 所示）。课程变成蓝色，点击上课即可。

图 11-25　登录课程

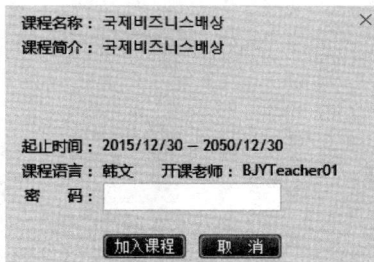

图 11-26　进入课程

二、单证百科

系统提供完善的单证百科知识，包含术语解释、各类单据的内容与制作要点等，可在线搜索（如图11-27所示）。单证百科可作为实训的辅助教学工具。

>> 步惊云百科 ──── 输入要搜索的内容 ──── 搜索标题　搜索内容　◀返回目录

第一章　国际贸易单证概述
第一节 国际贸易单证的作用和分类
第二节 国际贸易单证的工作环节与要求
第三节 国际贸易单证标准化

第二章　国际贸易术语
第一节 国际贸易术语概述
第二节 全能贸易术语
第三节 水运贸易术语

第三章　国际货物买卖合同
第一节 国际货物买卖合同的商订
第二节 国际货物买卖合同的基本内容
第三节 国际货物买卖合同的履行

第四章　国际贸易付款方式
第一节 国际结算票据
第二节 常见的国际付款方式
第三节 信用融资

第五章　商务单证种类和作用
第一节 商业发票
第二节 包装单据
第三节 出口收汇使用的汇票
第四节 装运通知
第五节 出口商证明
第六节 海关发票
第七节 领事发票
第八节 厂商发票
第九节 其他单据

第六章　国际货物运输与保险单证
第一节 概述
第二节 国际海运单
第三节 国际空运单
第四节 国际铁路运单
第五节 国际公路运单
第六节 国际多式联运单证
第七节 保险单据

第七章　官方出口单证
第一节 出口许可证
第二节 一般原产地证
第三节 普惠制产地证书
第四节 区域性经济集团互惠原产地证书
第五节 检验检疫单证
第六节 进出口货物报关单
第七节 出口退税单证

第八章　进口单证
第一节 进口单证概述
第二节 进口贸易的支付
第三节 申请开立信用证
第四节 进口商务单证
第五节 进口到货单证
第六节 进口货物单据的审核

第九章　国际商务单证业务中的计算
第一节 佣金和折扣
第二节 运费
第三节 保费
第四节 银行汇兑与银行费用

图 11-27　单证百科

三、实训首页

进入课程后，可看到题目列表界面（如图11-28所示）。界面分为左右两个部分：左侧包含个人排名、使用引导及资料查询；右侧为课程的要求与题目列表。

1. 个人排名

个人排名包括本课程中所有学生的成绩排名，在这里可以查看自己的名次与分数（分数为课程中所有题目的平均得分）。

2. 使用引导

此处包含本操作指南与费用计算说明、单据样本等一些在练习过程中可能用到的帮助。建议学生在实训之前先看一下使用引导。

3. 资料查询

此处包含系统中所有公司、商品、汇率等的详细资料，在制单等练习过程中经常会用到。

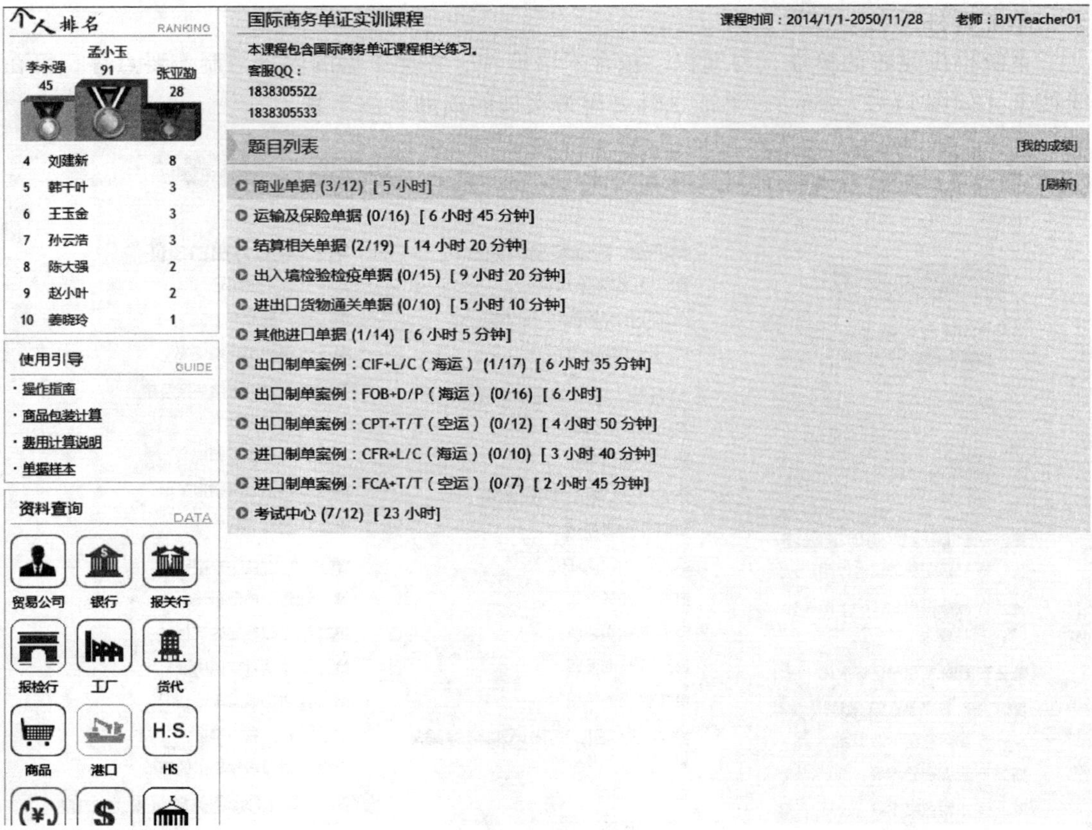

图 11-28　实训首页

4.题目列表

此处包含本课程需练习的所有题目，按章节划分。

四、开始实训

根据老师分配的内容进行答题，点击题目右边的箭头进入（如图 11-29 和图 11-30 所示）。

根据题目要求完成填制合同，点击合同右上角的按钮可打开合同并进行填写（如图 11-31 所示）。

制单方法：

如图 11-31 所示，单据界面分为上下两部分，上半部分是当前打开的单据，下半部分是填写时可供参考的单据填写帮助及其他单据，分别说明其操作方法如下：

1.上半部分窗口使用方法

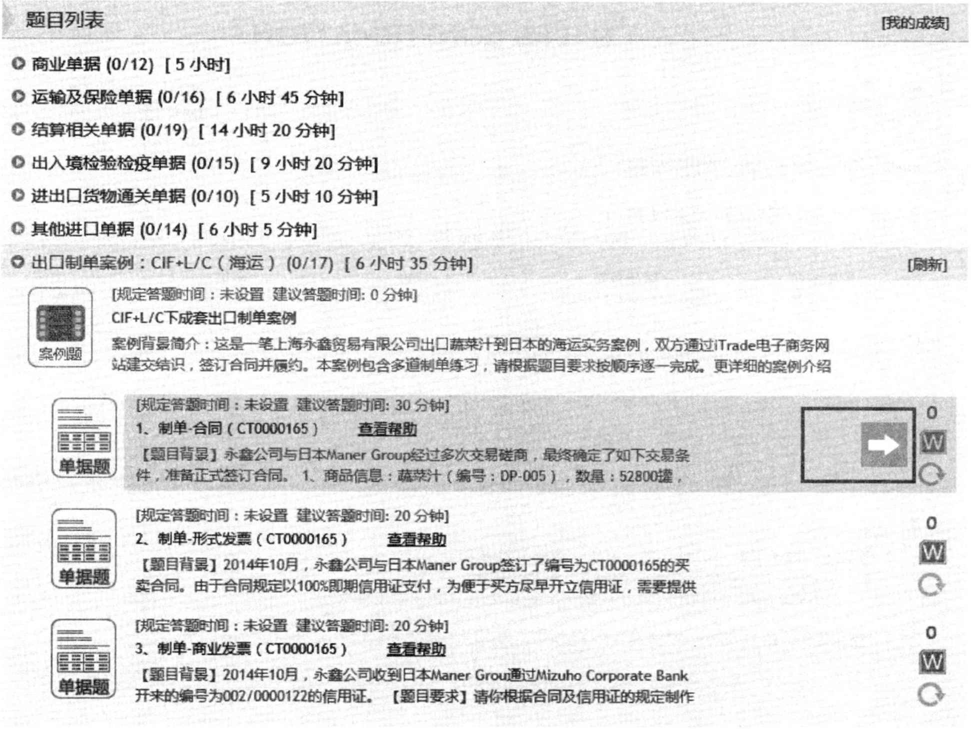
题目列表
[我的成绩]
商业单据 (0/12) [5 小时]
运输及保险单据 (0/16) [6 小时 45 分钟]
结算相关单据 (0/19) [14 小时 20 分钟]
出入境检验检疫单据 (0/15) [9 小时 20 分钟]
进出口货物通关单据 (0/10) [5 小时 10 分钟]
其他进口单据 (0/14) [6 小时 5 分钟]
出口制单案例：CIF+L/C（海运） (0/17) [6 小时 35 分钟]
[刷新]
案例题
[规定答题时间：未设置 建议答题时间: 0 分钟]
CIF+L/C下成套出口制单案例
案例背景简介：这是一笔上海永鑫贸易有限公司出口蔬菜汁到日本的海运实务案例，双方通过iTrade电子商务网站建交结识，签订合同并履约。本案例包含多道制单练习，请根据题目要求按顺序逐一完成。更详细的案例介绍
单据题
[规定答题时间：未设置 建议答题时间: 30 分钟]
1、制单-合同（CT0000165）
查看帮助
【题目背景】永鑫公司与日本Maner Group经过多次交易磋商，最终确定了如下交易条件，准备正式签订合同。 1、商品信息：蔬菜汁（编号：DP-005），数量：52800罐，
0
单据题
[规定答题时间：未设置 建议答题时间: 20 分钟]
2、制单-形式发票（CT0000165）
查看帮助
【题目背景】2014年10月，永鑫公司与日本Maner Group签订了编号为CT0000165的买卖合同。由于合同规定以100%即期信用证支付，为便于买方尽早开立信用证，需要提供
0
单据题
[规定答题时间：未设置 建议答题时间: 20 分钟]
3、制单-商业发票（CT0000165）
查看帮助
【题目背景】2014年10月，永鑫公司收到日本Maner Grou通过Mizuho Corporate Bank开来的编号为002/0000122的信用证。 【题目要求】请你根据合同及信用证的规定制作
0

图 11-29　题目列表

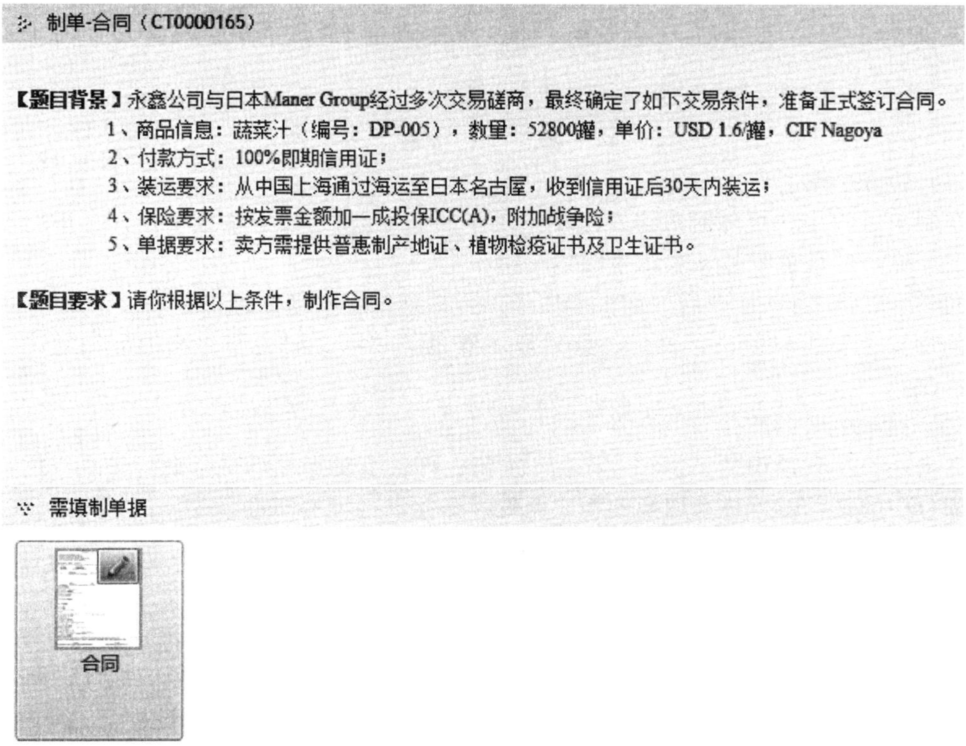
制单-合同（CT0000165）
【题目背景】永鑫公司与日本Maner Group经过多次交易磋商，最终确定了如下交易条件，准备正式签订合同。
1、商品信息：蔬菜汁（编号：DP-005），数量：52800罐，单价：USD 1.6/罐，CIF Nagoya
2、付款方式：100%即期信用证；
3、装运要求：从中国上海通过海运至日本名古屋，收到信用证后30天内装运；
4、保险要求：按发票金额加一成投保ICC(A)，附加战争险；
5、单据要求：卖方需提供普惠制产地证、植物检疫证书及卫生证书。
【题目要求】请你根据以上条件，制作合同。
需填制单据
合同

图 11-30　题目

SALES CONFIRMATION

卖方: Seller:		NO.:	CT0000053
买方: Buyer:	Japan Maner Group International Co., Ltd.	DATE:	

经买卖双方同意成交下列商品，订立条款如下：
This contract is made by and agreed between the BUYER and SELLER, in accordance with the terms and conditions stipulated below.

商品编号 Product No.	名称及规格 Description of goods	数量 Quantity	单价 Unit Price	金额 Amount

卖方Seller

填写出口商的名称及地址（英文），注意要分两栏填写。
如：Nanjing Higher Import&Export Trade Company
　　No.390 jiangning economic development zone, Nanjing, China

出口商资料查找方法： 在"当前业务"信息中，点击出口商公司名称。

买方Buyer

填写进口商的名称及地址（英文），方法同上。

No.

合同编号，通常由合同起草方自行编设，以便存储归档管理之用，不能重复。

本栏无需填写，由系统自动生成。

图 11-31　答题

（1）检查单据。

在制单过程中，可随时点击左边小菜单中的红色"！"按钮检查单据，在单据中对应栏位上会显示红色惊叹号，表示该栏填写错误。

同时，点击"！"检查后，如果单据最上方标题处显示绿色的"√"，说明单据填写达到正确率要求，可以使用；反之，如果显示红色的"×"，则说明单据填写未通过，需要继续修改。

（2）提示单据帮助。

点击左边小菜单中的第2个"箭头"按钮，再点击要查看填写帮助的任意栏位，界面下半部分中的帮助即可自动切换到相应位置，据此进行填写即可。

（3）保存。

点击左边小菜单中的第3个按钮，即可保存单据。

（4）查看答案。

点击左边小菜单中的第4个按钮，可自动填写单据。

（5）导出。

点击左边小菜单中的第5个按钮，可将单据自动在新窗口中以图片的形式打开。如果需要保存该单据图片,可直接在图片上点击右键,选择"图片另存为",即可将图片保存到自己的电脑上。

2.下半部分窗口使用方法

(1) 调整窗口大小:菜单左边4个按钮,代表不同的上下窗口大小比例,可根据需要点击调整;

(2) 点击最右边一个小按钮,可将菜单收起。

五、我的成绩

答题完成后系统自动评分。学生可在页面上看到自己的得分,同时系统会生成实训总结,可下载打印(如图11-32所示)。

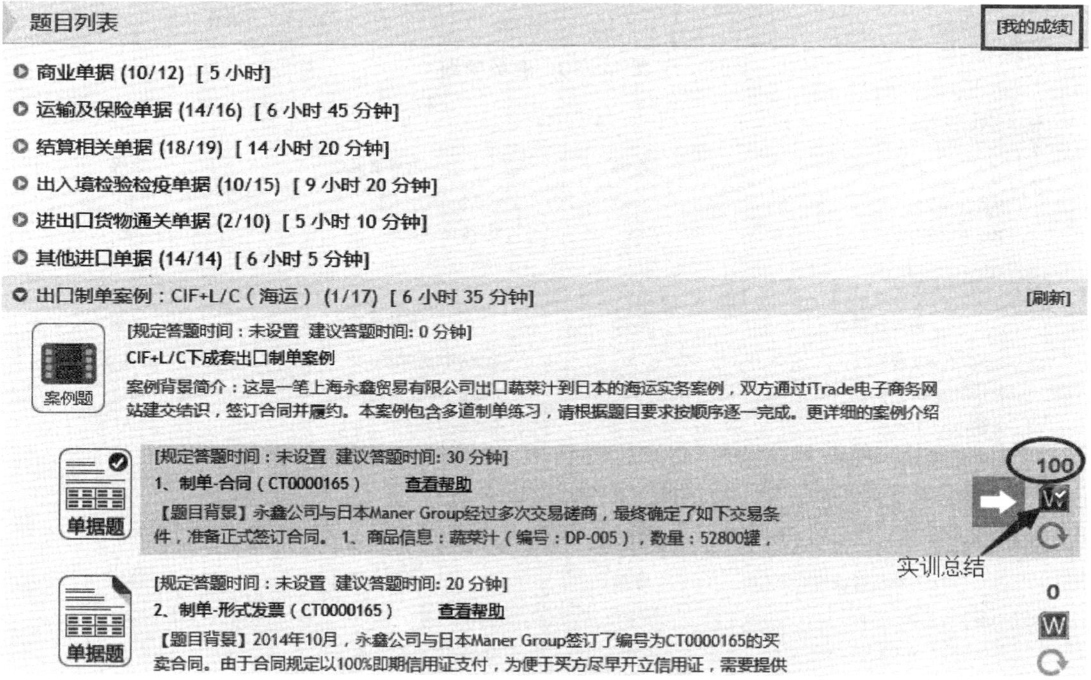

图11-32 我的成绩

点击图11-32中的"我的成绩",学生可查看详细的实训统计结果,包括:业务明细统计、单据的技能点分析和实验报告(分别如图11-33、图11-34、图11-35所示)。

题目名称：制单-合同1

合同号： 贸易术语： 结算方式：+

1、题目要求

【题目背景】青岛米乐公司与德国Germany Bayern经过多次交易磋商，最终确定了如下交易条件，准备正式签订出口合同。

1、商品信息：木制家具（编号：CA-006），数量：10310套，单价：USD 21/套，CFR Hamburg

2、付款方式：100%信用证远期180天；

3、装运要求：从中国上海通过海运至德国汉堡，收到信用证后30天内装运；

4、单据要求：卖方需提供东盟产地证、植物检疫证书及熏蒸证书。

【题目要求】请你根据以上条件，制作合同。

2、给定单据

单据名称	单据编号	查看	单据名称	单据编号	查看

3、制单情况

单据名称	使用检查次数	填制单据耗时	准确率	综合得分	查看
合同	2	4分36秒	100.00	100.00	✎

图 11-33 业务明细

商业单据

考核技能点	等级	考核技能点	等级
熟练制作合同	A	熟练制作形式发票	C
熟练制作商业发票	A	熟练制作装箱单	A

运输及保险单据

考核技能点	等级	考核技能点	等级
熟练制作海运提单	A	熟练制作航空运单	A
熟练制作国际海运委托书	A	熟练制作国际空运委托书	A
熟练制作装运通知	A	熟练制作投保单	A
熟练制作货物运输保险单	A	熟练制作进口货物运输预约保险合同	A
熟练制作保险证明	/		

结算相关单据

考核技能点	等级	考核技能点	等级
熟练制作交单委托书	A	熟练制作汇票	A
熟练制作打包贷款申请书	A	熟练制作出口押汇申请书	A
熟练制作出口保理业务申请书	A	熟练制作福费廷业务申请书	A

检验检疫单据

考核技能点	等级	考核技能点	等级
熟练制作一般原产地证	A	熟练制作普惠制产地证	A
熟练制作东盟产地证	A	熟练制作亚太产地证	/
熟练制作原产地证明书申请书	A	熟练制作进境动植物检疫许可证申请表	A
熟练制作进出口电池产品备案申请表	A	熟练制作进口旧机电产品备案申请书	A
熟练制作出境货物报检单	C	熟练制作入境货物报检单	D

图 11-34 技能点分析

实验完成后，可下载实验总结。　[下载实验总结]

实验完成后，须上交报告。　[下载实验报告模板]　[上传实验报告]

图 11-35 下载实验报告

GUIDE BOOK

Part One

Practice for English Business Correspondence

Chapter 1   Operations Guide

1.1   Training content

After entering the course, you may see the training interface. It is divided into two parts, The upper part is divided into chapters, the lower part is comprehensive exercises.

Click on a chapter to enter the teaching content.

Theoretical knowledge: an explanation of this chapter.

Key analysis: vocabulary and key sentence patterns.

Common template: writing case.

Training: including correspondence, training questions, test questions.

How to do the exercises.

Click the chapter first, then enter and finish the related exercises.

Please click the "help" button behind the name of exercise before you start.

1.2   How to finish the exercises

Correspondence question: Click to complete the mail

Test paper: click "我要交卷" button.

Documents-making exercises: click the "Finish" button.

Operating exercises: enter the relevant role, and operate according to the requirements. After finishing all the operations requested, the exercise may be completed automatically.

1.3   How to check the scores

Refresh the exercises list, and you may see your score for every exercise.

You can view scores and business details in My Grades.

Chapter 2   Business Operation

2.1   Participant practice

2.1.1   Correspondence

Move your cursor above Correspondence exercise you want to do, you can see three buttons: "Requirements", "Reply" and "Evaluate". First, click "Requirements" button to read the instructions. Then, click "Reply" button to write the mail.

Click "Complete Mail" and the system will automatically score.

Click on "Evaluate" to comment on the given message. System score again.

2.1.2   Training

Move the cursor to the arrow on the "training " to enter the title.

Click "NEXT" to enter the next question, you can practice repeatedly, not scoring.

2.1.3 Examination

Move your cursor above any examination you want to do, and click the blue arrow button arisen.

2.2 Comprehensive exercises

2.2.1 Negotiation

Move your cursor above any exercise you want to do, you can see three buttons: "Requirements", "Reply" and "Evaluate". First, click "Requirements" button to read the instructions. Then, click "Reply" button to write the mail.

The reply interface includes four parts: "to" (Recipient), Subject, Main body and the drop-down list of mail types. The recipient doesn't need to be filled in.

After saving the mail, click "Complete" button to complete the exercise.

Refresh the exercises list, and you may see your score.

2.2.2 Sign a contract

How to fill in the documents

Move your cursor above any document you want to fill in, and click the "Edit" button arisen.

The document interface is divided into two parts. The upper part is the current opening document, and the lower part includes tips that help to fill in this document. The operating instructions are as follows:

Method of use in the upper window

（1）Association

Click the second arrows button in the left menu, and then click any column that needs filling tips. The tips in the lower part will be switched automatically into the corresponding position, fill the document according to these tips.

（2）Check

In the process of making documents, you can click the top red "!" in the left menu to check the document. If the corresponding column presents a red "!", it means mistakes occur in this column.

At the same time, after click "check", if the top title presents a green "√", it means this document reaches the accuracy requirement and it can be used; on the contract, if it presents a red "×", it means this document is not qualified and needs to be revised.

（3）Save

Click the third button in the left small menu to save the document.

（4）Show answer

Click the fourth button in the left small menu and the document will be filled in automatically (this function cannot be used until opened by teacher）.

（5）Derive image

Click the fifth button in the left small menu and the document will be opened as a picture in New Window. You can right-click on the picture and save it.

Method of use in the lower window

（1）Adjusting the window size: There are four buttons on the left menu, and they represent different size proportions of the upper and lower window. You can click them to adjust the window sizes according to your need.

（2）Click the small button on the far right and the menu can be packed up.

2.2.3   L/C Application

After signing a contract, students should complete business process under different payment modes. Next, we use the business processes of L/C as an example to explain the details of all operation.

Operational Role

Importer

Operation Steps

1. Fill in document "Credit Application"

（1）Enter the "Document" interface.

（2）Add and Fill in "Credit Application".

2. L/C Application

（1）Enter the "Bank" interface:

Method 1: enter the "Flow Chart" interface, click "L/C Issuing" on the flowchart, and enter the "Bank" interface.

Method 2: enter the "Sim" interface, click "Bank" building, and enter the "Bank" interface.

（2）Click the "L/C Application" button, select and submit "Contract", "Proforma Invoice" (sent by the exporter), "Credit Application" to complete the application.

After submitting the application, please wait to be handled by the bank. The exporter will automatically receive Letter of Credit （MT700）.

2.2.4   L/C Audit

Operational Role

Exporter

Operation Steps

1. Check L/C

（1）Enter the "Document" interface.

（2）Check the "Letter of Credit（MT700）" and "Notification of Documentary Credit" sent by the bank.

2. L/C Audit

（1）Enter the "Corporation" interface：

Method 1：enter the "Flow Chart" interface，click "L/C Issuing" on the flowchart，and enter the "Corporation" interface.

Method 2：enter the "Sim" interface，click "Trading Company" building，and enter the "Corporation" interface.

（2）Click the "L/C Audit" button，fill in the document "L/C Audit" and present it.

If the exporter finds any discrepancy of the L/C，he should require the importer to apply for Amendment in time.

2.2.5　Order

Under L/C，in order to reduce risks，the exporter usually places an order to factory after receiving L/C；Under other terms of payment，the exporter can place an order to factory after signing the contract in order to deliver on time.

Operational Role

Exporter

Operation Steps

Under L/C，if money is very tight，the exporter may turn to the bank for P/L Application.

1. Confirm the Product No. and quantity

（1）Enter the "Document" interface，and open the contract.

（2）Confirm the Product No. and quantity in the contract.

2. Order

（1）Enter the "Factory" interface：

Method 1：enter the "FlowChart" interface，click "Order/Process" on the flowchart，and enter the "Factory" interface.

Method 2：enter the "Sim" interface，click "Factory" building，and enter the "Factory" interface.

（2）Click the "Order General goods" button，input the Product No. and quantity stipulated in the contract.

After submitting the order，please wait for production. The system will automatically inform the exporter after finishing，and the exporter can check the record of out-put and in-put warehouse in Product List.

2.2.6　C.O. Application

Operational Role

Exporter

Operation Steps

1. Determine which certificate of origin needed

(1) Enter the "Document" interface.

(2) Find which type of C.O. checked in the contract.

2. Fill in related documents

(1) Enter the "Document" interface.

(2) Add and Fill in "Commercial Invoice"、"Packing List"、"Application for C.O.". (If so, there is no need to add)

(3) Add and Fill in the related Certificate of Origin according to the required C.O. types of the contract (types as "General Certificate of Origin", "FORM A", "FORM B", "FORM E", etc.).

3. C.O. Application

(1) Enter the "Inspection Authority" interface:

Method 1: enter the "FlowChart" interface, click "C.O. Application" on the flowchart, and enter the "Inspection Authority" interface.

Method 2: enter the "Sim" interface, click "Inspection Authority" building, and enter the "Inspection Authority" interface.

(2) Click the "C. O. Application" button, select and submit "Commercial Invoice", "Packing List", "Application for C.O." and the Certificate of Origin, which are stipulated in the contract to complete the C.O. Application.

After submitting the application, please wait to be handled by the Inspection Authority. The system will inform automatically the exporter after finishing.

2.2.7　Entrust Forwarder

Operational Role

Importer

Operation Steps

1. Inquiry

(1) Enter the "Import Forwarder" interface:

Method 1: enter the "FlowChart" interface, click "Import Forwarder" on the flowchart, and enter the "Import Forwarder" interface.

Method 2: enter the "Sim" interface, click "Forwarder" building, and enter the "Import Forwarder" interface.

(2) Click the "Inquiry" button, fill in the inquiry sheet, then click the "Send Inquiry" button.

2. Accept/Refuse the inquiry

(1) After receiving the offer from the import forwarder, check it.

(2) Click the "Accept" or "Refuse" button to accept/refuse the offer. If you refuse the offer, you should repeat "Inquiry" again.

3. Fill in related documents

(1) Enter the "Document" interface.

（2）Add and Fill in "Instruction for Cargo by sea"（transport by sea）or "Instruction for Cargo by air"（transport by air）.

4. Designate Forwarder

（1）Enter the "Import Forwarder" interface：

Method 1：enter the "FlowChart" interface，click "Import Forwarder" on the flowchart，and enter the "Import Forwarder" interface.

Method 2：enter the "Sim" interface，click "Import Forwarder" building，and enter the "Import Forwarder" interface.

（2）Click the "Entrust Forwarder" button，select and submit "Instruction for Cargo by sea" or "Instruction for Cargo by air".

After submitting the application，please wait to be handled by the Import Forwarder. The system will inform automatically the importer after finishing.

2.2.8　Booking

Under EXW，FOB，FAS or FCA，the transport should be the responsibility of the importer. So，before the exporter booking，the importer should finish designating forwarder.

Operational Role

Exporter

Operation Steps

1. Inquiry

（1）Enter the "Export Forwarder" interface：

Method 1：enter the "FlowChart" interface，click "Export Forwarder" on the flowchart，and enter the "Export Forwarder" interface.

Method 2：enter the "Sim" interface，click "Forwarder" building，and enter the "Import Forwarder" interface.

（2）Click the "Inquiry" button，fill in the inquiry sheet，then click the "Send Inquiry" button.

2. Accept/Refuse the inquiry

（1）After receiving the offer from the export forwarder，check it.

（2）Click the "Accept" or "Refuse" button to accept/refuse the offer. If you refuse the offer，you should repeat "Inquiry" again.

3. Fill in related documents

（1）Enter the "Document" interface.

（2）Add and Fill in "Instruction for Cargo by sea"（transport by sea）or "Instruction for Cargo by air"（transport by air）.

4. Booking

（1）Enter the "Export Forwarder" interface：

Method 1：enter the "FlowChart" interface，click "Export Forwarder" on the flowchart，and enter the "Export Forwarder" interface.

Method 2：enter the "Sim" interface，click "Export Forwarder" building，and enter the

"Export Forwarder" interface.

(2) Click the "Booking" button, select and submit "Instruction for Cargo by sea" or "Instruction for Cargo by air".

After submitting the application, please wait to be handled by the Export Forwarder. The system will inform automatically the exporter after finishing.

2.2.9   Insure

Operational Role

Exporter/Importer

Operation Steps

Under CIF, CIP, DAT, DAP or DDP, the insurance should be covered by the exporter.

Else, the insurance should be covered by the importer. It can be done after receiving the "Shipping Advice"from the exporter.

1. Fill in document "Insurance Application"

(1) Enter the "Document" interface.

(2) Add and Fill in "Insurance Application"。

2. Insure (trade-for-trade)

(1) Enter the "Insurance company" interface:

Method 1: enter the "FlowChart" interface, click "Insure/Claim" on the flowchart, and enter the "Insurance company" interface.

Method 2: enter the "Sim" interface, click "Insurance company" building, and enter the "Insurance company" interface.

(2) Click the "Insure (trade-for-trade)" button, select and submit "Insurance Application", "Commercial Invoice" (when it is covered by the exporter).

After submitting the application, please wait to be handled by the Insurance company. The system will inform automatically the exporter/importer after finishing.

If the goods have already been shipped or reached, you can not insure trade-for-trade, and only can insure under the open cover terms.

2.2.10   Entrust declaration (Export)

Operational Role

Exporter

Operation Steps

1. Fill in related documents

(1) Enter the "Document" interface.

(2) Add and Fill in "Commercial Invoice", "Packing List", "Customs Proxy", "Inspection Proxy".

2. Entrust declaration (Export)

(1) Enter the "Export Forwarder" interface:

Method 1: enter the "FlowChart" interface, click "Export Forwarder" on the flowchart, and enter the "Export Forwarder" interface.

Method 2： enter the "Sim" interface， click "Export Forwarder" building， and enter the "Export Forwarder" interface.

（2） Click the "Entrust declaration （Export）" button， select and submit following documents.

Type	Documents submitted	Remarks
Basic Documents	"Contract" "Commercial Invoice" "Packing List" "Customs Proxy"	must be submitted
	"Inspection Proxy"	if the supervision condition of product includes "B", or the importer requires inspection certificates
	"Leter of Credit （MT 700）"	under the L/C payment
	"Amendment to Documentary Credit （MT 707）"	if the L/C has been amended
Special documents	"出口食品生产企业备案证明" "果园/包装厂注册证书" "出口蔬菜种植基地备案登记证" "竹木草制品注册证书" "型式试验报告" "进出口电池产品备案书" "Certificate for CCC" "出入境食品包装及材料检验检疫结果单" "出境货物运输包装性能检验结果单"	if any
	"Export Licence"	if the supervision condition of product includes "4" or "x", you need to apply for Export Licence first.
	"Contract"（material） "进口货物报关单（进料加工专用）"	if the trade type of product is "finished product"

After submitting the application， please wait to be handled by the Export Forwarder and Customs Broker. The system will inform automatically the exporter after finishing.

2.2.11　Shipping Advice

Operational Role

Exporter

Operation Steps

1. Fill in document "Shipping Advice"

（1） Enter the "Document" interface.

（2） Add and Fill in "Shipping Advice".

2. Send Shipping Advice

（1） Enter the "Mail" interface：

（2） Click the "Compose" button, input "Subject" （such as "Shipping Advice"） and "Text", select "Shipping Advice" in the drop-down list behind the subject. Then click the "Send" button.

After sending the mail, the document "Shipping Advice" may be sent to the importer automatically.

2.2.12   L/C Presentation

Operational Role

Exporter

Operation Steps

1. Fill in related documents

（1） Enter the "Document" interface.

（2） Add and fill in "Power of Attorney", "Bill of Exchange" （according to the L/C）. （If so, there is no need to add）

（3） If you want to apply financing, add and fill in "Application for Outward Bills" or "Application for Fortaiting". （refer to Financing Introduction）.

2. L/C Presentation

（1） Enter the "Bank" interface:

Method 1: enter the "FlowChart" interface, click "L/C Payment" on the flowchart, and enter the "Bank" interface.

Method 2: enter the "Sim" interface, click "Bank" building, and enter the "Bank" interface.

（2） Click the "Presentation" or "L/C Presentation" button, select and submit following documents.

Type	Documents submitted	Remarks
Basic Documents	"Letter of Credit （MT700）" "Power of Attorney"	must be submitted
	Amendment to Documentary Credit （MT707）	if the L/C has been amended
	"Bill of Exchange"	according to the L/C
Required Documents	"Commercial Invoice"	according to the demand of "Documents required" in the contract or "46A:" in the L/C
	"Packing List"	
	"Bill of Lading" / "Airway Bill"	
	"Insurance Policy" / "Certificate of Insurance"	
	Inspection Certificates such as "Quality Inspection Certificate"	
	Certificates of Origin such as "FORM A"	
	"Certificate for CCC"	
Financing Documents	"Application for Outward Bills" / "Application for Fortaiting"	when you need to apply financing

After submitting the application, please wait to be handled by the bank. The system will inform automatically the exporter after finishing.

2.2.13　L/C Redemption

Operational Role

Importer

Operation Steps

1. Fill in related documents

（1）Enter the "Document" interface.

（2）Fill in "Foreign payment/acceptance notice".

（3）If you want to apply financing, add and fill in "Application for Inward Bills". （refer to Financing Introduction）.

2. L/C Redemption

（1）Enter the "Bank" interface：

Method 1: enter the "FlowChart" interface, click "L/C Payment" on the flowchart, and enter the "Bank" interface.

Method 2: enter the "Sim" interface, click "Bank" building, and enter the "Bank" interface.

（2）Click the "Redemption" or "L/C Redemption" button, select and submit "Foreign payment / acceptance notice", "Proforma Invoice" （required only under L / C at sight）, "Application for Inward Bills" （when you need to apply financing）.

After submitting the application, the importer will receive the shipping documents from the bank.

2.2.14　Declaration for balance of payments

Operational Role

Exporter

Operation Steps

The exporter may do these steps after receiving payments. Otherwise, there have no records in the list of declaration.

1. Enter the "ASOne" website：

Method 1: enter the "FlowChart" interface, click "Declaration for Balance of Payments" on the flowchart, and enter the "ASOne" website.

Method 2: enter the "Sim" interface, click "S.A.F.E." building, and enter the "S.A.F.E." interface. Then click the "Declaration for Balance of Payments" button.

2. Click the "登录" button, and choose "国际收支网上申报系统（企业版）", enter the list of declaration.

3. Click the number of the item, Fill in the popup page.

4. When finished, click "保存" and "提交".

Note: Under the mixed payment, you should do these steps two times. For example, T/T+ L/C：

1）After receiving the "Remittance Notice" by T/T, the exporter should declare once.

2）After receiving the "Credit Notification" by L/C, the exporter should declare for the second time.

2.2.15　Export rebates

Operational Role

Exporter

Operation Steps

Products in the range of tax rebates can get the rebates. If the "出口货物报关单（退税联）" is not received after finishing the "Export Forwarder", it means that the product can not get the rebates. Therefore, these steps are not needed.

1. Enter the "Tax Bureau" interface：

Method 1：enter the "FlowChart" interface, click "Export Rebates" on the flowchart, and enter the "Tax Bureau" interface.

Method 2：enter the "Sim" interface, click "Tax Bureau" building, and enter the "Tax Bureau" interface.

2. Click the "Export Rebates" button, select and submit "Commercial Invoice", "增值税专用发票", "出口货物报关单（退税联）" to complete the Export Rebates.

After submitting the application, please wait to be handled by the tax bureau. The system will inform automatically the exporter after finishing, and the exporter can check the certain revenue and expenditure in the Finance List.

2.2.16　Entrust declaration（Import）

Operational Role

Importer

Operation Steps

If the goods have an accident, these steps are not needed.

1. Fill in related documents

（1）Enter the "Document" interface.

（2）Add and Fill in "Customs Proxy", "Inspection Proxy"（If the supervision condition of product includes "A"）.

2. Entrust declaration（Import）

（1）Enter the "Import Forwarder" interface：

Method 1：enter the "FlowChart" interface, click "Import Forwarder" on the flowchart, and enter the "Import Forwarder" interface.

Method 2：enter the "Sim" interface, click "Import Forwarder" building, and enter the "Import Forwarder" interface.

（2）Click the "Entrust declaration （Import）" button, select and submit following documents.

Type	Documents submitted	Remarks
Basic Documents	"Contract" "Commercial Invoice" "Packing List" "Customs Proxy"	must be submitted
	"Inspection Proxy"	if the supervision condition of product includes "A"
	"Bill of Lading"	transport by sea
	"Airway Bill"	transport by air
Special documents	"Quarantine of Entry Animals and Plants"	the products in "Import list of animal and plant quarantine examination and approval" need to be applied for the License for Quarantine of Entry Animals and Plants first.
	"The record of Import & Export of Battery"	if the HS Code of product begin with "8506" or "8507", you need to apply for Battery Record first.
	"Auto Import License"	if the supervision condition of product includes "7", "o" or "v", you need to apply for Auto Import License first.
	"Certificate for CCC"	if any
	"Veterinary Health Certificate" "Phytosanitary Certificate" "Sanitary Certificate" "Health Certificate" "Fumigation Certificate" "Quality Inspection Certificate" "Inspection Certificate of Quantity and Weight"	
	"Certificate of Origin" "Form A" "Form B" "Form E"	

After submitting the application, please wait to be handled by the Import Forwarder and Customs Broker. The system will inform automatically the importer after finish.

2.2.17 L/C Payment at maturity

Operational Role

Importer

Operation Steps

1. Determine the type of L/C

（1）Enter the "Document" interface.

（2）Find the item "41D" in the document "Letter of Credit （MT700）". If it shows as "BY ACCEPTANCE" or "BY DEF PAYMENT", you need to do these. Otherwise, these steps are not needed.

2. L/C Payment at maturity

（1）Enter the "Bank" interface：

Method 1：enter the "FlowChart" interface, click "L/C Payment" on the flowchart, and enter the "Bank" interface.

Method 2：enter the "Sim" interface, click "Bank" building, and enter the "Bank" interface.

（2）Click the "Payment at Maturity" or "L/C Payment at Maturity" button, select and submit "Foreign payment/acceptance notice", "Commercial Invoice".

2.2.18   Forex Monitoring System

Operational Role

Importer

Operation Steps

The importer may do these steps after paying. Otherwise, there have no records in the list of declaration.

1. Enter the "ASOne" website：

Method 1：enter the "FlowChart" interface, click "Forex Monitoring System" on the flowchart, and enter the "ASOne" website.

Method 2：enter the "Sim" interface, click "S.A.F.E." building, and enter the "S.A.F.E." interface. Then click the "Forex Monitoring System" button.

2. Click the "登录" button, and choose "货物贸易外汇监测系统（企业版）", enter the list of declaration.

3. Choose the item, click the "新增", and fill in the pop-up page.

4. When finished, click "保存" and "提交".

Note：Under the mixed payment, you should do these steps two times. For example, T/T+L/C：

（1）After paying T/T, the importer should declare once.

（2）After paying L/C, the importer should declare for the second time.

Chapter 3   Business Assistant

3.1   Calculation of commodity packaging

Calculation Method

The detailed information is shown in figure：

Basic Information				
Product No.	AQ-003	TradeType	General Cargo	
Product Name	时尚太阳镜			
	Fashion Sunglasses			
Sales Unit	副(PAIR)			
Specifications	镜架材料：金属，镜片材料：树脂，可见光透视率：85%			
	Frame Material: Metal, Lens Material: Resin, Visible light clairvoyant rate: 85%			
Package Information				
Kind of Packing	纸箱	Packing Unit	箱(CARTON)	Per Packing Unit=180Sales Unit
G.W.	7.00KGS / 箱	N.W.	5.00KGS / 箱	Volume	0.0216CBM / 箱
Transport details	适合空运			
Regulatory Information				
CIQ Code	11280111	CIQ Type		CIQ Category	光学仪器
HS Code	9004100000	Supervision Condition		Legal Unit 1	千克
Scaling Factor 1	0.0278	Legal Unit 2	副	Scaling Factor 2	1

To calculate the weight and volume, firstly need to open the details (as pictures above) according to the product number and quantity in the Contract.

3.1.1　Calculate package quantity

If sales units and packing units of goods are same (1 packing unit=1 sales unit), package quantity=sales quantity in the Contract.

If sales unit and packing units of goods are different, package quantity=sales quantity ÷ the quantity of 1 packing unit (note: if the number of packages has a decimal point, it must round up)

3.1.2　Calculate the gross weight

When calculating the weight, if sales units and packing units of goods are same (1 packing unit=1 sales unit), weight=number of packages×the gross/net weight of each packing unit.

If sales unit and packing units of goods are different, the gross/net weight of each product shall be calculated according to the unit conversion, and the total gross/net weight is to be calculated according to the sales quantity.

3.1.3　calculate the volume

Total volume=number of packages×the volume of each carton

Example 1：

The product is CH 007 IQF STRAWBERRIES in the above picture. Sales unit is "MT", packing unit is "CARTON", the unit conversion is "0.01MT/CARTON", the gross weight, the net weight and the volume of each carton is 10.45KGS, 10kgs and 0.0187CBM respectively. If the transaction quantity in the Contract is 14MT, try to calculate the packing quantity, total gross weight, the total net weight and the total volume.

Solution: Number of packages=14÷0.01=1 400 CARTONS

Total gross weight=10.4÷0.01×14=14 560 KGS

Total net weight=10÷0.01×14=14 000 KGS

Total volume=1 400×0.0187=26.18 CBM

Example 2:

The product is AQ 003 FASHION SUNGLASSES. Sales unit is "SET", packing unit is "CARTON", the unit conversion is "180SETS/CARTON", the gross weight, the net weight and the volume of each carton is 7KGS, 5kgs and 0.0216CBM respectively. If the transaction quantity in the Contract is 2000SETS, try to calculate the packing quantity, total gross weight, the total net weight and the total volume.

Solution: Number of packages=20000÷180=111.11, rounded up 112CARTONS

Total net weight=5÷180×20 000=555.56 KGS

The weight of each carton=7−5=2 KGS

Total gross weight=555.56+112×2=779.56 KGS

Total volume=112×0.0216=2.4192 CBM

Example 3:

The product is CI−001 CANNED YELLOW PEACH. Sales unit as well as packing unit is "CARTON", the gross weight, the net weight and the volume of each carton is 8.976KGS, 8.16kgs and 0.0096CBM respectively. If the transaction quantity in the Contract is 5 000CARTONS, try to calculate the packing quantity, total gross weight, the total net weight and the total volume.

Solution: Number of packages=5 000 CARTONS

Total gross weight=5 000×8.976=44 880 KGS

Total net weight=5 000×8.16=40 800 KGS

Total volume=5 000×0.0096=48 CBM

Note: Because the commodity sales unit is the same as the packing unit, the unit conversion can be not taken into account when calculating.

3.2   Calculation of charges

3.2.1   The calculation of shipping container number

In ocean transportation, now container transports are mostly the cases. According to the different volume of cargos, it can be divided FCL cargos and LCL cargos. When exporters entrust the forwarder to book the shipping space, they need to calculate to use FCL or LCL through calculating the maximum number of packages which a container can hold in order to save the sea freight. The specifications of the container used widely are as the following table:

Box	GP Container			Reefer contniner		
Size	20'	40'	40'high	20'	40'	40'high
Code	GP	GP	HC	RF	RF	RH
Maximum Volume (CBM)	33	67	76	27	58	66
Maximum Weight (KGS)	25 000	29 000	29 000	21 000	26 000	26 000

Calculate how much containers need to hold according to the total gross weight and total volume of the products（refer to Calculation of Commodity packaging）.

For example，shipment from Shanghai，China to Hamburg，Germany，find the freight In "Data-Charge-Sea Freight" as shown below.

| Bank Charge | Sea Freight | Air Freight | Premium | Other Charge |

Port of Loading：上海(Shanghai) ▾　Port of Destination：汉堡(Hamburg) ▾ 🔍 Search

Ports Information

Port of Loading	上海(Shanghai)	Port of Destination	汉堡(Hamburg)
Country of Departure	中国(China)	Country of Destination	德国(Germany)

Expense Detail (USD)

	LCL M(MTQ)	LCL W(TNE)	20'	40'	40'High
GP Container	65.00	93.00	1250.00	2400.00	2500.00
RF Container	70.00	101.00	1408.00	2277.00	2475.00

Example 4：

The product is CH 007 IQF Strawberries，total volume=26.18 CBM，total gross weight= 14560 KGS，please calculate and find out how to loading container.

Solution：From the calculation in example 1，the total volume of CH-007 IQF STRAWBERRY=26.18 CBM，the total gross weight=14560 KGS.

From the packing description from the product information，the commodities need the refrigerated transport. Therefore they apply to refrigerated containers. Refer to the above table about the specifications of the container，because its size and weight are not more than the maximum value of 1 x 20´refrigerated container，the goods can hold with a 20´ reefer container.

Example 5：

The product is AQ 003 FASHION SUNGLASSES，Total volume=2.4192 CBM，Total gross weight=779.56 KGS，please calculate and find out how to loading container.

Solution：From the calculation in example 2，the total volume of AQ 003 FASHION SUNGLASSES=2.4192 CBM，the total gross weight=779.56 KGS.

From the product information，we know they are non-frozen commodities. Therefore they apply to ordinary container. Refer to the above table about the specifications of the container，because its size and weight are far less than the maximum value of 1 x 20´normal container，it is not cost-effective with FCL，the freight of LCL is cheaper，it's appropriate to use LCL.

Example 6：

The product is CI-001 CANNED YELLOW PEACH，Total volume=48 CBM，Total gross weight=44880 KGS，please calculate and find out how to loading container.

Solution：From the calculation in example 3，the total volume of CI-001 CANNED YELLOW PEACH=48 CBM，the total gross weight=44880 KGS.

From the product information，we know they are non-frozen commodities. Therefore they apply to ordinary containers. Refer to the above table about the specifications of the container，we can find it is the most cost-effective with 2x 20′ GP containers.

3.2.2　Sea freight

The ocean freight should be paid by the exporter under CFR, CIF, CPT, CIP, DAT, DAP and DDP, and be paid by the importer by EXW, FAS, FCA and FOB.

Calculation Method

1. FCL: Ocean freight=the freight per container×container quantity

2. LCL: calculated by volume or by weight

（1）calculated by volume: X1=basic freight LCL M（MTQ）×total volume

（2）calculated by weight: X2=basic freight LCL W（TNE）×total gross weight

Take the bigger one of X1 and X2

Example 7:

The product CH 007（IQF Strawberries）, is shipped in one 20′ reefer container from shanghai to Melbourne, Australia. Please calculate the sea freight.

Solution: In "Data-Charge-Sea Freight", find the freight from Shanghai to Melbourne as shown below.

Ports Information

Port of Loading	上海（Shanghai）	Port of Destination	墨尔本（Melbourme）
Country of Departure	中国（China）	Country of Destination	澳大利亚（Australia）

Expense Detail（USD）

	LCL M（MTQ）	LCL W（TNE）	20′	40′	40′High
GP Container	52.00	61.00	875.00	1 750.00	1 750.00
RF Container	63.00	70.00	901.00	1 600.00	1 600.00

So, the sea freight=1×901=901（USD）

Example 8:

The product AQ-003（Fashion Sunglasses）, with LCL shipment from shanghai to Nagoya, Japan. If the transaction quantity in the Contract is 20000 SETS, try to calculate the sea freight.

Solution: 1）There has no special transport details in the product information, so it can be shipped in GP container（if the transport details says "Refrigerate", it must be shipped in reefer container）.

2）Calculate the total volume and total gross weight（refer to Calculation of Commodity packaging）.

the total volume=2.4192 CBM, the total gross weight=779.56 KGS=0.77956 TNE

3）In "Data-Charge-Sea Freight", find the freight from shanghai to Nagoya as following:

Ports Information

Port of Loading	上海（Shanghai）	Port of Destination	名古屋（Nagoya）
Country of Departure	中国（China）	Country of Destination	日本（Japan）

Expense Detail（USD）

	LCL M（MTQ）	LCL W（TNE）	20′	40′	40′High
GP Container	10.00	17.00	220.00	440.00	440.00
RF Container	12.00	21.00	244.00	510.00	510.00

calculated by volume, the sea freight=2.4192×10=24.192（USD）

calculated by weight, the sea freight=0.77956×17=13.25252（USD）

24.192 > 13.25252, so the sea freight=24.19（USD）（keep two decimal places）.

3.2.3 Air freight

The air freight should be paid by the exporter under CPT, CIP, DAT, DAP and DDP, and be paid by the importer by EXW and FCA. You may check air freight in the document "Airway Bill".

1. Calculate chargeable weight

Calculation Method

Refer to Calculation of Commodity packaging, calculate the total volume and total gross weight. suppose the total gross weight as "A", and convert the total volume（as per CBM=167kgs）to "B", then get the bigger one between A and B.

Example 9:

The product AU-007（Lady Perfume）, is shipped by air from shanghai to New York, America.

If the transaction quantity in the Contract is 1 500 bottles, try to calculate the Chargeable weight.

Solution: Query the product detail and find that: sales unit is "BOTTLE", packing unit is "CARTON", the unit conversion is "150 Bottles/Carton", the gross weight, the net weight and the volume of each carton is 10.5KGS, 7.5kgs and 0.066CBM respectively.

the total volume=1500÷150×0.066=0.66 CBM, the total gross weight

=7.5÷150×1 500+（10.5-7.5）×1 500÷150=105 KGS

convert the total volume to weight=167×0.66=110.22 KGS

110.22 > 105, so the chargeable weight=110.22

2. Calculate air freight

Calculation Method

Air Freight=Basic Charge+AWC+MYC+MSC

"45KG-100KG" means: be equal or greater than 45 KGS, and less than 100 KGS.

Example 10:

Please calculate the air freight in Example 9.

Solution: In "Data-Charge-Air Freight", find the freight from shanghai to New York as shown below.

Ports Information

Port of Loading	上海 (Shanghai)	Port of Destination	纽约 (New York)
Country of Departure	中国 (China)	Country of Destination	美国 (America)

Expense Detail (USD)

Basic Charge (Min: 75.00)					
<45KGS	45-100KGS	100-300KGS	300-500KGS	500-1000KGS	>1000KGS
8.33	6.33	4.58	4.58	4.50	4.33

Surcharge		
AWC	MYC	MSC (Min: 8.00)
8.00	2.67	0.20

Because 100 < 110.22 < 300, so the basic charge rate should be "4.58".

Basic Charge=110.22×4.58=504.8076=504.81 (keep two decimal places) > min "75"

Surcharge: AWC=8

MYC=110.22×2.67=294.2874=294.29 (keep two decimal places)

MSC=110.22×0.2=22.044=22.04 (keep two decimal places) > min "8"

so, the air freight=504.81+8+294.29+22.04=829.14 (USD) (keep two decimal places).

3.2.4   Premium

The premium should be paid by the exporter under CIF, CIP, DAT, DAP and DDP. Otherwise, it should be paid by the importer. When for the importer, the insurance should be covered for 110% of the invoice value covering all risks additional war risks and strikes risk.

Calculation Method

Premium=Insured Amount×Premium Rate

Insured Amount=CIF price× (1 + Insurance bonus rate)

1. Under CIF, CIP, DAT, DAP and DDP terms

Example 11:

The total amount in the contract is USD 19400, the contract stipulates that "Insurance to be covered by the Seller for 110% of the invoice value covering all risks additional war risks". Please calculate the premium.

Solution: In "Data-Charge-Premium", find the rate of all risks is 8‰, and the rate of war risks is 0.8‰.

Insured Amount=19 400×110%=21 340（USD）

Premium=21 340×（8‰ + 0.8‰）=187.78（USD）（keep two decimal places）

2. Under CFR and CPT terms

Premium=（CIF price×Insurance bonus）×Premium Rate

Set the Premium as "I", the Premium Rate as "r", the Insurance bonus as "k", then：

I=（Contract Price+I）×k×r

I=Contract Price×k×r+I×k×r

I−I×k×r=Contract Price×k×r

I×（1−k×r）=Contract Price×k×r

I=Contract Price×［（k×r）/（1−k×r）］

so, the Premium=Contract Price×［（k×r）/（1−k×r）］

Example 12：

The total amount in the contract is USD 9 980. Insurance to be covered for 110% of the invoice value covering all risks additional war risks and strikes risk. Please calculate the premium.

Solution：In "Data−Charge−Premium", find the rate of all risks is 8‰, and the rate of war risks and strikes risk are both 0.8‰.（according to insurance company policy, when insuring both war risks and strikes risk, the rate in half）

Premium=9 980×1.1×（8‰+0.8‰）÷（1−1.1×（8‰+0.8‰））

=97.55（USD）（keep two decimal places）

3. Under FOB, FCA, FAS and EXW terms

Premium=（Contract Price+sea freight/air freight）×［（k×r）/（1−k×r）］

Example 13：

The total amount in the contract is USD 11 100, the air freight is USD 312. Insurance to be covered for 110% of the invoice value covering air transportation all risks additional war risks and strikes risk. Please calculate the premium.

Solution：In "Data−Charge−Premium", find the rate of air transportation all risks is 3.5‰, and the rate of war risks and strikes risk are both 0.8‰.（according to insurance company policy, when insuring both war risks and strikes risk, the rate in half）

Premium=（11 100+312）×1.1×（3.5‰+0.8‰）÷（1−1.1×（3.5‰+0.8‰））

=53.97876÷0.99527

=54.24（USD）（keep two decimal places）

Part Two

Practice for International Business Document

Chapter 1   Operations Guide

1.1   Training content

After entering the course, you may see the training interface. It is divided into two parts, the left part includes individual ranking, help and data, and the right part is the exercises list.

Individual Ranking: the comprehensive results ranking for all the student in this course. You may find your own score in it.

Help: includes operations guide, samples of the documents, and so on.

Data: includes all the detailed information of company, goods, charges, etc.

Exercises List: includes all exercises you need to do.

How to do the exercises.

Click the chapter first, then enter and finish the related exercises.

Please click the "help" button behind the name of exercise before you start

1.2   How to finish the exercises

Test paper: click "我要交卷" button.

Documents-making exercises: click the "Finish" button.

Operating exercises: enter the relevant role, and operate according to the requirements. After finishing all the operations requested, the exercise may be completed automatically.

1.3 How to check the scores

Refresh the exercises list, and you may see your score for every exercise.

You may check your aggregate score in the "Individual Ranking".

Chapter 2   Business Operation

2.1   How to enter the exercises

Move your cursor above any exercise you want to do, and click the blue arrow button arisen.

2.2   How to fill in the documents

Move your cursor above any document you want to fill in, and click the "Edit" button arisen.

The document interface is divided into two parts. The upper part is the current opening document, and the lower part includes tips that help to fill in this document. The operating instructions are as follows:

2.2.1   Method of use in the upper window

（1）Association

Click the second arrows button in the left menu, and then click any column that needs filling tips. The tips in the lower part will be switched automatically into the corresponding position， fill the document according to these tips.

（2）Check

In the process of making documents， you can click the top red "！" in the left menu to check the document. If the corresponding column presents a red "！"， it means mistakes occur in this column.

At the same time， after click "check"， if the top title presents a green "√"， it means this document reaches the accuracy requirement and it can be used； on the contract， if it presents a red "X"， it means this document is not qualified and needs to be revised.

（3）Save

Click the third button in the left small menu to save the document.

（4）Show answer

Click the fourth button in the left small menu and the document will be filled in automatically （this function cannot be used until opened by teacher）.

（5）Derive image

Click the fifth button in the left small menu and the document will be opened as a picture in New Window. You can right-click on the picture and save it.

2.2.2　Method of use in the lower window

（1）Adjusting the window size： There are four buttons on the left menu， and they represent different size proportions of the upper and lower window. You can click them to adjust the window sizes according to your need.

（2）Click the small button on the far right and the menu can be packed up.

Appendix

Documents Samples

Sample 1: Commercial Invoice

ISSUER			
Germany Ernst Trading Co., Ltd. Jureckova Street 12, 80331 Munich, Germany	商业发票 **COMMERCIAL INVOICE**		

TO			
Hux Group Import & Export Co., Ltd. Center Tower A, Bali, Pontianak, Indonesia			

TRANSPORT DETAILS	NO.	DATE	
From Hamburg,Germany to Jakarta,Indonesia Shipment within 30 days after receipt of L/C By sea	IV0000022	2013-02-07	
	S/C NO.	L/C NO.	
	CT0000022	002/0000083	

TERMS OF PAYMENT

100 % by L/C at 60 days after sight

Product No.	Description of goods	Quantity	Unit Price	Amount
			FAS ▼ Hamburg,Germany ▼	
CB-001	Leather Wallet 30pcs per Carton, Material: cowhide, style: long, color: Red	18000 PCS	EUR 9.00	EUR 162000.00
	Total: [18000][PCS]			[EUR][162000.00]

SAY TOTAL: EUR ONE HUNDRED AND SIXTY-TWO THOUSAND ONLY

MARKS AND NUMBERS：

N/M

Germany Ernst Trading Co., Ltd.

Franklin

Sample 2：Packing List

ISSUER

Germany Ernst Trading Co., Ltd.
Jureckova Street 12, 80331 Munich, Germany

装箱单
PACKING LIST

TO

Hux Group Import & Export Co., Ltd.
Center Tower A, Bali, Pontianak, Indonesia

PACKING LIST NO.	
PL0000052	
INVOICE NO.	DATE
IV0000022	2013-02-07

Product No.	Description of goods	Package	G.W	N.W	Meas.
CB-001	Leather Wallet 30pcs per Carton, Material: cowhide, style: long, color: Red	600 CARTONS	1980.00 KGS	1800.00 KGS	15.7800 CBM
	Total:	[600] [CARTONS]	[1980.00] [KGS]	[1800.00] [KGS]	[15.7800] [CBM]

SAY TOTAL: SIX HUNDRED CARTONS

MARKS AND NUMBERS:

N/M

Germany Ernst Trading Co., Ltd.

Franklin

Sample 3： Application for C.O.

原产地证明书申请书

申请单位及注册号码(盖章)：德国思斯特贸易公司 108966352   证书号码：G132075501040049

申请人郑重声明：

本人是被正式授权代表申请单位申请办理原产地证明书和签署本申请书的。

本人所提供原产地证明书及所附单据内容正确无误，如发现弄虚作假，冒充证书所列货物，擅改证书，自愿按照有关规定接受处罚并负法律责任。现将有关情况申报如下：

申请单位	德国思斯特贸易公司			联系人	法兰克林		电话	0049-9609623233
序号	HS编码	货物名称	进口成份	生产企业		数/重量	单位	FOB值（美元）
	发票号码	IV0000022			商品FOB总值（美元）		EUR	162000.00

贸易方式（请在相应的"口"内处打"√"）

☑一般贸易	□加工贸易	□零售	□展卖	□其他

中转国/地区		最终销售国	印尼	出口日期	2013-02-22

申请证书类型：（请在相应的"口"内处打"√"）

1. ☑中华人民共和国出口货物原产地证明书；
2. □加工装配证明书；
3. □普惠制原产地证明书；
4. □《亚太贸易协定》优惠原产地证明书；
5. □《中国-东盟自由贸易区》优惠原产地证明书；
6. □《中国-巴基斯坦自由贸易区》优惠原产地证明书；
7. □《中国-智利自由贸易区》优惠原产地证明书；
8. □烟草真实性证明书；
9. □转口证明书；
10. □其他原产地证明书（请列明_____）

| 备注： | 申报员（签名）：法兰克林

电话：0049-9609623233

日期：2013 年 2   月 22   日 |
|---|---|

现提交出口商业发票副本一份，原产地证明书一套，以及其他附件____份，请予审核签证。

*注：'进口成份'指产品含进口成份的情况，如不含进口成份，则填0%，若含进口成份，则填进口成份占产品出厂价的百分比。

Sample 4：Certificate of Origin

ORIGINAL

1. Exporter Germany Ernst Trading Co., Ltd. Jureckova Street 12, 80331 Munich, Germany Germany	Certificate No. C132075501040028
2. Consignee Hux Group Import & Export Co., Ltd. Center Tower A, Bali, Pontianak, Indonesia Indonesia	**CERTICATE OF ORIGIN**
3. Means of transport and route From Hamburg to Jakarta By sea	5. For certifying authority use only
4. Country/region of destination Indonesia	

6. Marks and numbers	7. Number and kind of packages; description of goods	8. H.S.Code	9. Quantity	10. Number and date of invoices
N/M	eighteen thousand (18000) pcs of Leather Wallet 30pcs per Carton, Material: cowhide, style: long, color: Red	4202310090	18000 PCS	IV0000022 February 7,2013

11. Declaration by the exporter	12. Certification
The undersigned hereby declares that the above details and statement are correct; that all the goods were produced in China and that they comply with the Rules of origin of the People's Republic of China Germany Ernst Trading Co., Ltd. Franklin Germany 2013-02-22 Place and date, signature and stamp of authorised signatory	It is hereby certified that the Declaration by the exporter is correct. 0 Germany 2013-02-22 Place and date, signature and stamp of certifying authority

Sample 5: Form A

ORIGINAL

1. Good consigned from (Exporter's business name,address,country) Germany Ernst Trading Co., Ltd. Jureckova Street 12, 80331 Munich, Germany Germany	Reference No. GP/000/0019
2. Goods consigned to(Consignee's name,address,country) Hux Group Import & Export Co., Ltd. Center Tower A, Bali, Pontianak, Indonesia Indonesia	**GENERALIZED SYSTEM OF PREFERENCES** **CERTIFICATE OF ORIGIN** (Combined declaration and certificate) **FORM A**
3. Means of transport and route(as far as Known) FROM Hamburg TO Jakarta By sea	4. For official use

Item number	6. Marks and numbers of packages	7. Number and kind of packages;description of goods	8. Origin criterion (see Notes overleaf)	9. Gross weight or other quantity	10. Number and date of invoices
1	N/M	six hundred(600)carton of Leather Wallet 30pcs per Carton, Material: cowhide, style: long, color: Red	"P"	18000 PCS	IV0000022 February 7,2013

[添 加]　[修 改]　[刪 除]

| 11. Certification

It is hereby certified,on the basis of control carried out,that the declaration by the exporter is correct

Place and date, signature and stamp of certifying authority | 12. Declaration by the exporter

The undersigned herby declares that the above details and statements are correct,that all the goods were

produced in　Germany
　　　　　　　(country)
and that they comply with the origin requirements specified for those goods in the Generalized System of Preferences for goods exported to
　　　Indonesia
　　(importing country)
2013-02-25　Germany Ernst Trading Co., Ltd.
Place and date, signature and stamp of certifying authority |

Sample 6：Form E

Original

1. Goods consigned from (Exporter's business name, address, country) Germany Emst Trading Co., Ltd. Jureckova Street 12, 80331 Munich, Germany Germany	Reference No. TA001130005 ASEAN-CHINA FREE TRADE AREA PREFERENTIAL TARIFF CERTIFICATE OF ORIGIN (Combined Declaration and Certificate) FORM E Issued in _____ Germany _____ (Country) See Overleaf Notes
2. Goods consigned to (Consignee's name, address, country) Hux Group Import & Export Co., Ltd. Center Tower A, Bali, Pontianak, Indonesia Indonesia	
3. Means of transport and route (as far as known) Departure date Vessel's name/Aircraft etc. Port of Discharge Jakarta	4. For Official Use ☐ Preferential Treatment Given Under ASEAN-CHINA Free Trade Area Preferential Tariff: ☐ Preferential Treatment Not Given (Please state reason/s) Signature of Authorised Signatory of the Importing Country

5. Item number	6. Marks and numbers on packages	7. Number and type of packages, description of products (Including quantity where appropriate and HS number of the importing Country)	8. Origin criteria (see Notes Overleaf)	9. Gross weight or other quantity and value (FOB)	10. Number and date of invoices
⊙ 1	N/M	SIX HUNDRED(600)CARTON OF Leather Wallet 30pcs per Carton, Material: cowhide, style: long, color: Red	"X"	18000 PCS EUR 162000.00	IV0000022 February 7, 2013

[添 加]　[修 改]　[删 除]

11. Declaration by the exporter The undersigned hereby declares that the above details and statement are correct; that all the products were produced in _____ (Country) and that they comply with the origin requirements specified for these goods in the ASEAN-CHINA Free Trade Area Preferential Tariff for the goods exported to Indonesia (Importing Country) _____ Place and date, signature of authorised signatory	12. Certification It is hereby certified, on the basis of control carried out, that the Declaration by the exporter is correct. Place and date, signature and stamp of certifying authority

Sample 7 : Form B

1.Goods consigned from: (Exporter's business name, address, country) Germany Ernst Trading Co., Ltd. Jureckova Street 12, 80331 Munich, Germany Germany	Reference No. B132075501040001 ### CERTIFICATE OF ORIGIN ### Asia-Pacific Trade Agreement (Combined declaration and certificate) Issued in Germany (Country)
2. Goods consigned to: (Consignee's name, address, country) Hux Group Import & Export Co., Ltd. Center Tower A, Bali, Pontianak, Indonesia Indonesia	3. For Official use

4. Means of transport and route:

FROM Hamburg TO Jakarta By sea

5.Tariff item number:	6.Marks and number of Packages:	7.Number and kind of packages/description of goods:	8.Origin criterion (see notes overleaf)	9.Gross weight or other quantity:	10.Number and date of invoices:
4202310090	N/M	SIX HUNDRED(600)CARTON OF Leather Wallet 30pcs per Carton, Material: cowhide, style: long, color: Red	"A"	18000 PCS	IV0000022 February 7,2013

[添 加] [修 改] [删 除]

11. Declaration by the exporter : The undersigned hereby declares that the above details and statements are correct: that all the goods were produced in Hux Group Import & Export Co (Country) and that they comply with the origin requirements specified for these goods in the Asia-Pacific Trade Agreement for goods exported to Indonesia (Importing Country) 2013-02-25 Place and date, signature of authorized Signatory	12. Certificate It is hereby certified on the basis of control carried out, that the declaration by the exporter is correct. Place and date, signature and Stamp of Certifying Authority

Sample 8: Application for Export License

<h2 style="text-align:center">出口许可证申请表</h2>

出口商： 深圳市亚万贸易有限公司	代码： 207550104	出口许可证号： 2013122000011
发货人： 深圳市亚万贸易有限公司		出口许可证有效截止日期： 　　　　2014 年 1 月 20 日
贸易方式： 一般贸易		进口国（地区）： 澳大利亚
合同号： CT0000348		付款方式： T/T
报关口岸： 上海		运输方式： 水路运输
商品名称： 冷冻牛舌		商品编码： 0206210000

规格、型号	单位	数量	单价（币制）	总值	总值折美元
冷冻牛舌 储藏方法：冷冻，规格：20千克/箱	MTS	70	USD 2200.00	USD 154000.00	154000.00
总计	MTS	70	USD ∨	154000.00	154000.00

备注：	签证机构审批（初审）：
申请单位盖章：	经办人：
申请日期： 2013-10-22	终审：

填表说明：1、本表应用正楷逐项填写清楚，不得涂改，不得遗漏，否则无效。　　　商务部监制

　　　　　2、本表内容需打印多份许可证的，请在备注栏内注明。

Sample 9: Application for Import License

进口货物许可证申请表

我国对外成交单位及编码(成交单位或指标单位盖章) 采恩贸易公司 100078500	进口许可证编号:
收货单位: 采恩贸易公司	许可证有效期: 　　　　　年　　　月　　　日
贸易方式: 一般贸易	进口国别(地区): 澳大利亚
外汇来源: 银行购汇	商品原产地: 澳大利亚
到货口岸: 釜山	商品用途: 直接销售
商品名称: 澳洲牛奶	商品编码: 0401200000

商品规格、型号	单位	数量	单价（币制）	总值	总值折美元
○澳洲牛奶 成份：100%有机全脂牛奶，保质期：360天，容量：1L	MTS	19	USD 8400.00	USD 159600.00	159600.00

[添 加] [修 改] [删 除]

总计	MTS	19		USD ∨ 159600.00	159600.00

填表须知: 1. 本申请表一式两联，由领证人填写，未经盖章本表无效，申领许可证时两联均需交给发证机关。 2. "商品名称"栏，每份申请表只能填写一种商品，或同一品种不同型号的商品。 3. 商品用途：指自用、生产用、内销、维修、样品、外销。 4. 外汇来源：指中央、留成、贷款、外资、调剂、劳务、赠送、索赔、无偿援助、不支付外汇。 5. 贸易方式：指一般、易货、国际租赁、华侨捐赠、友好赠送、经贸往来赠送、外商投资企业进口、补偿贸易、进料加工、对销、国际招标、国际援助、劳务补偿、来料加工、国际贷款、其它贸易。	领证人姓名: 金石勋
	领证人驻京电话:
	下次联系日期:

Sample 10：Application for Automatic Import License

自动进口许可证申请表

1. 进口商：　　　　　　　代码： 澳洲麦田国际进出口公司　　100002383	3. 自动进口许可证申请表号： 5005000008 自动进口许可证号：
2. 进口用户： 澳洲麦田国际进出口公司	4. 申请自动进口许可证有效截止日期： 　　　　　　年　　月　　日
5. 贸易方式： 一般贸易	8. 贸易国（地区）： 中国
6. 外汇来源： 银行购汇	9. 原产地国（地区）： 中国
7. 报关口岸： 墨尔本海关	10. 商品用途： 直接销售

11. 商品名称： 冷冻牛舌	商品编码： 0206210000			设备状态： 新	
12.规格、等级	13.单位	14.数量	15.单价（币别）	16.总值（币别）	17.总值折美元
○冷冻牛舌 储藏方法：冷冻，规格：20千克/箱	吨	70.00	USD 2200.00	USD 154000.00	154000.00
				[添 加] [修 改] [删 除]	
18.总　计	MTS	70.00		USD　154000.00	154000.00

备注	20. 签证机构审批意见：
联 系 人： 肖恩 联系电话： 0061-61402262 申请日期： 2013-10-24	

Sample 11：Inspection Proxy

<h2 style="text-align:center">代 理 报 检 委 托 书</h2>

编号：IL00462013

出入境检验检疫局：

本委托人（备案号/组织机构代码 108966352 ）保证遵守国家有关检验检疫法律、法规的规定，保证所提供的委托报检事项真实、单货相符。否则，愿承担相关法律责任。具体委托情况如下：

本委托人将于 2013 年 2 月间进口/出口 如下货物：

品名	真皮钱包	HS 编码	4202310090
数（重）量	18000PC	包装情况	600箱
信用证/合同号	002/0000083/CT0000022	许可文件号	***
进口货物收货单位及地址	***	进口货物提/运单号	***
其他特殊要求	***		

特委托 德国德莎国际货运代理公司 （代理报检注册登记号 100002390 ）代表本委托人办理上述货物的下列出入境检验检疫事宜：

☑ 1. 代理报检手续；
☑ 2. 代缴纳检验检疫费；
☑ 3. 联系和配合检验检疫机构实施检验检疫；
☑ 4. 领取检验检疫证单。
☐ 5. 其他与报检有关的相关事宜：***

联 系 人：法兰克林

联系电话：0049-9609623233

本委托书有效期至：2013 年 3 月 24 日 委托人（加盖公章）

2013 年 2 月 22 日

<h3 style="text-align:center">受托人确认声明</h3>

本企业完全接受本委托书。保证履行以下职责：

1. 对委托人提供的货物情况和单证的真实性、完整性进行核实；

2. 根据检验检疫有关法律法规规定办理上述货物的检验检疫事宜；

3. 及时将办结检验检疫手续的有关委托内容的单证、文件移交委托人或其指定的人员；

4. 如实告知委托人检验检疫部门对货物的后续检验检疫及监管要求。

如在委托事项中发生违法或违规行为，愿承担相关法律和行政责任。

联 系 人：安娜

联系电话：0049-0405343130 受托人（加盖公章）

2013 年2 月22 日

Sample 12：Customs Proxy

代 理 报 关 委 托 书

编号：1220130000056

德国德莎国际货运代理公司　　　　　　　　　　　：

我单位现　　A　　(A逐票、B长期)委托贵公司代理　ABCD　等通关事宜。（A、填单申报B、辅助查验C、鉴缴税款D、办理海关证明联E、审批手册F、核销手册G、申办减免税手续H、其他)详见《委托报关协议》。

我单位保证遵守《海关法》和国家有关法规，保证所提供的情况真实、完整、单货相符。否则，愿承担相关法律责任。

本委托书有效期自签字之日起至　2013　年　3　月　24　日止。

委托方(盖章)：德国恩斯特贸易公司

法定代表人或其授权签署《代理报关委托书》的人（签字）法兰克林

2013　年2　月22　日

委 托 报 关 协 议

为明确委托报关具体事项和各自责任，双方平等协商签订协议如下：

委托方	德国恩斯特贸易公司	被委托方	德国德莎国际货运代理公司
主要货物名称	真皮钱包	*报关单编码	No.
HS编码	4202310090	收到单证日期	2013　年2　月22　日
货物总价	EUR　162000.00	收到单证情况	合同☑　　发票☑
进出口日期	2013　年3　月24　日		装箱清单☑　　提（运）单☑
提单号			加工贸易手册☐　　许可证件☐
贸易方式	一般贸易		其他
原产地/货源地	Germany	报关收费	人民币　　　　　元
其他要求：		承诺说明：	

背面所列通用条款是本协议不可分割的一部分，对本协议的签署构成了对背面通用条款的同意。 委托方业务签章： 经办人签章：法兰克林 联系电话：0049-9609623233　2013　年2　月22　日	背面所列通用条款是本协议不可分割的一部分，对本协议的签署构成了对背面通用条款的同意。 被委托方业务签章：　德国德莎国际货运代理公司 经办报关员签章：安娜 联系电话：0049-0405343130　　2013　年2　月22　日

（白联:海关留存、黄联:被委托方留存、红联:委托方留存）　　　　　中国报关协会监制

Sample 13: Instruction for Cargo by Sea

德国德莎国际货运代理公司
INSTRUCTION FOR CARGO BY SEA
国际海运货物委托书

SHIPPER(发货人)	Germany Ernst Trading Co., Ltd.		TEL	0049-9609623233	☑ 委托代理报关
ADDRESS(地址)	Jureckova Street 12, 80331 Munich, Germany				☑ 委托提货运输

DATE(日期)	2013-02-22		
CONSIGNEE(收货人)	TO ORDER	TEL	
ADDRESS(地址)			
ALSO NOTIFY(并通知)	TO ORDER	TEL	
ADDRESS(地址)			
PORT OF LOADING(起运地)	Hamburg,Germany		
PORT OF DESTINATION(目的地)	Jakarta,Indonesia		
PORT OF DESTINATION(卸货港)	Jakarta,Indonesia		
OCEAN VESSELNOYAGE(船名航次)			

DESCRIPTION OF GOODS 货物名称及描述	MARKS & NUMBERS 唛头	NO.OF PACKAGE 件数	GROSS WEIGHT/KG 毛重	NET WEIGHT/KG 净重	MEAS/CBM 体积
Leather Wallet 30pcs per Carton, Material: cowhide, style: long, color: Red	N/M	600 CARTONS	1980.00 KGS	1800.00 KGS	15.7800 CBM
TOTAL:		600 CARTONS	1980.00 KGS	1800.00 KGS	15.7800 CBM

RATE AGREED 运费议定 / SPECIAL INSTRUCTIONS 特别附注

☐ 货柜 ☑ 拼箱

柜型及数量	☐ 20' CONTAINER X	☐ 40' CONTAINER X	☐ 40' HQ X
	☐ 20' REEFER X	☐ 40' REEFER X	☐ 40' REEFER HIGH
	☐ 20' Platform X	☐ 40' Platform X	
	☐ 20' Car X	☐ 40' Car X	

IMPORTANT-Please indicate freight payment by WHOM. FREIGHT(运费) ☐ PREPAID ☑ COLLECT LOCAL CHARGES(本地运费) ☐ PREPAID ☐ COLLECT

OTHRE CHARGE(其他费用)

DOCUMENT 文件单据	INVOICE发票#:	IV0000022	OTHER DOCUMENT 1#& NO.	
	PACKING LIST装箱单#:	PL0000052	OTHER DOCUMENT 2#& NO.	

注意事项: 1 由于收货人拒绝收货或延误收货,所产生的所有费用包括货物运输的费用,由委托人承担,委托人应在接到通知7日内支付,并承担相关法律责任; 2 委托人交付的货物,其申报价值如果是在USD800以上,请自行购买保险,并书面通知公司相关人员,对于货损所产生责任由委托人承担; 3 货物应具有符合海运运输要求的完整包装,发货人对货物包装负责并作出异议,应在提货前提出,并得到收货人书面确认,否则将被视为单物改变; 4 托运人如要收回司要求的付款时间内给清金额费用,托运人承担如不能付付清运费,将按5%缴纳滞纳金,并且承运人有权采取扣留货物回追费; 5 客户应及时,准确提供有关单据。如无明确要求,一律按可背转。可分批处理。运费到。预付不够,差额处理牌,托运人承担由此引起的一切损失。

CONSIGNOR'S DETAIL 委托人资料

CONSIGNOR'S NAME &ADDERSS (公司名称及地址)	Germany Ernst Trading Co., Ltd. Jureckova Street 12, 80331 Munich, Germany	INSTRUCTION BY: (经手人) SIGNED & CHOPPED: 签字及盖章	委托人声明:1 已通阅读以上注意事项并同意。 2 所委托的货物及包装不涉及违反起运国和目的国海关法律及国际海运运输安全规定,并对此承担相应责任。 Franklin

Sample 14：Instruction for Cargo by Air

Germany Dachser International Logistics Co., Ltd.
德国德莎国际货运代理公司
INSTRUCTION FOR CARGO BY AIR
国际空运货物委托书

SHIPPER(发货人)	Germany Ernst Trading Co., Ltd.		TEL 0049-9609623233	☑ 委托代理报关
ADDRESS(地址)	Jureckova Street 12, 80331 Munich, Germany			☑ 委托提货运输

DATE(日期)	2013-02-25	
CONSIGNEE(收货人)	Hux Group Import & Export Co., Ltd.	TEL 62 21 5205502
ADDRESS(地址)	Center Tower A, Bali, Pontianak, Indonesia	

ALSO NOTIFY(并通知)	Hux Group Import & Export Co., Ltd.	TEL 62 21 5205502
ADDRESS(地址)	Center Tower A, Bali, Pontianak, Indonesia	
AIRPORT OF DEPARTURE (始发地机场名称)	Hamburg, Germany	
FINA AIRPORT OF DESTINATION (目的地机场名称)	Jakarta, Indonesia	

DESCRIPTION OF GOODS 货物名称及描述	MARKS & NUMBERS 唛头	NO. OF PACKAGE 件数	GROSS WEIGHT/KG 毛重	NET WEIGHT/KG 净重	MEAS/CBM 体积
Leather Wallet 30pcs per Carton, Material: cowhide, style: long, color: Red	N/M	600 CARTONS	1980.00 KGS	1800.00 KGS	15.7800 CBM
					[添加] [修改] [删除]
TOTAL:	600 CARTONS	1980.00 KGS	1800.00 KGS	15.7800 CBM	

RETE AGREED 运费议定	SPECIAL INSTRUCTIONS 特别附注			
IMPORTANT-Please indicate freight payment by WHOM.	FREIGHT(运费)	☐ PREPAID ☑ COLLECT	LOCAL CHARGES (本地运费)	☐ PREPAID ☐ COLLECT
OTHRE CHARGE(其他费用)				

DOCUMENT 文件单据:	INVOICE发票#:	IV0000022	OTHER DOCUMENT 1#& NO:
	PACKING LIST装箱单#:	PL0000052	OTHER DOCUMENT 2#& NO:

SERVICE REQUIRED:发货方式	☐ SEA-AERVICE 海空联运	☐ CONSOL. SERVICE拼装	☑ DIRECT SERVICE 航空公司直接运载

注意事项: 委托前请保留阅读
1. 由于收货人拒绝收货或延误收货, 所产生的所有费用均需货物过期的费用, 由货主人承担。委托人应在到达后7日内支付, 并承担相关连带责任。
2. 委托人交付的货物, 其申报价值如果是USD20.0/每公斤以上的, 请自行到保险, 并书面通知本公司相关人员; 对于未保险货物责任由委托人承担。
3. 货物应具有符合航空运输要求的内层包装, 零收货人对货物任何损认, 应留报损货信息, 并得到双方单位确认; 否则将视视为自动放弃。
4. 委托人不得以任何理由拒绝支付被委托人所垫付之运费及相关费用; 被委托人作为委托人之代理, 免追追相时, 应协助委托人向第三人主张权利。

CONSIGNOR'S DETAIL 委托人资料

CONSIGNOR'S NAME &ADDERSS (公司名称及地址)	Germany Ernst Trading Co., Ltd. Jureckova Street 12, 80331 Munich, Germany	INSTRUCTION BY: (经手人) SIGNED & CHOPPED: 签字及盖章	委托人声明: 1. 已经阅读以上注意事项并同意。 2. 所委托的货物及包装不涉及违反起运国和目的国相关法律及国际运道相关安全规定, 并对此承担责任。 Franklin

Sample 15： Bill of Lading

1. Shipper Insert Name, Address and Phone Nanjing Hontay Import & Export Trade Company No.390 jiangning economic development zone, Nanjing, China	B/L No. COBL0000803

2. Consignee Insert Name, Address and Phone TO ORDER	**ORIGINAL** Port-to-Port or Combined Transport **BILL OF LADING**

3. Notify Party Insert Name, Address and Phone
　(It is agreed that no responsibility shall attach to the Carrier or his agents for failure to notify)
Apple Trading Co., Ltd.
No.1 square, Los Angeles, California，America

RECEIVED in external apparent good order and condition except as other-Wise noted. The toTAL number of packages or unites stuffed in the container,The description of the goods and the weights shown in this Bill of Lading are Furnished by the Merchants, and which the carrier has no reasonable means Of checking and is not a part of this Bill of Lading contract. The carrier has Issued the number of Bills of Lading stated below, all of this tenor and date, One of the original Bills of Lading must be surrendered and endorsed or sig-Ned against the delivery of the shipment and whereupon any other original Bills of Lading shall be void. The Merchants agree to be bound by the terms And conditions of this Bill of Lading as if each had personally signed this Bill of Lading.
SEE clause 4 on the back of this Bill of Lading (Terms continued on the back Hereof, please read carefully).
*Applicable Only When Document Used as a Combined Transport Bill of Lading.

4. Combined Transport* Pre - carriage by	5. Combined Transport* Place of Receipt
6. Ocean Vessel Voy. No. JJ SUN　　1233N	7. Port of Loading Shanghai,China
8. Port of Discharge New York,America	9. Combined Transport* Place of Delivery

Marks & Nos. Container / Seal No.	No. of Containers or Packages	Description of Goods (If Dangerous Goods, See Clause 20)	Gross Weight Kgs	Measurement
N/M BJYU0010192/FTD010192/20'GP	LCL 500　　CARTONS	Mens Shirts 500CARTONS; FREIGHT PREPAID	2000.00　　KGS	4.0000　　CBM

Description of Contents for Shipper's Use Only (Not part of This B/L Contract)

10. ToTAL Number of containers and/or packages (in words) Subject to Clause 7 Limitation	FIVE HUNDRED CARTONS

11. Freight & Charges USD 552.00 Declared Value Charge	Revenue Tons	Rate	Per	Prepaid	Collect

Ex. Rate:	Prepaid at	Payable at	Place and date of issue China 2017-02-04
	Total Prepaid	No. of Original B(s)/L 3/3	Signed for the Carrier,

LADEN ON BOARD THE VESSEL

DATE 2017-02-04　　BY

Sample 16: Airway Bill

024	PVG	-0000024									666-0000024

Shipper's Name and Address	Shipper's Account Number
Nanjing Higher Import & Export Trade Company No.390 jiangning economic development zone, Nanjing, China TEL:86-25-52416988	

NOT NEGOTIABLE
AIR Waybill
ISSUED BY
Global Air Limited

TEL:001 213 210 2177　　FAX:001 213 210 2177

Copies 1, 2 and 3 of this Air Waybill are originals and have the same validity

Consignee's Name and Address	Consignee's Account Number
ShangJie International Trading Co., Ltd. Medan road, Kota Manokwari, Papua Barat, Indonesia TEL:62 21 31922910	

It is agreed that the goods described herein are accepted in apparent good order and condition(except as noted) for carriage SUBJECT TO THE CONDITIONS OF CONTRACT ON THE REVERSE HEREOF. ALL GOODS MAY BE CARRIED BY ANY OTHER MEANS INCLUDING ROAD OR ANY OTHER CARRIER UNLESS SPECIFIC CONTRARY INSTRUCTIONS ARE GIVEN HEREON BY THE SHIPPER,AND SHIPPER AGREES THAT THE SHIPMENT MAY BE CARRIED VIA INTERMEDIATE STOPPING PLACES WHICH THE CARRIER DEEMS APPROPRIATE.THE SHIPPER'S ATTENTION IS DRAWN TO THE NOTICE CONCERNING CARRIER'S LIMITATION OF LIABILITY.Shipper may increase such limitation of liability by declaring a higher value for carriage and paying a supplemental charge if required.

Issuing Carrier's Agent Name and City	Accounting Information
China Lingyun International Logistics Co., Ltd.	FRIGHT PREPAID

Agent's IATA Code	Account NO.

Airport of Departure (Addr . of First Carrier) and Requested Routing
Shanghai

TO	By First Carrier	Routing and Destination	to	by	to	by	Currency	CHGS Code	WT/VAL		Other		Declared Value for Carriage	Declared Value for Customs
									PPD	COLL	PPD	COLL		
							CNY		√		√		NVD	NCV

Airport of Destination	Flight/Date		Amount of Insurance	INSURANCE — if carrier offers insurance,and such insurance is requested in accordance with the conditons thereof,indicate amount to be insured in figures in box marked "amount of Insurance" .
Jakarta	CA3037	2013-05-24		

Handling Information

SCI

NO of Pieces RCP	Gross Weight	KG lb	Rate Class Commodity item No.	Chargeable Weight	Rate/Charge	Total	Nature and Quantity of Goods (incl Dimensions or Volume)
1600 BOXES	1920	KGS		1920			Purple Clay Teapots 1600 BOXES 4.8 CBM

Prepaid	Weight Charge		Collect	Other Charges
	3513.60			AWC:　　　　　　　　　　8.00
	Valuation Charge			MYC:　　　　　　　　　3513.60
				MSC:　　　　　　　　　326.40
	Tax			

Total other Charges Due Agent

Shipper certifies that the particulars on the face hereof are correct and that insofar as any part of the consignment contains dangerous goods,such part is properly described by name and is in proper condition for carriage by air according to the applicable Dangerous Good Regulation.

Total other Charges Due Carrier

Nanjing Higher Import & Export Trade Company
Signature of Shipper or his Agent

Total Prepaid	Total Collect

Currency Conversion Rates	CC Charges in Dest Currency

For Carrier's Use only at Destination	Charges at Destination	Total Collect Charges

01 1 1900
12:00AM

Global Air Limited

Executed oh(date)　　　　at(place)　　　Signature of Issuing Carrier or its Agent

ORIGINAL 3 (FOR SHIPPER)

Sample 17: Shipping Advice

SHIPPING ADVICE

To: Apple Trading Co., Ltd.
      No.1 square, Los Angeles, California，America

Invoice No.: IV0000637

Date: 2017-02-06

Dear Sir or Madam:

We are pleased to advice you that the following mentioned goods has been shipped out, full details were shown as follows:

L/C No.: 002/0000502

Contract No.: CT0000828

B/L No./AWB No.: COBL0000803

Vessel/Flight: JJ SUN

Voy. No. 1233N

Port of Shipment: Shanghai,China

Port of Destination: New York,America

Date of shipment: 2017-02-06

Estimated date of arrival: 2017-02-28

Description of goods: Mens Shirts

Packing & Quantity: 500 CARTONS

Total Value: USD 170000.00

Thank you for your patronage. We look forward to the pleasure of receiving your valuable repeat orders.

Sincerely yours,

Shanghai Yongxin Trading Co., Ltd.

Sample 18: Insurance Application

货 物 运 输 险 投 保 单

APPLICATION FOR CARGO TRANSPORTATION INSURANCE

投保单号 No: TI0000572

注意：请您在保险人明确说明本投保单及适用保险条款后，如实填写本投保单，您所填写的材料将构成签订保险合同的要约，成为保险人核保并签发保险单的依据。除双方另有约定外，保险人签发保险单且投保人向保险人缴清保险费后，保险人开始按约定的险种承保货物运输保险。

投保人 Applicant	Nanjing Hontay Import & Export Trade Company			
投保人地址 Applicant's Add	No.390 jiangning economic development zone, Nanjing, China		邮编 Code	211100
联系人 Contact	Yuwen Tang	电 话 Tel.	86-25-52416988	电子邮箱 E-mail
被保险人 Insured	Nanjing Hontay Import & Export Trade Company		电 话 Tel.	86-25-52416988
贸易合同号 Contract No.	CT0000828	信用证号 L/C No.	002/0000502	发票号 Invoice No.	IV0000637

标 记 Marks & Nos.	包装及数量 Packing & quantity		保险货物项目 Description of goods
N/M	500	CARTONS	Mens Shirts

装载运输工具：
Name of the Carrier　JJ SUN

起运日期： Departure Date　As Per B/L	赔付地点： Claims Payable At　New York,America ▼
航行路线：自　Shanghai,China ▼　经 Route　From　　　　　　　　　Via	▼　到达（目的地）　New York,America ▼ To(destination)

包装方式：
Manner of packing _____

运输方式：
Mode of transport _____

承保条件　　投保人可根据投保意向选择投保险别及条款，并划 √ 确认，但保险人承保的险别及适用条款以保险人最终确定并在保险单上列明的险种、条款为准。
Conditions：

Marine risk: 进出口海洋运输	☑ALL Risks (一切险)	☐WPA (水渍险)	☐FPA (平安险)	(PICC《海洋运输货物保险条款》)
	☐ICC(A)	☐ICC(B)	☐ICC(C)	(ICC《伦敦协会条款》)
Aviation risk: 进出口航空运输	☐AIR TPT ALL Risks (航空运输险)	☐AIR TPT Risks (航空运输一切险)		(PICC《航空运输货物保险条款》)
Land risk: 进出口陆上运输	☐Overland transportation Risks (陆运险)	☐Overland transportation ALL Risks (陆运一切险)		(PICC《陆上运输货物保险条款 》)
Special additional risks: 特殊附加险	☑WAR Risks (战争险)	☑Strikes Risk (罢工险)		

特别约定Special Conditions：

1、加成 Value Plus About 110 ▼ %

2、CIF金额 CIF value	USD	170000.00	3、保险金额 Insured Value	USD	187000.00
4、费率（‰）Rate	8.80		5、保险费 Premium	USD	1645.60

投保人声明：
1. 本人填写本投保单之前，保险人已经就本投保单及适用的保险条款的内容，尤其是关于保险人免除责任的条款及投保人和被保险人义务条款向本人作了明确说明，本人对该保险条款及保险条件已完全了解，并同意接受保险条款的约束。
2. 本投保单所填各项内容均属事实，同意以本投保单作为保险人签发保险单的依据。
3. 保险合同自保险单签发之日起成立。

投保人签字（盖章）Signature	Nanjing Hontay Import & Export Trade Company	日期 Date	2017-02-04

Sample 19: Bill of Exchange

BILL OF EXCHANGE

No. S0000033   Dated 2013-02-22

Exchange for   EUR   162000.00

       At | 60 days after   ▾ | Sight   of   this   FIRST   of   Exchange

(Second of exchange being unpaid)

Pay to the Order of   Bayerische Hypo-und Vereinsbank

the sum of   EUR ONE HUNDRED AND SIXTY-TWO THOUSAND ONLY

Drawn under L/C No.   002/0000083   Dated 20130222

To Rakyat
    Utara DKI Avenue, Bali, Indonesia

                                      Germany Ernst Trading Co., Ltd.

                                            (Authorized Signature)

Sample 20：Credit Application

IRREVOCABLE DOCUMENTARY CREDIT APPLICATION

TO: Wachovia Corporation   DATE: 20130901

☐ Issue by airmail ☐ With brief advice by teletransmission ☐ Issue by express delivery ☒ Issue by teletransmission (which shall be the operative instrument)	**Credit NO.** Date and place of expiry 20131031 in the beneficiary's country
Applicant Only Import and Export Co., Ltd. NO.55 Madison, Arkansas, America	**Beneficiary (Full name and address)** Moscow Skyrun Import & Export Corporation No.614 Central Avenue Moscow Russia
Advising Bank Savings Bank of the Russian Federation NO.12 Central Avenue Moscow Russia	**Amount** USD 207600.00 USD TWO HUNDRED AND SEVEN THOUSAND SIX HUNDRED
Partial shipments **Transhipment** ☐ allowed ☒ not allowed ☐ allowed ☒ not allowed Loading on board/dispatch/taking in charge at/from St.Petersburg,Russia not later than 20130930 For transportation to: New York,America Price terms FCA ▾	**Credit available with** ANY BANK By ☐ sight payment ☒ acceptance ☐ deferred payment at ▾ against the documents detailed herein ☒ and beneficiary's draft(s) for 100 % of invoice value at 90 days after ▾ sight drawn on ISSUE BANK

Documents required: (marked with √)

1.(☒)Signed commercial invoice in 3 _____ copies indicating L/C No. and Contract No. CT0000302 _____ .

2.( )Full set of clean on board Bills of Lading made out to order and blank endorsed, marked "freight [   ]to collect / [   ] prepaid[   ] showing freight amount" notifying _____

  (☒)Airway bills/cargo receipt/copy of railway bills issued by _____ ,showing "freight [☒] to collect/[   ]prepaid[   ] indicating freight amount" and consigned to _____ .

3.( )Insurance Policy/Certificate in _____ copies for _____ % of the invoice value showing claims payable in _____ in currency of the draft, blank endorsed, covering _____

4.(☒)Packing List/Weight Memo in 3 _____ copies indicating quantity, gross and weights of each package.

5.( )Certificate of Quantity/Weight in _____ copies issued by _____

6.( )Certificate of Quality in _____ copies issued by _____

7.( )Certificate of Origin in _____ copies issued by _____

Other documents, if any

1.( )Health Certificate in _____ copies issued by _____

2.( )Certificate of phytosanitary in _____ copies issued by _____

3.(☒)Certificate of Origin Form A in 1 _____ copies issued by CIQ _____

4.( )Certificate of Origin Form E in _____ copies issued by _____

5.( )Certificate of Origin Form B in _____ copies issued by _____

Description of goods:
CX-002 Sapphire Earrings
Precious Metal Purity:18K gold, Specification: 0.8*1.0cm
QUANTITY: 2400PAIRS
PRICE: USD86.50
FCA St.Petersburg,Russia

Additional instructions:

1.(☒)All banking charges outside the opening bank are for beneficiary's account.

2.(☒)Documents must be presented within 21 _____ days after date of issuance of the transport documents but within the validity of this credit.

3.( )Third party as shipper is not acceptable, Short Form/Blank B/L is not acceptable.

4.( )Both quantity and credit amount _____ % more or less are allowed.

5.( )All documents must be sent to issuing bank by courier/speed post in one lot.

 ( )Other terms, if any

Sample 21: Application for Funds Transfers

境 外 汇 款 申 请 书
APPLICATION FOR FUNDS TRANSFERS (OVERSEAS)

致: / TO: Wachovia Corporation   日期: / DATE: 2013-09-26

☐ 电汇 T/T ☐ 票汇 D/D ☐ 信汇 M/T   发电等级 Priority: ☒ 普通 Normal ☐ 加急 Urgent

申报号码 BOP Reporting NO.			
20	银行业务编号 Bank Transac.ref.no.		收电行 / 付款行 Receiver/Drawn on
32A	汇款币种及金额 Currency&Interbank Settlement Amount	[USD] [207600.00]	金额大写 Amount in Words: USD TWO HUNDRED AND SEVEN THOUSAND SIX HUNDRED ONLY
其中	现汇金额 Amount in FX	[USD] [207600.00]	帐号 Account NO./Credit Card NO. 202400000000001024
	购汇金额 Amount of Purchase	[ ] [ ]	帐号 Account NO./Credit Card NO.
	其他金额 Amount og Others		帐号 Account NO./Credit Card NO.

50a 汇款人名称及地址 Remitter's Name & Address: Only Import and Export Co., Ltd. NO.55 Madison, Arkansas, America

☒ 对公 组织机构代码 Urut Code 100002386   ☐ 对私 个人身份证件号码 Individual ID No. ☐ 中国居民个人 Resident individual ☐ 中国非居民个人

54/56a 收款银行之代理行名称及地址 Correspondent of Beneficitry's Bank Name & Address:

57a 收款人开户银行名称及地址 Beneticiary's Bank Name & Address: 收款人开户银行在其代理行帐号 Bene's Bank A/C NO. Savings Bank of the Russian Federation NO.12 Central Avenue Moscow Russia

59a 收款人名称及地址 Beneticiary's Name & Address: 收款人帐号 Bene's A/C NO. 200600000000001006 Moscow Skyrun Import & Export Corporation No.614 Central Avenue Moscow Russia

70 汇款附言 Remittance Information: 只限140个字位 Not Exceeding 140 Characters

71A 国内外费用承担 All Bank's Charges if Any Are To Be Borne By: ☐ 汇款人 OUR ☐ 收款人 BEN ☐ 共同 SHA

收款人常驻国家(地区)名称及代码 Resident Country/Region Name & Code: RUSSIA 344

请选择: ☐ 预付贷款 Advance Payment ☒ 货到付款 Payment Against Delivery ☐ 退款 Refund ☐ 其他 Other 最迟装运日期 2013-09-26

交易编码 BOP Transac Code	101010	相应币种及金额 Currency & Amount	[USD] [207600.00]	交易附言 Transac.Remark

是否为进口核销项下付款 ☒ 是 ☐ 否 合同号 CT0000302   发票号 IV0000330

外汇局批件/备案表号   报关单经营单位代码

报关单号		报关单币种及总金额 [ ] [ ]	本次核注金额
报关单号		报关单币种及总金额	本次核注金额

银行专用栏 For Bank Use Only		申请人签章 Applicant's Signature	银行签章 Bank's Signature
购汇汇率 Rate		请按照贵行背页所列条款代办以上汇款并进行申报 Please Effect The Upwards Remittance,Subject To The Conditions Overleaf:	
等值人民币 RMBEquivalent			
手续费 Commission			
电报费 Cable Charges			
合计 Total Charges		申请人姓名 Name of Applicant: Only Import and Export Co., Ltd.	核准人签字 Authorized Person
支付费方式 In Payment of the Remittance	☐现金 by Cash ☐支票 by Check ☐帐户 from Account	电话 Phone No. 212-23-55880	日期 Date
核印 Sig. Ver.		经办 Maker	复核 Checker

填写前请仔细阅读各项背面条款及填报说明
Please read the conditions and instructions overleat before filling in this application